贵州民族大学学术文库丛书
GUIZHOU MINZU DAXUE XUESHU WENKU CONGSHU

丛书主编：黄其松

新时期民族传统体育发展研究

XINSHIQI MINZU CHUANTONG TIYU FAZHAN YANJIU

刘　韬　著

中国社会出版社

国家一级出版社·全国百佳图书出版单位

图书在版编目（CIP）数据

新时期民族传统体育发展研究／刘韬著 .－－ 北京：
中国社会出版社，2024.2
（贵州民族大学学术文库丛书／黄其松主编）
ISBN 978－7－5087－6847－2

Ⅰ.①新... Ⅱ.①刘... Ⅲ. ①民族形式体育－研究－
中国 Ⅳ.①G852.9

中国国家版本馆 CIP 数据核字（2023）第 020366 号

新时期民族传统体育发展研究

责任编辑：陈　琛
装帧设计：尹　帅
出版发行：中国社会出版社
　　　　　　（北京市西城区二龙路甲 33 号　邮编 100032）
印刷装订：北京虎彩文化传播有限公司
版　　次：2024 年 2 月第 1 版
印　　次：2024 年 2 月第 1 次印刷
开　　本：170mm×240mm　1/16
字　　数：240 千字
印　　张：14.75
定　　价：65.00 元

版权所有·侵权必究

凡购本书，如有缺页、倒页、脱页，由营销中心调换

客服热线：(010) 58124852　投稿热线：(010) 58124812　盗版举报：(010) 58124808
购书热线：(010) 58124841；58124842；58124845；58124848；58124849

前　言

党的十八届五中全会首次提出"健康中国"战略，提出"发展体育事业，推广全民健身，增强人民体质"的方针，推动全民健身和全民健康深度融合发展。2016 年，中共中央、国务院陆续发布《全民健身计划（2016—2020年）》《"健康中国 2030"规划纲要》。2019 年 7 月，国务院印发《国务院关于实施健康中国行动的意见》，成立健康中国行动推进委员会，印发《健康中国行动组织实施和考核方案》。全民健身计划已上升为国家重要的发展战略，是我国体育践行健康中国的重要途径。党的十九大报告提出广泛开展全民健身活动，加快推进体育强国建设，体育具有强身健体、陶冶情操、提高民族自豪感的积极作用，特别是民族传统体育已经融入人们的日常生活中，成为体育文化的重要组成部分。

民族传统体育，不仅是一种身体运动，更是一种教育手段、生活方式，担负着增强全民族身体素质、培养人的健全心理、促进人的全面发展的社会责任。民族传统体育项目，如武术、舞龙、舞狮、射箭、龙舟竞渡等赋予的民族自豪感蕴含其中，在体育全球化、现代化、竞技化的今天，高质量地传承民族传统体育，不仅可以秉承传统、增强当代全民体质、促进健康中国发展，还可以延续传承造福子孙后代。为此，特撰写《新时期民族传统体育发展研究》一书，旨在在新的历史时期，贯彻落实《"健康中国 2030"规划纲要》，发挥民族传统体育在全民健身活动中的重大作用，更好实现民族传统体育的传承发展。

本书共包括八章，第一章主要研究了民族传统体育以及新时期民族传统体育相关背景知识；第二章分析了民族传统体育发展的多维研究视野，从历史学、社会学、文化学、民族学、人类学、旅游学的视角对民族传统体育进行分析透视；第三章分析了民族传统体育发展所依附的环境，包括生态、政治、经济、人文等；第四章探讨了民族传统体育的传播模式及走向问题；第五章探讨了民族传统体育的发展文化认同问题；第六章对民族传统体育发展的路径进行了分析和梳理；第七章分析研究了新时期民族传统体育发展的多元化走向；第八章选取了不同区域的典型案例对民族传统体育发展进行了分析。

本书力求做到以下几点：

（1）逻辑严谨。本书首先分析了新时期民族传统体育发展的内涵定位、价值、意义以及发展战略，对前人的文献进行了梳理，对民族传统体育发展的环境、传播、传承、认同、路径以及趋势进行了深入的研究。

（2）内容全面。本书从多个角度对民族传统体育发展进行研究，不仅涉及多个理论学科，而且选取了全国各地不同区域内民族传统体育传承发展的典型案例进行分析探讨，具有一定的理论性和指导性，为民族传统体育的发展提供参考。

（3）创新题材。关注当前体育发展的热点话题以及战略的提出，民族传统体育拥有广泛的群众基础，在新时期政策的支持和引导下，越来越多的群众将会发现民族传统体育的魅力。本书将新时期体育发展的形势政策和民族传统体育传承发展相结合进行研究，综合了最新的研究成果，为民族传统体育的传承发展提供思路。

本书在撰写过程中，参考采用了大量关于民族传统体育传承方面的书籍和资料，借鉴了相关专家、学者的研究成果和观点，在此向诸位学者或专家表示真挚的谢意。由于时间与精力有限，不足之处在所难免，恳请广大读者批评指正。

2022 年 9 月

目　录

第一章　绪　论

　　中国是一个统一的多民族国家，在长期的历史延绵中，各民族形成了个性鲜明、风格独特、自成体系的传统体育项目，深层映射了各民族的民俗风貌、生活习惯和风土人情。全球化进程冲击着民族传统体育文化的生存，使其生存形态、内在意涵不断改变。有学者考证，民族传统体育萌芽于原始社会，成型于奴隶社会，发展于封建社会。进入新时代，习近平总书记在党的十九大报告中指出："要深入挖掘中华优秀传统文化蕴含的思想观念、人文精神、道德规范，结合时代要求继承创新。"[①] 如何深挖民族传统体育的思想观念、人文精神、道德规范等内容，以及使之与新时代的社会发展现状相结合，从而助推民族文化与中国文化的弘扬，成为亟待解决的论题。基于此，着眼于新时期，紧扣习近平总书记在党的十九大报告中的指示，挖掘整理民族传统体育内涵，正视其生存土壤，厘清其价值取向，从而构建民族传统体育的传承方略，具有现实价值及迫切性。

第一节　研究的缘起

一、研究背景

（一）全民健身的发展

　　当前，我国正逐步迈向老龄化社会。据统计，2015 年我国 60 岁及以上老年人口有 2.2 亿，占总人口的 16.1%，预测到 2035 年全国会有 4 亿老年人口。体育运动的发展，公民健康水平的提高，已经成为国家保障公民权益、履行

---

　　① 习近平．决胜全面建成小康社会　夺取新时代中国特色社会主义伟大胜利：在中国共产党第十九次全国代表大会上的报告［M］．北京：人民出版社，2017.

政府职能的重要表现之一。

健康中国建设的总体目标是，全民健身和全民健康指标达到中高收入国家水平。生命在于运动，坚持体育活动，在增进健康的同时，对相关疾病加以预防。

当前，全民健身的理念深入人心，参与全民健身运动的人越来越多。党和国家领导人也高度重视《全民健身计划纲要》这一与实现社会主义现代化目标相配套的一项增强国民体质的系统工程和跨世纪的发展战略规划，多次听取有关《全民健身计划纲要》实施工作的汇报，并作了许多重要指示批示。全国各省（自治区、直辖市）都成立了由政府领导同志挂帅，各有关部门负责人参加的全民健身工作领导机构，大部分行业体协也成立了组织机构。据统计，地市级的领导机构占地市总数的一半以上，县级的领导机构占县总数的大部分，许多街道、乡镇也成立了领导或协调机构。各级地方党委和政府把全民健身工作作为当地社会主义精神文明建设的一项重要内容，列入为群众办的好事、实事之一，强化了政府对全民健身工作的领导职能。

为了有效促进全民健身活动的实施，从 1995 年至今，通过每年举行一次"全民健身宣传周"活动产生的广泛社会影响，有效增强了群众的体育健身意识。据统计，每年全国有近 3 亿人次参加全民健身宣传周活动。一些地方为加大宣传效果，把"宣传周"的形式、内容扩展为全省（市）规模的体育节、体育艺术节、全民健身体育节等，使之影响更大、参与人数更多。国家体育总局成功地举办了 5 届非奥运项目的全国体育大会，有力推动了全民健身活动的广泛开展。

全民健身活动，既有形成制度的大型群体竞赛，也有社区、居（家）委会、家庭等的小型、经常性群体活动，形式多种多样、内容丰富多彩，有效激发了广大群众参与的兴趣和积极性，并促进了物质文明、精神文明建设。

（二）健康中国的发展

经过多年的探索与不懈奋斗，我国卫生与健康事业发展取得了较大成就，居民健康水平逐渐提高，公共卫生整体实力、医疗服务和保障能力不断提升，全民身体素质、健康素养持续增强，被世界卫生组织誉为"发展中国家的典范"。党的十八届五中全会提出推进健康中国建设，标志着健康中国战略上升为国家战略。在 2016 年召开的全国卫生与健康大会上，习近平总书记指出，要把人民健康放在优先发展的战略地位，加快推进健康中国建设，努力全方位、全周期保障人民健康。同年颁布实施的《"健康中国 2030"规划纲要》，是推进健康中国建设的行动纲领。"健康中国"战略是实现中华民族伟大复兴的重要内容和途径，本书将民族传统体育的发展置于"健康中国"背景下去研究具有重要的价值。

（三）新时期民族传统体育的发展

我国历史悠久，作为一个多民族国家，经历了几千年的发展，各民族体育是在长期的生产生活实践中不断总结、完善和发展起来的具有养生保健功能的集合体，包含着丰富的科学健身知识与民族文化内涵，最终，以提高全民族身体素质和健康水平为目的的体育健身思想和方法体系得以形成，内容丰富、形式多样，其文化内涵是民族体育发展的精神和灵魂，具有鲜明的民族特色，能在强身健体等方面起到良好的作用。

作为各民族最原始最本真的日常生活方式，民族传统体育在健康中国建设中将扮演非常重要的角色。当前，民族传统体育中的一些项目，如武术、太极拳、太极剑等深受健身爱好者，尤其是中老年人的青睐。闲暇时间在公园等公共场合经常可见习练太极拳的人群，因此民族传统体育的发展对于建设"健康中国"具有重要的意义，研究健康中国背景下民族传统体育的发展也很有意义。

二、研究意义

（一）理论意义

通过对新时期民族传统体育发展问题的研究，可以在一定程度上丰富民族传统体育发展建设的理论体系，以及完善我国民族传统体育传承与发展的理论基础，另外，本研究提出的各种观点和看法可以为众多的专家和学者提供借鉴与参考的思路，为人们更好地研究民族传统体育传承与发展提供一定的帮助，还能完善整个民族传统体育理论与发展体系。

（二）实践意义

对新时期民族传统体育发展问题进行研究，不仅能为我国民族传统体育的传承与发展提供必要的理论基础，而且对于民族传统体育以及现代社会的发展具有重要的实践意义。本研究不仅可以为人们参加民族传统体育提供一定的方法和手段，为满足人们娱乐身心的需要提供一定的娱乐方式和活动组织形式，从而为"健康中国"建设服务，还能有利于民族传统体育在新时期实现传承与发展，为民族传统体育建立一个可持续发展体系。

第二节　概念的厘清

一、民族传统体育的概念

（一）民族体育

民族体育是限于某个民族的，有人将民族体育的概念表述为："与世界范围内规范传播的现代体育竞技活动相对的民间传统体育活动。"民族体育通常是指少数民族的体育，但是从理论上讲，民族体育也应该包含汉族体育。因为一个国家包含的族群众多，这些族群生活在同一个社会大环境中，他们之间在社会形态方面不存在根本性的隔阂和断裂，否则他们之间就不会有联系，也就没有共同面对的问题了。

（二）传统体育

作为传统文化的组成部分，传统体育是与传统社会同步形成和发展的，是一个十分宽泛、涵盖很广的概念。传统体育早在远古时代就产生并发展，之后保留较为固定的形式并影响至今。中国传统体育是中国传统文化的重要组成部分。经过了千百年的农业文化土壤的养育，中国传统体育积累下来的体育观念是在农业社会经济、政治观念的直接影响下形成的。中国传统体育既具有相对稳定的观念、趣味和形式，又具有动态特征，因此具有显著的传承性、习惯性、民俗性等特征。

（三）民族传统体育

民族传统体育是民族体育的重要组成部分，是指世界各民族人民在不同历史时期所创造的、历代因循传承下来的、具有浓厚民族文化色彩和特征的以满足人类发展需要的体育活动方式。这一概念对于世界其他民族的传统体育而言是同样适用的。

（四）民族传统体育文化

民族传统体育是各民族在劳动实践中创造的，符合本民族身体活动方式的娱乐活动。民族传统体育文化则是以民族传统体育为载体，体现各民族教育智慧和体育练习实践能力的总和。

二、民族传统体育的特点

（一）传统性

一个民族的政治、经济、文化、信仰等都会对本民族传统体育的形成与发展产生不同程度的影响，各民族传统体育活动不断演变发展，在本民族世世代代传承下去，成为本民族亘古不变的一种重要习俗。每年在一些重大节日，各民族都会有关于本民族传统体育活动的表演或比赛，如阿昌族每年春节当天有荡秋千表演；水族在这一天有赛马比赛；高山族在这一天举行的则是竿球比赛；黎族在每年的正月初二举行射箭比赛；羌族在每年的正月初五举行射击比武等，都是风俗习惯从古至今传承下来的。

（二）地域性

民族传统体育项目的形成与发展都是在一定的地域空间内实现的，一定地域范围内的自然环境、社会生活方式都是相同的，这为共同的传统体育活动项目的形成与发展奠定了基础条件。民族传统体育的地域性特征从"北人善马，南人善舟"这句谚语中就可以生动地反映出来。新疆分布着很多少数民族，如蒙古族、塔吉克族、哈萨克族等，这些民族的生存与发展主要是靠畜牧业，在他们的日常生产与生活中，马都是非常重要的工具，所以这些少数民族的很多传统体育项目如叼羊、赛马、姑娘追、骑射等项目都与马有着不可分割的关系。这些民族传统体育项目在一定的地域范围内开展，并逐步向其他地域传播，形式越来越多样、项目越来越丰富，地域特色十分鲜明。

（三）民俗性

各民族的风俗习惯都是在本民族长期的发展历史中逐渐形成的一种独特的文化，在各民族独特的风俗习惯的影响下形成了具有民俗性特征的民族传统体育。各民族传统体育在本民族风俗习惯的影响下不断深化发展，各民族的传统体育项目又使本民族的民俗内容越来越丰富。一些少数民族的传统节日、祭奠及婚俗活动中都不同程度地将传统体育项目融入其中，这更加彰显了民族传统体育的民俗性特征，如赛马、摔跤、射箭等传统体育项目是蒙古族那达慕大会上的重要活动内容，这些项目的比赛使得那达慕大会更加隆重而吸引人。

（四）实用性

各民族传统体育的形成与发展与本民族人民的生产生活有着密不可分的

关系，起源于生产和生活的民族传统体育具有实用性特征，下面具体举例说明。

苗族武术的形成与发展与苗族人民的生活条件、民族斗争之间关系非常密切。据相关记载，苗族祖先在原始社会就能够将石器制造出来了，并能在打猎、采集及捕鱼中将石器工具充分运用起来。原始社会时期，苗族生存环境险恶，毒虫猛兽较多，这对苗族人的生存造成了严重的威胁，苗族人只有不断与自然环境、毒虫猛兽做斗争才能维持生存。在这样的背景下，求食与武力作为原始社会时期人们最基本的两种活动方式就产生了。苗族武术的起源和萌芽与这两种原始社会活动方式又有着密切的关系。生活在黔东南地区的人必须通过以武力与毒虫猛兽搏斗才能免受它们的威胁，才能更好地进行生产劳动。可见苗族人民的生产劳动、生存生活直接推动了武术的萌芽与发展，在原始社会背景下形成的苗族武术具有实用性特征。

随着社会的进步和发展，人们不再将武术作为一种生存的手段，武术在人们生存和生产中的功能减弱，但现代社会中的武术依然具有实用性，具体表现为武术成为人们防身自卫的手段之一，人们习武可以保护自身安全，关键时刻可以救助他人，这是具有实用性的武术从低级到高级的一种演变，现在的武术运动越来越充实、完善，枝繁叶茂，成为我国民族传统体育的典型代表项目和中华民族传统体育文化的重要组成部分。

（五）兼容性

有些传统体育项目是某个民族的特有项目，而有的项目则是很多民族共有的，多个民族共有的传统体育项目大同小异，这体现了民族传统体育的兼容并蓄特征。例如，舞狮运动最初出现在西域，后来向中原传入，这项运动被其他民族改造后，逐渐成为我国各民族共有的传统体育活动。

三、民族传统体育的文化内涵

（一）物质文化

民族传统体育物质文化是外层文化，是以物质设施为基础而形成的体育文化。民族传统体育场馆、器械、技术都属于物质文化的范畴，建设场馆、开发器械、研究技术有助于促进民族传统体育物质文化的健身功能、竞赛功能的充分发挥，有助于实现这些物质文化的内在价值。

（二）制度文化

民族传统体育制度文化是中层文化，是以制度为基础而打造的体育文化。民族传统体育的道德修养、礼仪规范、组织机构、运作管理机制等都属于民族传统体育制度文化的范畴。构建民族传统体育组织模式、制定运作管理体制、宣传相应的道德修养和礼仪规范等有助于发挥民族传统体育制度文化本身的作用，实现其自身的价值。

在民族传统体育制度文化的建设中，体制建设、教育宣传、表演竞赛等是重点内容，从这些方面重点进行制度文化建设，有助于将民族传统体育的文化内涵充分体现出来。

（三）精神文化

民族传统体育精神文化是内层文化，民族传统体育中蕴含的民族心理、民族性格、民族情感等要素都属于精神文化的范畴，这些要素主要体现在外显的文化形态与载体中。民族传统体育精神文化是人类精神生活文化的重要组成部分，加强民族传统体育精神文化建设有助于提高民族传统体育参与者的审美情趣，开拓其思维，使其获得精神层面的享受。

第三节　新时期民族传统体育的内涵定位

民族传统体育文化的内涵是民族体育不断发展而成的延伸性文化。民族传统体育文化实际上就是我国民族文化的重要内容，对其进行研究可借助"文化分层理论"。上层文化为器物文化层，激发民族传统体育文化的生命力；中层文化为制度文化层，规范民族传统体育文化的意识；深层文化为精神文化层，赋予民族传统体育文化的导向。新时期民族传统体育的内涵定位应当紧扣社会主义核心价值观，深入呈现出适应时代发展的生命力与活力，满足人民日益增长的美好生活需要，推动新时期文化繁荣发展。

一、器物文化层面：民族传统体育的根基

器物文化是中国文化最根基的文化，是可被直接感知的、具有物质实体的事物。马克思唯物史观认为"物质决定意识"。器物文化作为民族传统体育的发源层，是民族传统体育的外在表现，直观映现了中国传统技艺文化、技艺水平，深挖我国民族传统体育文化的历史，可以确定民族传统体育文化的

基本目标。2019 年 9 月，中国少数民族传统体育文化展在郑州国际会展中心开展，展示了 55 个少数民族的 100 多项民族传统体育项目。民族传统体育项目本身就是一种器物文化，例如，武术、健身气功、赛马、射箭、毽球、陀螺、柔力球、民族健身操、健身秧歌、健身腰鼓、拔河等。从运动形式来看，民族传统体育项目包含了单人运动、双人运动以及多人运动，适合各类人群参与，并且具有娱乐性、竞赛性、健身性等多种特性，因此受到了群众的广泛青睐。实际上，众多民族传统体育项目，其表现形式、价值观念均受到中国文化的深层影响，可谓中国文化的全息缩影与真实写照。例如，中国武术套路表现抑扬顿挫、节奏鲜明、以柔克刚，表现了中国文化的中庸和合、不偏不倚之理念；拔河中的众人拼斗，展现出众志成城、永不服输、团结一心的中国力量。可见，民族传统体育文化器物文化层坚守于民族传统体育文化的最外层，不留余力展示、渲染民族传统体育文化。整体而言，在新时代，民族传统体育文化的器物文化层，涵盖了民族传统体育运动项目、运动服饰、运动器材，以及书籍、雕塑、壁画、影像、音频等内容，囊括了一切可被观察的体育内容。也就是说，全民族传统体育文化的器物文化层的建设与更新，是在儒家文化一以贯之影响下，在佛家、道家诸多文化辅以影响下，历经中华民族历代人的发明、创造、改进与完善，而最终形成的中华文化的活化石。

二、制度文化层面：民族传统体育的规范

制度文化是人们建立的各种社会规范，表征了社会的发展形态、发展范式。民族传统体育制度文化本质即一种有关文化社会机制、基本框架和管理制度，是民族传统体育文化的制度。新时期"自由、平等、公正、法治"的社会主义核心价值观，从社会层面阐释了影响民族传统体育文化进步的行为规范。《国务院实施〈中华人民共和国民族区域自治法〉若干规定》提出，"国家重视少数民族优秀文化的继承和发展，定期举办少数民族传统体育运动会"。实际上，民族传统大型体育活动即从制度文化层面，依托各民族传统体育项目，映射出不同文化土壤生长下的民俗民风、制度与规则等。全国少数民族传统体育运动会作为我国级别最高、最具影响力的民族传统体育赛事，每 4 年举办一届，迄今已成功举办了 10 届，为民族传统体育文化的发展奠定了坚实的基础。另外，有部分民族传统体育本身就涵盖了规则制度，例如中国武术中的拜师仪式"以礼始以礼终"等，均表达了一种规矩意识与规则意识。

新时期，民族传统体育逐步由以往的民间主导向当代的政府主导演变，其规章制度的修订、完善往往由政府部门实施，这一过程促使民族传统体育项目发展更趋规范化、标准化、系统化。比如，20世纪80年代，武术界组织专家学者对武术进行挖掘与整理，统计出源流有序、拳理明晰、风格独特的武术拳种达129种。在制度文化层的规约下，武术规则不断发展与完善，经历了传统走向竞技化的历程，如竞技武术套路、竞技武术散打的产生。再如，在运动规范性方面，专门组织专家修订了民族传统体育项目的运动规范，其中，包含场地器材、各运动项目规则、名次排定、比赛方法等。总而言之，民族传统体育文化制度文化层经历了由古至今的顺时代演变，在新时期尤其注重紧密结合社会主义核心价值观，经历了由早期以民间为主导发展至新时期以政府为主导，也以其丰富的规章制度，标立、支撑着中国民族传统体育项目的发展与完善。

三、精神文化层面：民族传统体育的灵魂

精神文化层是民族传统体育最核心的层面，是其发展的根源动力及精神支撑。民族传统体育的精神文化层与社会主义核心价值观具有紧密联系，其包含的价值观念、思维方式、宗教情绪、民族性格、审美情趣、道德情操等，与"富强、民主、文明、和谐"等倡导息息相关。具体而言，可概括为爱国主义、勤劳勇敢、自强不息、爱好和平、公平正义、谦和礼让、勇于创新等维度。如岳飞的精忠报国、霍去病抗击匈奴等英雄事迹均展现了习武之人的爱国热情，正如《左传·襄公十四年》记载"将死，不忘卫社稷，可不谓忠乎！"武术谚语"冬练三九，夏练三伏""太极十年不出门"，均展现了武术人自强不息、艰苦奋斗的高贵品质；键球与民族健身操等集体项目，则体现出民族传统体育文化的团结、公平、正义之精神气度。

民族传统体育精神文化拥有"文化极品""文化命穴"之美誉，是文化结构的内层部分，是最稳定、最保守的层面，深刻阐发着中华民族最厚重、原始、稳定的文化认同，标立着民族传统体育的思维方式与存在形态。对任何民族而言，精神文化都在民族传统体育文化中占据最高层的位置，彰显着民族传统体育的精神风貌。比如，历代居民都非常重视组织各种祭祀活动，信奉图腾和神灵，以示对祖先的崇敬；端午节赛龙舟则是为了祭奠曹娥、屈

原，后演化成民族传统体育项目——赛龙舟。至新时期，2018 年，国家体育总局在加强少数民族传统体育工作中强调："要坚持统筹协调，服务国家战略；坚定文化自信，弘扬民族精神；坚持科学发展，促进全民健康。"民族传统体育文化发展更被赋予了历史使命，其以儒家文化为主线，吸收道家、佛家及各朝代主流文化如宋明理学、清代朴学，以及新时期中国特色社会主义思想，形成了"和合中庸"的民族传统体育文化，以及追求"以静养生""修身养性""刚柔相济""和谐完满""天人合一"的传统体育形态观、运动观、价值观。

第四节　新时期民族传统体育的价值取向

一、文化构筑：助力文化弘扬，促进民族团结

随着我国经济、科技、军事等实力的迅增，我国国民更加重视民族意识的觉醒。传承民族传统体育文化，对于弘扬传统文化、促进民族团结具有独到价值。从地域分布来看，我国北方草原地区广袤无垠、气候干燥，孕育了赛马、射箭、摔跤等刚烈性体育项目；南方地区环境优美、气候宜人，孕育了赛龙舟、踩高跷、跳竹竿等优雅性体育项目。整体上，形成了"北方善马，南方善舟"的地域体育文化特质。从民族特色来看，放荡不羁的草原游牧生活造就了蒙古族人民好客朴实、彪悍强健的民族性格，形成摔跤、赛马、套马、打布鲁等民族传统体育项目；壮族人民温和友善、朴实无华、温敦宽厚，孕育出抛绣球、打扁担、狮子上金山等民族传统体育项目。可见，不同民族的传统体育寄托了族民的思维方式、审美情趣、道德观念，承载了对先民和土地的崇敬。中国人崇尚自然、敬畏生命，相较于西方科学思维，凸显出一种人文思维，强调人文关怀，重视敬畏生命。如中国武术讲究"内外兼修，身心合一"的习练之道，且根据四季时空转换、地理位置异同，创生了子午拳。各民族祭祀活动与图腾崇拜则寄托了民族性格与审美情趣，土家族的摆手舞源于对白虎的图腾崇拜；汉族端午节的赛龙舟传扬了龙文化滋育下中国人祭神祈福的精神信仰；达瓦孜在表现维吾尔族传统音乐、舞蹈、服饰文化的同时，更抒发了一种古代"高空除魔"的精神向往及原始世界观。新时代传承民族传统体育文化，尤其如少数民族运动会这种民族体育、文化盛会，

对于世界文化一体化格局的新时期提升文化认同、促进民族团结、弘扬中华文化意义重大。

二、健康促进：强健国民体魄，促进全民健康

新时期满足人民日益增长的美好生活需要，需同时满足其物质和精神需要。西方的健身运动主要是改进人体生理健康和机能水平，而深具中国思维的民族传统体育，被赋予了文化、教育、养生、舞蹈、娱乐等多重要素，民族文化特色浓郁，不仅能促进身体健康，还能提高个人素养，培育健康心理。中国武术蹦蹦跳跃、踢打摔拿技术动作不仅可提高身体素质，且"冬练三九，夏练三伏"的习练宗旨，更促使人们养成了坚定的武术健身理念，终获"经常练武术，不用上药铺"的良性循环。舞龙运动是中国极富民族文化色彩的体育项目，每逢大节日、大庆典必有舞龙庆助，其不仅注重上下肢体协调，还强调团队协作完成，在提升身体机能的同时锻造了团队协作意识，塑造了人们健康的心理素质及良好的社交能力。对于地域偏僻、环境封闭地域的民族，如藏族的赛牦牛、赛马、大象拔河等活动，更能使族民在劳作之余锻炼身体、宣泄情绪、抒发情感。

医学研究证实，长期参与民族传统体育锻炼及文化活动，可促进血液循环、调节压力、缓解疾病、减少能量消耗。近年来，甚至很多国外学者也发表了大量关于习练太极拳促进身心健康的研究报告。"松柔缓和""内外合一""刚柔相济""阴阳结合"的文化理念及习练要领，使太极拳被美国《时代周刊》评为"最完美的运动"。在新时期健康中国战略背景下，我国政府更加重视民族传统体育的价值。2019 年，中共中央、国务院颁布的《关于促进中医药传承创新发展的意见》指出："大力普及中医养生保健知识和太极拳、健身气功（如八段锦）等养生保健方法，推广体现中医治未病理念的健康工作和生活方式。"新冠肺炎疫情暴发，民族传统体育起到锻造国民体质、塑造积极健康心理的功用，尤其是太极拳、木兰拳等武术项目，以及五禽戏、八段锦等健身气功，群众基础雄厚、民族特色浓郁、运动强度适宜、场地限制较小，具有先天的健身与传承优势。

三、铸魂育人：承载教育使命，提升国民素养

民族传统体育文化蕴含了浓郁的中华文化，在新时代承载了重要的教育

使命。传承民族传统体育文化，有助于提升当代大中小学生群体道德素养，推动实现"立德树人，铸魂育人"的教育新目标。从项目技理特点来看，"外静内动""身心合一"的站桩要领表达了武术以心促型的育人之道；侗族、苗族、水族盛行的毽球运动等集体项目，彰显了团结协作的思维向度。从规则制度来看，民族传统体育文化礼仪内涵塑造了人们的规矩意识。如蒙古族摔跤比赛中对手之间要互相敬礼且向观众敬礼后才能开始较量，培育了参赛者的规则意识和谦和品质；中国武术各门派的门规戒律规约着门内弟子处事行事的道德标准。

民族传统体育文化是课程思政的重要内容，贯穿于学校体育教育。如武术课中，武德教育培育了学生谦虚礼让、勤学苦练、尊师重道、爱国报国的精神品质。传承民族传统体育文化，促进民族文化弘扬，最根本的任务要弘扬以爱国主义为核心的民族精神，"爱国主义"即"国魂"，是中华文化深远传承、绵延不衰的核心力量。武术文化对于培育新时期大中小学生爱国主义精神意义关键，奋勇保护扬州的史可法、精忠报国的岳飞、保家为民的戚继光、坚定变法的谭嗣同等舍生取义、忠肝义胆的英勇爱国事迹经久传唱。此外，中国是礼仪之邦，而传统射艺在全国大中小学逐渐开设课程，其中的吟诗、行礼、请弓、握弓，对于传承中华礼仪文化具有重要价值。兰州市以射箭运动协会为依托，举办系列传统射箭与射艺文化活动。2021年端午节期间，兰州宁兴小学结合端午习俗，举办了以"仪礼 乡射礼"为主题的文化活动，彰显了华夏礼仪中的射礼、箭阵，对于塑造学生礼仪规范、道德素养，培养学生文化自觉与文化自信具有重要意义。

四、经济拉动：激活消费潜力，助推经济建设

在21世纪中叶建成富强、民主、文明、和谐、美丽的社会主义现代化强国，是我国在新时代的迫切任务。民族传统体育文化融摄了戏剧、音乐、舞蹈等要素，观赏性与参与价值浓厚，具有较高的经济价值。一是民族传统体育器材、服装、书籍、音像制品、纪念品的生产和销售，以及技术动作的培训等，创造了突出的经济价值。比如，最具代表性的民族传统体育项目——中国武术，形成了以山东、河南、河北等为主的规模较大的民营武术学校，如山东的宋江武校、河南的塔沟武校、河北的林冲武校全国闻名，推动了武术产业及经济发展。二是民族传统体育旅游拉动产业链条转动。据《新疆经

济报》报道，"两博会"上最吸引人们眼球的是少数民族传统体育项目展演，达瓦孜、马术、民族式摔跤、斗羊、斗鸡、押加、民族健身操等项目民族风情浓郁，吸引了国内外大批游客。2020 年兴安盟那达慕大会在内蒙古兴安盟科尔沁右翼前旗的乌兰毛都草原举行，开展了赛马、博克、射箭等蒙古族传统体育项目，同时增设了乌兰毛都草原争霸赛等项目。以上文化盛会结合了当地的文化特色与优势，推动了体育文化产业及旅游产业发展。三是大型赛事刺激群众消费。结合传统节庆开展赛事，成为吸引游客的有力举措，2019 年全国龙舟邀请赛暨北京市端午节龙舟大赛在北京顺义奥林匹克水上公园举行，以端午节庆激活了龙舟赛事开展。当然，也有全年开展的大型商业赛事，如"武林风""昆仑决""好汉山东"等武术商业赛事渐成体系，2016 年开赛的"散打天下"，以 1000 万元奖金刷新了国内职业武术赛事奖金的纪录。通过大型赛事，使众人会集于此，刺激了举办地餐饮、娱乐、交通、住宿、旅游等诸多领域的消费市场。

第五节　新时期民族传统体育的发展困境

一、价值定位模糊，阻碍多元价值高效彰显

民族传统体育文化价值定位模糊化，主要表现为健康促进、铸魂育人价值定位不清晰，实践不完善。人们对于民族传统体育文化健身价值认知与实践式微。据调查，疫情防控期间多达 82.98% 的大学生达不到每天锻炼 1 小时的标准。甚至高达 94.29% 的藏族学生不知道藏族传统体育项目吉韧（克郎球），95.87% 的藏族学生从没参加过赛马运动。虽然很多中老年人喜爱习练太极拳，但却多引起膝关节内侧副韧带损伤等问题。此外，竞技体育思潮的侵袭，使传统武术走上竞技化道路，"高、难、美、新"成为竞技武术的价值追求，导致运动员屡遭伤病困扰，健身功效饱受诟病。新时期国际文化交流剧增，以商业文化为基础构建起的当代"快餐式"文化，导致国民痴迷新事物而拒绝传统文化，迷恋消遣型消费，从而导致民族传统体育文化铸魂育人的价值定位模糊化。比如，技术的烦琐性致使学校武术教育出现"学生喜欢武术，却不喜欢武术课"的窘境，学生多注重动作模仿，而对育人元素不求甚解，甚至连抱拳礼的规范动作也难以做到。一些传统项目如舞狮、毽球、

陀螺运动进校园，其铸魂育人的价值相较于娱乐性、竞技性较为滞后。甚至，本应起到促进身心健康、弘扬传统文化价值的中国武术，近年来被"闫芳太极""虚假大师"等事件罩上迷雾，价值定位非常模糊。

二、民族特色弱化，传统体育文化价值降低

民族传统体育文化在创新性发展和创造性转化过程中，丢失了大量民族特色，削弱了文化价值。例如，布依族刷把舞向刷把操改编；回族踏脚舞这一西域传进的攻防武技盲目进行竞技化改造，二者均破坏了民族特色，使之传承受阻。究其原因，一是西方竞技体育的冲击，削弱了我国传统体育文化的自信与自觉，导致群众对赛龙舟、踩高跷、舞龙、舞狮等项目参与热情淡化，从而对其盲目改造导致民族特色丢失。二是缺乏合理有效的传统体育文化传承保障机制，有关传统体育文化特色保护的法制不健全，导致民族特色保护不周，甚至出现了虚假伪造，以及破坏性保护问题。如据武术类"非遗"项目评审人乔凤杰回忆，"很多上报的'申遗'材料都有造假嫌疑。这些'非遗项目'申报人看中的不仅仅是'非遗'项目能够获得国家的扶助资金，更重要的是，一旦申报的项目获得'非遗'称号，这些人更容易在社会上赚钱。"三是新时代国际文化、民族文化加剧交融，催生了国家间、民族间体育文化同化问题，削弱了民族特色。如由于西方竞技体育思潮的影响，使中国武术在"入奥"旅途中不断进行竞技化改造，而丢失了大量传统技法与文化。当然，强调民族特色并非否定文化创新，要固本清源，提升活力。岭南地区龙舟比赛就由于很少融入娱乐、美食等新元素，导致游客审美疲劳而参与热情不高。

三、产业开发滞后，民族传统体育产业消费市场缩窄

民族传统体育产业开发较为滞后，表现为产业布局不合理、产业融合不完善、资源利用效率低，缩窄了消费市场、降低了消费潜力。一是产业布局不合理，重点不突出，缺乏因地制宜，导致资金与人才的缺失。例如，广东省传统体育资源雄厚，且已成功举办5届规模宏大的少数民族传统体育运动会，而传统体育产业从业人数却少。广东省体育产业从业人员占总就业的人口比例约为0.8%，而从事民族传统体育产业的从业人员仅占0.1%。二是产业融合不完善。主要集中于自身产品开发及与旅游业结合，而忽略了与其他

相关产业的有机融合，如缺乏与健身产业融合致使健身价值较低，导致群众参与性低、消费渠道狭窄。三是产业资源利用率低。其一，产品的传统文化内涵丢失，使大量特色文化被削弱。如四川、贵州等地赛龙舟的风俗是在河边祭龙头，杀鸡滴血于龙头之上，再准备竞渡，而如今赛龙舟遗失了这些风俗文化，使项目自身优势不能被充分利用。其二，虽然一些少数民族体育资源雄厚，但由于地域偏僻导致交通不便、游客较少，文化资源利用率极低。如云南省西林县彝族理事周顺来表示，由于道路交通不便、缺乏住宿条件，很少有其他民族能参与彝族的民族活动。

四、传承路径缺乏，传承的空间与视野受限

民族传统体育文化传承路径不够多元，主要集中于传统体育节日、赛事及非物质文化遗产保护等，局限了传承的空间与视野。如传统节日方面，山东省潍坊市的国际风筝节已成功举办四十届；赛事方面，我国龙舟竞渡形成了以中国龙舟协会为首的赛事管理体系，中华龙舟大赛的参赛运动员有 800~1000 人次。而对于新时期网络媒体与技术的运用、国际传播、教育传承及后备人才培养则相对薄弱。一是相关专业网站缺乏体系化建设、网络传播人才力量薄弱。二是国际传承形式单一、资金欠缺、专业性人才输送不足。如国际传承主要以中国武术为主，而关于舞龙舞狮、风筝、龙舟、毽球等项目的推广则较为滞后；相较于国际皮划艇联合会拥有的 113 个成员国，国际龙舟联合会只有 85 个成员国。三是教育传承中，民族传统体育项目传承单一化，缺乏对特色性与全面性的兼顾。如 2019 年第十二届全国舞龙舞狮锦标赛，20 支南狮队伍中多达 14 支来自民间团体，学校代表队数量岌岌可危。四是传承人、继承人等后备人才流失问题严重。如清水河沿岸村寨青壮年村民离乡务工，使苗族村寨空心化，独木龙舟节难以为继，参赛龙舟数量逐年递减。

第六节　新时期民族传统体育的发展战略

一、树立正确价值理念，推动民族传统体育精准传承

新时期是体验经济时代，人们更渴望追求体验化、情感化的参与方式，

要加强媒介宣传，引导人们主动参与、主动汲取传统体育的多元价值。对于民族传统体育价值定位模糊化问题，要引导群众树立正确的民族传统体育价值观。体育价值观是体育的价值在人们头脑中的反映，是指导人们对体育问题作出价值判断和价值取向的基本原则。一是要树立科学的传统体育健康观。通过微信、电视、微博、短视频等新媒体多渠道普及传统体育锻炼的健身功效及健身方法，强调太极拳、五禽戏、八段锦等项目在抗击新冠肺炎疫情中的作用，使人们树立正确的传统体育健康观，尽可能规避运动损伤问题，养成健康、良性的传统体育锻炼习惯。二是树立正确的传统体育德育观。利用新时期网络媒介、教育传播等途径，大力宣传传统体育的德育元素及育人功效，提升人们对传统体育德育内涵的认知水平。三是培养坚固的传统体育文化观。通过网站建设、政府宣传、公益讲座等途径，加强对传统体育文化功效的宣传与普及，引导国民形成强烈的文化自觉与文化自信，构筑厚重的文化堡垒。

同时，还要结合不同群体特征及需求，打造群众喜闻乐见的运动项目，有重点、有规划地传承民族传统体育文化价值。一是结合校园文化，研究校本课程，做到图文并茂、线上线下结合，将爱国、奋斗、诚实、谦逊等育人理念深植太极拳、健身气功、毽球等技术动作与理论内涵，形成完善品质、文化、技能协调发展"三维"核心素养课程体系。二是结合社区文化及公园文化，重点凸显传统体育锻炼健身功效，依据不同年龄、性别、职业、体质、喜好的社会人群，传播不同运动项目，且强调对动作规格、力量、速度、节奏的要求，传播预防疾病、增强体魄的健康理念。三是结合医院文化，增强其与医学的高效结合，加强体医融合，注重发挥五禽戏、八段锦、六字诀等健身气功，以及太极拳等武术拳种的养生功效，辅助现代医学康复实践。

二、打造民族文化特色，注入民族体育传承生机活力

深入打造民族传统体育的民族文化特色，持续注入民族传统体育文化传承生机与活力。一是宏观上要加强"民族传统体育智库"建设，通过"一地一品""一市一品"工程，基于地域文化搭建如"陈家沟—太极拳""呼伦贝尔—摔跤"等场域，扶持市场潜力大的项目，提炼代表性强、民族性浓郁的体育文化内涵，推进民族传统体育规模化、标准化、品牌化建设；微观上整理与民族传统体育相关的人物案例，如经典武术人物及爱国事迹如"岳飞精忠报国"等，以文字、音频、读物、短视频等形式，凝构民族传统体育文化特色基因库。二是在此基础上，政府要制定有关传统体育特色传承保障机制，形成政府主导、民间参与的传统体育传承新理念与新主线，从而使民族特色贯穿于民族传统体育大众传播、教育传播、网络传播整个体系架构。比如，龙舟活动中请龙、祭神各具地方特色，广东龙舟在端午前要从水下起出，祭过在南海神庙中的南海神后，安上龙头、龙尾，再准备竞渡；闽、台地区则往妈祖庙祭拜。要尊重端午节赛龙舟的传统祭拜仪式，依据不同风俗，设置各具特色的龙舟仪式、规则，使不同民族、不同需求的人群都能积极参与进来，提升文化认同。同时，要加强相关法治建设及宣传教育工作，结合严格执法培训，重视"以案说法"，引导传统体育传承人、参与者树立底线意识，加强对民族传统体育文化特色的保护。三是根植民间土壤，从实践出发，深耕民族传统体育特色小镇土壤，发挥地域特色优势，精准遴选名镇、名村，重点突出民族传统体育文化特色。如在藏族创建基于赛马、摔跤、马术、射箭等项目的特色小镇；在蒙古族创建基于蒙古族摔跤、赛马、套马等项目的特色小镇。同时在负责人培训、产品开发、赛事举办过程中，深层渗透民族特色。此外，还要重视特殊区域的特色开发问题，如对于西藏和青海这类海拔高、含氧量低，致使现代体育运动发展滞后的地域，要大力挖掘藏民能骑善射的优势，突出特色、因地制宜开发特色小镇。

三、推进民族传统体育产业开发，盘活群众的消费市场与潜力

新时期传承民族传统体育文化，要从调整产业布局、推动产业融合、提升资源利用率三方面推进民族传统体育产业开发，盘活文化消费潜力与消费市场。首先要合理配置、调整产业布局。一是因地制宜、合理选址，打造民族特色浓郁的民族传统体育产业园、产业区，重点扶持资源雄厚而经济落后的潜力地区的产业开发，促进区域平衡发展及资源高效利用；二是突破空间限制，通过物联网、云计算、5G 等新兴技术，构建传统体育智慧场馆、智能体育装备，使人们在小空间即可参与毽球、射箭、打棍等运动项目，同时在终端向用户推送精品产品和服务，拓宽大众消费场域。其次要加强民族传统体育产业与相关当红体育产业的高效融合。2017 年体育产业统计数据显示，竞赛表演和健身休闲两大产业完成 39.2% 和 47.5% 的快速增长，所以民族传统体育企业、组织等，可利用互联网智能化设备展开生产，与健身产业、竞

赛表演产业、民俗文化产业高效融合，发挥产业联动效应。可对各产业核心技术及特色进行数据收集，如对健身产业中的健身频次、强度、力量等进行数字化记录，结合传统体育自身技术特性，使人们主动设计、选择适宜自身的传统体育锻炼方案。最后要提升民族传统体育产业的资源利用率。一是明确优势项目，提炼具有代表性的传统体育文化内涵，重点开发武术、舞龙、舞狮等优势项目，构筑群众喜闻乐见的文化形象。二是充分挖掘不同民族的传统体育潜力项目，借助不同项目的服饰、音乐、动作、寓意等特色，整合、深塑民俗特色、现代科技等元素，打造特色服装、音乐、器材、影像等系列产品，通过新媒体展开宣传推广与销售，开拓高端产品市场。三是加强产业开发融资，既要呼吁当地政府投入资金，重点扶持位置偏僻但资源雄厚地区的传统体育产业开发，同时传承人又要主动申报关于民族传统体育文化的开发与保护项目。如可申报农业农村部"一村一品"工程项目，获取政府经费支持，激活产业特色发展创新力量。四是通过大数据平台，整理分析用户在传统体育相关平台的访问数据，掌握其性别、年龄、爱好等特征，通过大数据分析技术推断其切实需求，从而实现精准推送，提高资源利用率。

四、创新文化保护理念，拓宽民族体育传承时代进路

新时期要以文化保护与创新为理念，拓宽民族传统体育文化传承时代进路。一是借助政府、社会等力量，建立民族传统体育文化传承基地，成立体育项目和文化挖掘、保护、传承小组，研定发展规划。同时加强民族传统体育传承、旅游开发后备人才培养，鼓励族民返乡就业，引进、培育文化创作及经营管理复合型人才。二是优化教育传承内容体系。依据青少年心理特征与生理特点，开发集健身性、娱乐性、文化性于一体的民族传统体育校本课程、特色教材，深植民族传统体育文化、创新育人理念，且对各学段学生群体进行特色选择，如小学阶段选择灵敏性、柔韧性较强的项目如毽球、武术。同时，采用二维码、网站建设等渠道，向学生呈现直观形象的传统体育文化形象，以体育课、课间操、校园文化活动、运动会等形式深入普及并传承。不同民族间体育的文化交流，可提升传统体育的创新力与生命力，如蒙古族"驯马舞"对毛南族"毛南戏"中的武术动作产生了启示作用。三是在规避民族文化同化问题的基础上，加强民族间的体育文化交流，实现体育内容、特色、文化创新。如可从运动项目的动作架构与组成、竞赛形式、展演形式

等方面，进行创新设计，增添时代新元素。四是利用新时代"大数据"及"自媒体"技术，构建民族传统体育文化数据库及传播场域。如利用虚拟现实（VR）技术，提升传统体育文化产业的研发与升级，开发 App 软件，为参与者提供详细的内涵、文化、价值介绍；同时，"自媒体"时代短视频盛行，快手获得 2020 年东京奥运会及 2022 年北京冬奥会持权转播权，成为历史上首个入局奥运版权的短视频平台，所以可大力支持民族传统体育文化自媒体开发，削弱民族文化体育在民间口口相传产生的弊端。五是借助"一带一路"倡议、孔子学院、亚太经济合作组织等，加强民族传统体育文化品牌塑造，拓宽融资渠道，大力传承太极拳、导引养生气功、舞龙舞狮、风筝、龙舟、毽球等民族特色浓郁、代表性极强的民族传统体育文化，讲好中国故事，助力提升我国文化软实力与国际形象。

第二章 简单到复杂：
民族传统体育发展的视野问题

民族传统体育是我国优秀传统文化的代表，其历史悠久，博大精深，文化体系内容丰富，通过对我国民族传统体育进行全面、深入研究，有助于为新时期促进我国民族传统体育的现代化传承与发展提供科学的理论指导。随着我国民族传统体育研究的深入，越来越多的学者尝试从不同的学科角度对民族传统体育进行研究，各种与体育、文化相关的学科都可以作为民族传统体育的学科研究基础，这种多学科研究能为现代人更加深入地了解、理解我国民族传统体育提供学科指导，使我国民族传统体育的学科理论体系内容不断丰富，并为我国民族传统体育的进一步研究拓展学科研究视野。

第一节 民族传统体育发展的历史学视角

一、民族传统体育的历史解构

（一）传统与民族传统体育

传统，是世代相传的思想、文化、道德、风俗、艺术、行为方式等。这些内容在人类历史的发展过程中被保留了大部分内容而原汁原味地继承下来，对现代人的思想、文化、道德、风俗、艺术、行为方式等有重要的影响。

传统，是一个历史存在，是人类社会发展历史中所产生的一种文化集合，这种文化集合在当时和以后的社会发展中对推动社会文化发展具有进步意义，换句话说，并非"所有的当下"都会变为"传统"，只有优秀的文化内容，对人类社会发展有利的、推动人类文明发展的，才能成为传统。

由于中国文化的绵长历史，中国文化的"传统"格外深厚，探求民族传统体育历程就是对其"传统性"进行历史研究。

"传统"的民族体育文化，是我国几千年的体育文化的一种浓缩，具有时间和空间的维度，对传统民族体育文化的研究，也是对古代社会人类体育文化的空间与时间特色的研究。

（二）现代与传统的对立统一

"现代"与"传统"是一个矛盾的统一体，二者相互依存，失去任何一方，另一方也会消失。

人类文化的形成是一个漫长的过程，不可能一天就发展成熟，是经过了几千年的文明积累才发展而来的。但是，由于文化发展对社会的依托往往滞后于社会的发展，社会的变化会对民族传统体育文化的变化产生重要影响，民族传统体育文化以社会文化为最基本的文化背景和基础，社会文化的变革也必然会对当时的民族传统体育文化产生影响。因此，对民族传统体育的"现代"研究应做到坚持历史视角，将民族传统体育文化的发展研究放到其所在的历史环境中去，从这个角度来讲，"现代"不再是哲学空间中一个时间的界定，也不是指"当下"，而是民族传统体育文化发展中的一个特定的发展时期，"现代"不再是"传统"的对立，"现代""传统"都是对特定历史时期的民族传统体育文化的表述。①

二、民族传统体育的历史分期研究

中国历史悠久，民族传统体育文化发展至今，有其必然的内驱力与外驱力作用，这两种力量共同推动社会文化的发展，也会引起民族传统体育文化的发展变革，尤其是在社会重大变革、转型期，都会发生一些显著的变化特点，不难发现，唐宋之间、晚清之季是中国民族传统体育文化发展的重要分水岭，因此可将民族传统体育的历史进程大致分为唐及以前、宋至晚清、晚清至今三个历史阶段。②

（一）唐及以前的民族传统体育

1. 夏商时期的民族传统体育

夏商时期，我国的社会经济处于一个比较落后的时期，但是在这一时期，人们的基本生产生活得到了满足，开始有了对文化的创造与发展的需求，这

---

① 周之华. 中华民族体育文化多维研究导论［M］. 北京：高等教育出版社，2016：25.
② 同①：32-34.

一时期，我国社会进入奴隶社会，社会文化表现出明显的阶级性，精美的生活器具、文字、教育都只在奴隶主贵族中出现。

这一时期，人类社会生产出现了第一次分工，生产方式发生了重大的变革，在汉族各大部落利益和家族斗争中，受战争的影响，基于战争训练的一些身体技能逐渐得到重视并快速发展，在战事结束时成为百姓健身锻炼和发愤图强的一种重要身体活动，战争时期，全民皆兵，无论男女老少都重视参与体育军事训练，如射箭、角抵、近身博击等。据考证，夏时女子也非常擅长射箭。西周的奴隶贵族学校中射箭是重要的教学内容。

2. 春秋战国时期的民族传统体育

春秋战国时代，"百家争鸣"，是我国人类发展史上一个思想大解放的时期。

春秋战国时代经济发展处于一个相对繁荣的阶段，社会生产达到较高水平，从而触发了先秦诸子百家争鸣的盛景。这一时期，思想空前活跃，文化更加繁荣，相应的观念与需求更加多元，这为娱乐性的民族传统体育活动及文化的发展创造了宽松的社会环境。

就体育思想来看，这一时期，习武之风盛行，养生思想的产生为以后我国民族传统体育文化发展奠定了重要思想基础。

这一时期，经济和政治都得到了一定的发展，娱乐性的体育活动，如举重、秋千、风筝等，得到了很大的发展，少数民族的射箭、骑马等活动也开始脱离基本的生存需求和生产劳动，真正意义上的民族传统体育形式和文化正在形成。

3. 秦汉时期的民族传统体育

秦统一六国后，中国社会进入了一个多民族融合发展的历史时期，各族都以中原文化发展为基本模式，形成了内容丰富、形式多样的多民族体育文化。

汉代建立后，统治者继续推行统一政策。在此时，北方兴起了实力强劲的少数民族政权——匈奴。匈奴与汉朝经常发生矛盾与冲突，在冲突过后又开始相互接触。在不断碰撞、交锋与融合的过程中，我国逐渐成为多民族的国家。在天下安定的局面下，各民族的社会经济和文化都有了长足的发展，不同民族之间开始在各方面进行交流，推动了文化的繁荣。

4. 三国时期的民族传统体育

三国以后，民族传统体育更多地与民族传统节日联系在一起，这一时期，节日民俗民族体育文化获得了较为丰富的发展，养生、娱乐、休闲是这一时期人们参与节日民族体育活动的重要目的，例如汉"上巳"日，原为"祓除不祥"，在这一时期，其与春游活动紧密地结合在了一起，成为一种民族体育文化特色。

5. 两晋南北朝时期的民族传统体育

两晋南北朝时期的民族传统体育文化虽然没有秦汉时期的辉煌，但是民族传统体育文化的发展也可圈可点。

两晋南北朝时期，我国南北方产生激烈的民族冲突，匈奴、鲜卑等少数民族入主中原后，武艺发展迅速，如角抵戏、刀楯表演、刀剑表演、武打戏等。

可以说，民族之间的冲突在客观上促进了不同的民族交流，也扩大了不同民族传统体育文化的传播范围，丰富了民族传统体育内容体系，扩大了不同民族传统体育文化的影响，加速了不同民族间民族传统体育的传播。

这一时期，我国的投壶、围棋等益智类休闲体育文化活动获得较大发展，并传播到日、韩等国。

6. 隋唐时期的民族传统体育

隋、唐时期，政治开明、经济发达、文化繁荣，是我国封建社会发展的鼎盛时期。良好的社会环境为这一时期民族传统体育文化发展奠定了良好环境基础。

政治方面，隋唐政治稳定，战事较少，民族传统体育文化更多地表现为健身、娱乐、表演等性质，在民间呈现出繁荣发展的景象。同时，为完善政治、增强国力，统治者鼓励民间习武，各种体育活动丰富。

经济方面，百姓安居乐业，丰富多彩的民族传统体育文化活动与民族风俗、节日节令联系紧密，得到了进一步的弘扬。如寒食蹴鞠、清明踏青和放风筝、元宵节舞龙舞狮、重阳登高，春节的体育文化活动更是丰富多彩。

文化思想方面，隋唐思想开明，文化发展迅速，民族传统体育文化活动影响深远，开展范围广，远传国外。如蹴鞠、投壶、围棋等传入日本、朝鲜等国。

（二）宋至晚清的民族传统体育

宋、元、明、清四个朝代，在我国封建社会的发展中占据相当长的一段时间，充分说明政治统治的相对稳定，而稳定的社会环境无疑是有利于文化的传播与发展的。

宋、元、明、清时期，不同的朝代中，很多统治者都在在位期间实行了禁止民间习武的政策，这在一定程度上阻碍了包括武术在内的民族传统体育文化的发展，但是民族传统体育文化中的武技内容一直在民间流传，只是更多地以娱乐休闲与表演的形式出现，百姓健身娱乐类型的民族传统体育活动得到了较快的发展，也促进了民族体育文化发展与其他文化艺术的有机结合，例如武术与元曲的结合，使得武戏成为一种重要的艺术表现形式。

（三）晚清至今的民族传统体育

鸦片战争以后，中西方体育的优势与劣势对比强烈，我国民族传统体育文化进入一个新的发展时期。

在内忧外患时期，为强国强民、弘扬民族传统体育文化，并从传统体育的发展中寻找救国之路成为这一时期有识之士的诉求，这一时期，我国成立了很多武术学练机构，如精武体育会、北京体育研究社等，此外，一些武术研究学者在这一时期对武术理论进行了系统研究与整理分析，这一时期我国出现了不少武术著作和与民族传统体育相关的理论研究。

1915 年，体育界的一些有识之士主张从实际出发，对民族传统体育文化进行再认识与再评价。

20 世纪 20 年代前后，我国传统养生术，如八段锦、易筋经、五禽戏等，在这一时期有较大的发展，在民间很好地继承并进一步普及。

中华人民共和国成立后，党和国家非常重视包括体育事业在内的各项事业的发展，随着我国社会各方面的建设，民族传统体育及其文化也在不断向前发展。

1949 年，我国正式启动文化保护与研究工作，整理和发掘民族传统体育。几经曲折，民族传统体育的理论研究与实践发展逐渐走向正轨。

改革开放后，我国政治、经济、文化等都逐渐迎来了一个新的发展时期，民族传统体育在良好的社会、经济、文化背景下，内容体系不断得到丰富，更多的民族传统体育文化被挖掘、整理出来，民族传统体育文化的传播范围和速度也在不断扩大与加速，我国民族传统体育迎来了一个新的发展时期。

进入 21 世纪，我国更加重视对民族传统体育文化这一宝贵民族财产的保护与传承，为了进一步提高国家软实力，我国非常重视传播与弘扬民族传统体育文化。

新时期，我国致力于建设"文化自信"，进一步探求并赋予我国民族传统体育文化以新的内涵，并在全世界范围内，不断扩大我国民族传统体育文化的影响，以促进和实现作为人类优秀文化的我国民族传统体育文化的国际化传播、传承。

第二节　民族传统体育发展的社会学视角

一、民族传统体育与社会诸要素关系解析

（一）民族传统体育与政治

1. 政治对体育发展的制约

政治是伴随着阶级、国家的产生而产生的。在人类社会的发展进程中，随着阶级的出现，人与人的社会地位不平等，人与人的社会分工日益精细，这就促进了人与人之间的复杂的社会关系的形成和政治关系的形成。

在国与国、地区与地区、民族与民族、人与人之间，政治无处不在，政治对人的活动的影响也无处不在，这也就不难解释政治为何会对民族传统体育及其文化产生影响。

综观我国传统体育的发展历史，在漫长的封建社会，统治阶级的各种政策、政令颁布对传统体育文化的发展影响是非常大的。如唐朝武举制对武术发展的促进、明朝禁武对武术发展的制约和客观上对节庆、表演体育文化活动的促进。

2. 体育对男女性别平等的促进

在我国封建社会，男尊女卑思想深入人心，严重制约了女性体育的发展。

但是，在我国政治思想开明的朝代，女子体育活动的开展是非常活跃的。如在唐宋时期，蹴鞠、荡秋千等都是女子非常喜欢和经常参与的传统体育活动。

在我国少数民族统治时期，以及民族大融合时期，少数民族尊重女子的思想传入中原地区，女子射箭、骑马、女子冰嬉等活动非常普遍，女子的地

位也得到了显著的提高，女子对传统体育文化活动的参与非常频繁。

3. 体育对良好社会关系的促进

在社会构成中，社会越发向着多元化方向发展，人与人之间的人际关系直接影响整个社会关系的和谐与稳定。

在我国封建社会，但凡是政治稳定时期，各种体育文化活动必然开展广泛，百姓安居乐业，节庆民俗体育活动丰富，进一步促进了社会关系的和谐，也使得统治者的统治更加稳定。

（二）民族传统体育与经济

经济因素是影响人类社会发展的重要因素，经济生产是人类生存和发展的基础，处于支配地位。[①]

经济对民族传统体育的影响表现如下。

1. 经济生产方式对民族传统体育产生与形成的影响

就我国不同民族的体育文化发展来说，经济生产方式直接决定了具体的体育文化形式和形态的生成。具体分析如下。

我国汉民族以农耕为主，农耕文化是一种稳定的文化，这种自给自足的经济方式使得我国汉民族文化具有稳定的文化形态与文化心理，这也就赋予了汉民族体育文化更多注重健身、休闲、娱乐以及庆祝丰收等文化内涵。

我国北方少数民族居住环境天高地阔，生活方式以游牧和狩猎为主，生产工具简单，民风质朴，因此形成了北方少数民族豪爽、粗犷的性格特征，这些民族性格与心理也表现在民族传统体育文化中，赛马和摔跤等项目多体现了勇武的特点。

我国南方少数民族居住在依山傍水的地方，山林生活生产和水中生产活动反映到民族传统体育文化中，形成了具有南方特色的民族传统体育项目，从这些项目中，都能追溯到我国早期南方少数民族生产生活的情景。

2. 经济发展水平对民族传统体育发展的影响

经济发展水平对大众的体育参与有重要影响。

一般来说，经济越发达，民众所拥有的休闲时间、可用于体育娱乐休闲的经费、体育健身娱乐参与意识等都会有显著的增多、提高与发展。

改革开放四十多年来，我国社会经济均有了较大的发展，这对于我国民

---

① 熊晓正，等. 奥林匹克知识读本 [M] . 北京：人民日报出版社，2007：89-90.

族传统体育的发展来说具有重要的意义，人们的生活水平大大提高，在满足基本的生产生活的基础上，人们有了更多的发展性需求，从事体育活动是一种健康的、积极向上的发展性需求，民族传统体育文化符合我国人民群众的体育观念与健身习惯。因此，我国民族传统体育拥有良好的群众基础，在大众健身和体育休闲时代，越来越多的人投入民族传统体育健身中来。

我国幅员辽阔，不同地区的经济发展水平不同，因此，包括民族传统体育在内的体育经济、体育文化在不同的地区表现出明显的地区差异，这种地区差异与各地区的经济发展水平呈正相关的关系，经济发达地区，体育活动、体育文化开展良好；经济欠发达地区，体育活动、体育文化发展相对较为落后。

（三）民族传统体育与文化

1. 民族传统体育与哲学思想

我国民族传统体育是我国优秀民族文化和体育文化的一种，其产生于社会文化大环境中，与我国传统文化具有非常密切的联系，同时在民族传统体育文化的发展过程中，民族体育文化与其他文化相同，如舞蹈、音乐、杂技、文学等相互影响与渗透，彼此之间具有相通之处。

在我国传统哲学体系和思想影响下，民族传统体育表现出深刻的哲学思维，如一元论、整体健康观、养生气功的内外兼修，都表现出传统哲学内涵。①

2. 民族传统体育与宗教文化

宗教对民族传统体育的发展具有重要的影响。很多古代体育项目都是从宗教活动中派生出来的。

以武术为例，武舞是武术套路的雏形，古代武舞，又称象舞，据《礼记·文王世子》记载，象舞是"周武王伐纣之乐"，据称巴人"歌舞以凌，殷人前徒倒戈"。古人战前起舞，祈求神祇保佑，在非战争年代，成为重要的身体娱乐活动，从娱神走向娱己，逐渐脱离宗教色彩，如羌族的大葬舞、土家族的大摆手舞、傣族的刀舞等，都是从宗教活动中发展而来的民族传统体

① 马增强，等. 中华民族传统体育的话语世界及其现代影响［J］. 西安体育学院学报，2007（6）：1-5.

育项目。①

宗教文化对我国民族传统体育的影响，还表现在体育思想方面，如道教、佛教、藏族文化对民族传统体育文化养生思想、"禅武合一"等民族传统体育思想的影响。

（四）民族传统体育与环境

1. 民族传统体育与自然环境

人类所生活的环境包括社会环境与自然环境，在这里探讨民族传统体育与自然环境，是因为自然环境是人类社会存在的基础，因此将自然环境看作社会的环境拓展，自然环境对民族传统体育的影响巨大。

我国地域辽阔，不同民族分布在不同地域，不同的自然环境，形成了各民族特殊的风俗习惯、民族心理、民族性格，在既定的民族心理与性格的基础上，产生与形成了不同民族特点的民族传统体育文化，"北方尚力、南方尚巧"是对我国民族传统体育文化不同地区的民族特色的高度概括。

2. 民族传统体育与社会环境

民族传统体育是一种社会文化，社会环境发展与变革引起民族传统体育文化的发展变化。

以民族传统体育的现代化发展为例，民族传统体育与社会环境的关系具体分析如下。

（1）丰富社会生活

在社会主义和谐社会，我们强调民众参与社会生活应养成健康的生活习惯和健康的休闲方式，参与民族传统体育及其文化活动是一种健康的休闲、娱乐方式，对于丰富社会大众的日常生活与业余生活具有非常重要的作用。

在我国重视大众健身持续开展与推进的今天，民族传统体育文化活动参与已经逐渐融入百姓日常社会生活，成为百姓社会生活中的重要组成部分。

（2）营造良好社会风气

随着社会的发展，不总是处于战争、政治或经济发展紧张时期，在社会稳定时期，人们在生产之余需要休闲。

良好的社会休闲，可促进社会和谐。现阶段，随着人民群众的休闲时间

---

① 刘春燕，谭华. 中华民族传统体育的兴盛、危机与复兴 [M]. 北京：人民出版社，2016：124-126.

越来越多，人们越来越重视生活水平和生活质量的提高，民族传统体育作为符合我国民众体育心理的重要体育活动内容选择具有非常大的群众参与吸引力，可以有效促进社会大众的身心健康发展，改善与提高人们的生活质量。同时，避免社会大众过多沉迷电子游戏、赌博、吸烟、酗酒等不良的休闲、解压方式。

（3）促进社会精神文明建设

体育参与可促进人与人之间交流的增多，民族传统体育文化活动内容丰富，具有丰富性和趣味性，在民族传统体育文化活动参与过程中，运动者能享受到运动快乐，也能实现与具有同样体育爱好的人的人际交流，而且这种交流是在轻松愉快的氛围中进行的，帮助运动者构建良好的人际关系。

此外，民族传统体育文化中所包含的社会道德与伦理也会影响运动者的日常思想与行为，有助于社会主义精神文明的建设。

二、民族传统体育的社会学研究领域

（一）民族传统体育与社会组织生活

社会学视角的社会组织生活包括文化、社会化、社会互动与社会结构、群体与组织、大众传播媒体、越轨行为与社会控制、族群与认同、师承传播等主题。这些为民族传统体育研究提供了社会学视点。[①]

社会组织是现代社会最具代表性的群体形式，民族传统体育组织的结构、运行、社会责任等都值得探究，不同的民族传统体育社会组织或社团，在开展民族传统体育活动过程中具有自己的方式方法与特色，久而久之就形成了民族传统体育流派与特色，不同的民族传统体育社会团体在促进民族传统体育文化分支的各个体系方面都发挥了重要的促进作用，如武术流派、不同拳种等，这些与地域民族传统体育文化中的多文化形态，共同构成了我国内容丰富、形式多样的民族传统体育文化体系。

（二）民族传统体育与社会不平等

正如前面所说，民族传统体育文化的活动内容、形式，以及是否允许女子参与，都是民族传统体育与社会系统的密切关系体现，因此，民族传统体育文化可以从侧面反映社会不平等，当前，仍有一些地区规定女性不能参加

---

① 周之华. 中华民族体育文化多维研究导论 [M]. 北京：高等教育出版社，2016：45-46.

龙舟比赛，这是民族传统体育文化的社会学研究的一个重要主题。

（三）民族传统体育与社会制度

民族传统体育文化与社会制度的相关研究涉及面非常广，主要课题研究集中在以下几方面。

（1）民族传统体育与家庭：家庭或家族在民间武术中的传承研究；以姓氏标定的体育文化流派，如陈式太极拳、杨氏太极拳等的发展研究。

（2）民族传统体育与教育：民族传统体育的学校教育传承；民族传统体育的师徒传承。

（四）民族传统体育与社会变迁

社会是处于不断运动变化之中的。从动态的角度考察社会变迁与民族传统体育发展之间的关系，能深入了解和探索现代社会中民族传统体育与社会的关系，民族传统体育与社会发展的相互促进，如何充分发挥民族传统体育对社会的促进作用等。在民族传统体育与社会变迁的具体课题研究中，研究主要集中在民族传统体育发展的以下几个方面。

（1）民族传统体育的现代化。

（2）民族传统体育的产业化。

（3）民族传统体育的城市化。

（4）民族传统体育的国际化。

（5）民族传统体育的网络化。

第三节　民族传统体育发展的文化学视角

一、文化视域下的民族传统体育文化认同

（一）民族传统体育文化认同

文化认同（Cultural identity）是人们对文化的一种心理上的认可，文化认同是同一个民族心理下的人们对自己的古代文明优秀文化的赞同的表现，是对具体民族文化价值的认同。[①]

---

① 刘文海. 文化认同视域下武术文化传承与对策研究 [J]. 民族传统体育，2015，34（5）：203-204.

我国民族体育文化作为我国优秀传统文化的一种，凝聚了中华儿女共同的民族文化心理、民族精神、民族性格，具有丰富的民族文化内涵。

（二）民族传统体育文化的核心价值

人们对民族传统体育文化价值的认同，本质在于对民族传统体育文化的核心价值的理解与认同，这种价值认同是文化认同的本质。

1. 重视礼教

"礼"的本质是"道"。我国自古以来是一个重视"礼"的国家，中国更是被世界赞誉的"礼仪之邦"。

"礼"在我国传统文化中无处不在，"礼"的文化也渗透到民族传统体育文化中，在民族传统体育运动项目和活动形式中处处体现出"礼"或者"礼"的影响。简单举例来说，中国传统礼制文化在民族传统体育文化传承过程的师徒关系中得到了充分的体现，礼也渗透到武术的拳理技法与武德中，具体表现为"尊师重道""武德戒律"。

2. 注重身韵

我国民族传统体育文化是一种身体文化，在表现的过程中讲究身体形态美、动态美，对"身韵"有严格的要求，这种对身韵的要求充分体现出我国民族传统体育文化与其他民族体育文化所不同的"中国特色"，例如在武术技法练习中所强调的动作"神韵"，"形神兼备"、内外兼修、"精、气、神"等，这些都是民族传统体育的身韵的表现。

3. 德艺双馨

"武德"是民族传统体育文化的重要组成部分，武德简而言之就是对包括武术习练者在内的民族传统体育运动者的道德与行为的要求，要求运动者应在习武修身的过程中，重视自我道德水平的不断提高，应做到"习武先习德"，并且在拜师择徒、教武、习武、用武的全过程中都始终保持自我德行的修养。武德是中华民族体育文化的重要内涵和民族精神之一。

二、民族传统体育文化的文化特性

（一）象征性

民族传统体育文化具有象征性。这种象征性具体表现在民族传统体育活动开展过程中的仪式、名称，不同的动作名称、活动仪式都具有具体的民族精神、信仰的象征。

（二）多元性

我国民族传统体育文化内容丰富，这与我国是一个多民族的国家是分不开的，我国各民族分布在辽阔的祖国大地上，从最初所居住的自然地理环境的不同，经过对传统的发展，最终形成了不同的民族文化，促进了我国民族体育文化的丰富多彩。

（三）观赏性

观赏性是体育的基本属性之一，民族传统体育作为一种体育文化，具有观赏性。

民族传统体育文化的观赏性，表现在民族传统体育的造型美、运动美、精神美等多个方面，通过对这些体育美与文化美的欣赏，能使人的情感得到升华。

民族传统体育文化的观赏性具体表现在以下几方面。

（1）动作美，民族传统体育的诸多项目的动作不仅技艺精湛，而且具有动作美的特点，如动静、节奏、神韵等。

（2）造型美，在我国很多民族传统体育运动项目中，运动过程的开始、过程中的停顿和运动结束的收势，都会有一个美的亮相、定格。确切地说，造型美是动作美的一种特殊表现。

（3）精神美，从事民族传统体育运动，要求运动者应具备坚强的意志和良好的品格，在运动比赛中更要有公平公正参赛的要求、顽强拼搏的勇气、胜不骄败不馁的心态、积极向上的信心和斗志等，这些都是良好的精神品格的表现。

（4）音乐美，在我国很多民族传统体育活动的开展过程中，都少不了民族音乐的元素，这些具有民族特色的音乐能给运动者和观众带来美的享受。

（5）民族风俗文化美，民族传统体育深植于丰富的民族传统文化中，具有各民族文化的烙印，民族传统体育活动的开展能让观众了解当地民族的风情、民俗。

（6）民族服饰美，我国各民族都有自己的民族服饰，精美的民族服饰和配饰是各民族文化的重要构成，充分体现了民族艺术与民族审美。

（四）人文性

人文是人类社会当中存在的文化现象的统称，民族传统体育文化的人文性表现如下。

首先，民族传统体育文化与宗教文化的结合与相互影响，使得民族体育文化吸取了宗教文化中对人的道德标准的较高要求与内涵。

其次，民族传统体育具有丰富的人文内涵，它强调以人为本，重视人的和谐发展。

三、民族传统体育文化的结构构成

（一）民族传统体育物质文化

文化需要物质的支撑，物质文化先于精神文化存在，民族传统体育文化依托于物质文化产生与发展，与其他一些体育项目起源基础有许多相同的地方。

在民族传统体育文化产生发展过程中，民族生存与竞争、社会劳动生产过程中的体育思想物化是重要的文化物质基础，在民族传统体育的产生过程中，早期人类简单的生存方式、劳动技能等，都是其产生的重要文化基础。

（二）民族传统体育制度文化

在文化体系结构中，制度层面是文化的一个重要层面。

制度文化是一种特殊的文化形态，它既不能被归纳到物质文化中，也不能被归纳到精神文化中，它是一种介于物质文化和精神文化之间的文化形式。

体育制度文化是一个包括多种元素构成的文化体系，政策、组织、规则等都可以被纳入制度文化的范畴。

我国历史悠久，民族文化丰富而且深厚，在长期的发展过程中，我国的民族传统体育文化从个体偶然现象发展到被整个民族认可、被整个中华民族认可的体育文化，必然要经历无数次的社会探讨，通过社会与集体的约束，民族传统体育展现出非常理想的民族社会集体意识，并且，这种社会意识促进了其民族特性的产生，最终形成了具有中华民族特色的民族体育文化。

在民族传统体育文化的发展中，社会道德、社会风气、民俗风情等都渗透到民族传统体育文化中，构成了民族传统体育文化的制度文化内容。

（三）民族传统体育精神文化

精神文化是一种非常重要的文化，在人类社会的发展过程中起到了重要的社会推动作用，民族传统体育文化是一种超越性的文化，其文化内涵存在于更深层次的精神层面。

民族传统体育文化的精神性包括诸多内容，它们共同构成了民族传统体育文化的重要精神内涵，民族传统体育文化的精神内涵具体表现在以下几方面。

（1）哲学思想；

（2）社会伦理道德规范；

（3）民族意识；

（4）民族文化心理；

（5）民族审美心理；

（6）民族性格与品质；

（7）民族历史文化；

（8）民族世界观与价值观；

（9）民族宗教信仰等。

民族传统体育文化源远流长，正是缘于民族文化满足了个人和民族的共同文化心理认知，通过民族传统体育文化及其活动参与，能满足个人和民族的心理与精神寄托，在各民族的民族传统体育的精神文明层面，一个民族的民族心理素质是区别于其他民族的一种最显著的心理特征。

四、民族传统体育文化内涵

（一）传统体育的哲学思想

作为我国一种优秀的民族文化，民族传统体育文化植根于我国数千年历史的华夏文化中，其产生与发展深受我国传统文化的影响，我国传统文化中的很多传统哲学思想与观点内容都在民族传统体育文化中有所体现。

我国传统哲学思想对我国古人产生了重要的影响，绵延至今，影响了一代又一代的华夏儿女，并对多种形式的华夏文化产生影响，民族传统体育文化作为我国传统文化形式之一，深受我国传统哲学思想的影响。

在民族传统体育文化的发展过程中，古人的哲学思维表现在传统文化创造与丰富的方方面面，在民族传统体育文化中，阴阳学说、天人合一、一元论、整体健康观、传统养生观，以及古人对社会伦理的思考等，都在体育文化中有所体现，体育价值观、养生气功的内外兼修，就是建立在我国传统哲学思维基础之上的。[1] 很多哲学思维和思想还融入具体的民族传统体育文化

---

[1]　马增强，等.中华民族传统体育的话语世界及其现代影响［J］.西安体育学院学报，2007（6）：1-5.

中，成为具体项目的理论内容，以武术为例，以哲学（如阴阳、五行、太极、道论、气论、形神统一论等）指导拳技理法，哲学融入拳理，并直接催生了一些运动项目，如太极拳、形意拳。

（二）传统体育的宗教思想

宗教信仰属于一种特殊的社会意识形态和文化现象。① 宗教与民族传统体育的相互依存阶段发展如下。

第一阶段：大自然崇拜阶段，人类对于自己周围的自然环境、自然事物都有一种畏惧心理，自然力被神化。

第二阶段：灵魂崇拜和祖先崇拜阶段，原始人类对神灵的认知是非常崇拜和敬畏的，他们认为人的肉体死亡以后，灵魂依然以某种形式存在，因此，原始人类在祖先死后会祭拜，祈求得到祖先的保佑和祝福。

第三阶段：图腾崇拜阶段。图腾是古代先人们崇拜的对象，它作为一个民族和部落的神的身份出现，是民族和部落的始祖。

宗教从原始社会开始就一直伴随人类文明发展到现代，在宗教信仰的指导下，人们从事具体活动，宗教使人们产生对既定文化的群体和民族认同。

宗教与民族传统体育联系紧密，例如，少林武术与佛教之间具有密切的联系，佛教思想与武术技击术的融合，使得少林武术运动形式、技法理论、功法修炼都具有了"禅"的神秘色彩。再如，道教文化与我国传统武术中的优秀代表项目太极拳之间也具有密切的联系，道教文化重视养生，在道教文化基础上产生的太极拳就是体育养生的集大成者。

（三）传统体育与传统美学

中华民族在几千年的文明进程中，创造了灿烂的文化，这些文化中的大部分都与美有着密不可分的关联，由此形成了最具我国传统特色的美学思想和审美体验。

传统武术是我国传统体育的重要组成内容，体育具有美的性质，传统武术中的体育之美表现在多个方面（见表2-1）。

---

① 李繁荣. 民族传统体育文化及其传承研究［M］. 济南：山东大学出版社，2014：67-69.

表2-1   传统武术美学表现

技击美	"刚柔相济""虚实结合""动静相宜""进退有序"等
练气美	气是人生命的根源,"气息"的练习,既有对生成为人的元气的修炼,也含有对人的生命力和创造力的修炼
形神美	"神"是"形"的内蕴、灵魂,离开了神,就失去了传统体育特有的韵味
韵味美	表现在动作空间层次变化美、动作快慢节奏美两方面
节奏美	有动有静、动静结合,有快有慢、快慢相间,有起有落、起落有致,有刚有柔、刚柔相济等
意境美	表现在套路、动作名称、拳谚理念三方面

（四）传统体育与传统医学

谚语"拳起于易,理成于医",阐述武术与医学二者思想的统一性,传统中医是传统武术的重要文化基础,传统中医理论与传统武术技法理论在思想内容方面,具有一定的相通性。具体表现在,我国传统武术与传统中医对于人体的认识是基本一致的,并且都建立在五行思想、阴阳思想的基础之上,对人体的变化和不同运动形式进行研究,继而促进人体健康。

（五）传统体育的兵学思想

民族传统体育具有一定的技击性,最早是人与自然的对抗,然后转变为人与人之间的对抗,在对抗过程中,表现出与兵家双方对战具有一定的战术理论的相通性,许多兵家思想都在武术的攻防原理中得到了广泛运用,如"知己知彼""虚实结合"等。

（六）传统体育与节庆习俗

节庆习俗是一种重要的民族文化,世界上每一个民族都有自己的历史,在长期的历史发展进程中会形成具有本民族特色的节庆风俗,节庆日是放松身体和心灵的非常重要的日子,同时节庆日也是民族风俗文化的浓缩,体育文化作为一种重要的娱乐休闲文化必然会与节庆民俗有机联系在一起。

在我国各个民族中,民族节庆日都会举办盛大的体育文化盛会,群众通过参与丰富多彩的体育活动,来表达喜悦和美好的愿望,这是民族情感的重要宣泄机会,有切实存在的必要。很多民族传统体育文化也从最初的具有宗教色彩的节庆日活动中发展而来,民族传统体育发展到现在,虽然摆脱了封建思想、宗教思想，但是仍然可以见到一些宗教民俗文化的烙印。

人类的节庆习俗大致可以分为以下几种类型，即原始崇拜、宗教祭祖、农事集贸、情爱交游、娱乐狂欢。

节庆习俗活动把一个民族具有民族特色的传统文化通过一种形象、直观、一目了然的方式表现出来，完成了上一代对下一代的文化传承。

（七）传统体育与文学艺术

人类文化的传承包括物质文化的传承和精神文化的传承，文学艺术属于人类精神文化范畴。

文学是文化传承的重要方式之一。文学艺术是人类物质生活满足之后的精神追求。人类艺术内容广泛，我国民族传统体育与多元艺术联系紧密，举例如下。

（1）传统武术与舞蹈：古代的"舞"与"武"相通，有学者认为，武术最初是从早期人类的祭祀舞蹈中发展演变而来的。"武舞"还为武术套路的产生奠定了形式基础。

（2）传统武术与杂技：杂技是我国传统艺术的一种重要形式，与舞蹈、武术有相通之处，例如在学练过程中，都强调运动者的基本功的艰苦练习，很多高难度动作具有相似性。

（3）传统武术与戏曲：在古代武术被统治者禁止的朝代，武术更多与民间文艺相结合，从最初的角抵百戏到戏曲武打动作再到武戏的产生，在舞台上、文学作品中被发扬光大，武术与元曲的结合是武术在戏曲领域的一个重要发展表现，之后武戏成为一种独立的舞台艺术表演形式。

第四节　民族传统体育发展的民族学视角

民族学是一个以民族为研究对象的学科。民族传统体育文化是民族研究中的一个重要内容。通过民族学的研究能帮助我们很好地认识民族传统体育的民族属性与民族文化这一现象。

一、民族传统体育的民族属性

文化是由人类创造出来的，人类所创造出来的文化并不是统一的，不同的文化集体构成了不同民族。

从世界范围而言，每个国家和地区都有自己的代表性民族体育运动，如中国的武术、日本的柔道、美国的篮球、巴西的足球等，体育文化是一种独立的文化，也是民族文化的重要构成内容。

二、民族传统体育的民族情结

我国是一个多民族国家，56 个民族紧密团结在一起，构成了中华民族大家庭，每一个中华儿女都具有浓厚的民族情结，具体表现为守内、尚礼、恋土。

多元民族构成的中华民族，有共同的民族文化心理，在体育文化上表现出一定的共同民族心理，具体分析如下。

体育原理方面，主要表现在中华民族追求平衡和顺应自然的主体化思维方式。

体育技术方面，主要是将中华民族以智斗勇、追求技巧的审美心理反映出来。

体育竞赛规则方面，中华民族传统体育的对抗较量，讲究的是点到为止，是品德、技艺的综合对抗，很多技术不能量化，交手过程中体现的是礼让为先，点到为止，不战而胜，心服而已。

三、民族学理论为民族传统体育基本理论研究提供支撑

民族传统体育基本理论对民族传统体育研究有着重要的指导作用。

就我国民族学研究实际来看，我国民族传统体育学科建立时间不长，民族学研究还处于初级阶段，很多学者都尝试从各种角度对民族传统体育进行概念界定，但尚未有被公认的研究观点与成果。民族传统体育概念的混乱与模糊，在很大程度上制约着民族传统体育学科的进一步发展。

新时期，运用民族学理论对民族传统体育进行学理上的解释，可以为民族传统体育的研究提供理论支撑。[①]

四、民族学理论为民族传统体育与民族问题研究提供新立场

民族问题实际上是指各民族在社会发展中"产生的那些有损于民族关系

---

① 王柏利. 民族传统体育民族学研究的启示与展望［J］. 河北体育学院学报，2017（2）：87-91.

正常发展，并影响民族多数成员公共利益和公共生活的社会现象"。

在民族传统体育学科建立之初，我国就非常关注在处理民族传统体育文化发展过程中有效解决各种民族文化发展问题、缓解民族矛盾的相关问题。

从民族传统体育文化在社会发展、民族发展中的重要作用来看，民族传统体育及其文化发展过程中，会涉及各种社会关系的处理、民族关系的处理，如道德观念、血缘关系、宗法制度、文化哲学、价值审美、宗教信仰等，民族传统体育活动作为一个可以沟通不同民族的文化交流的重要纽带，有助于拉近不同民族之间的距离，促进不同人、不同民族在愉快轻松的环境中进行沟通，以更好地理解与接纳对方，从而消除隔阂。

新时期，关注民族传统体育文化在促进民族和谐、社会和谐方面所发挥的作用具有重要意义。从民族长期发展的角度来看，民族传统体育在国家建设、中华民族复兴中发挥的重要地位和作用是不容忽视的，现阶段，应以民族传统体育文化交流为纽带，加强各少数民族之间的融合，强化各民族对中华民族的文化认同，以促进各民族关系和谐、社会稳定发展、国家长治久安。可以借鉴民族学的研究成果，开展民族传统体育对民族政策制定的影响、民族传统体育与民族意识之间的关系、民族传统体育服务于国家建设的需要、民族传统体育文化认同的强化等方面的研究。[①]

第五节 民族传统体育发展的人类学视角

一、人类学角度的民族传统体育认知

（一）人类学角度的民族传统体育概念与意义

《体育人类学》一书中指出，民族传统体育，是某一个或几个特定的民族在一定的范围内开展的，还没有被现代化，至今还有影响的体育竞技娱乐活动。

人类学以人类为研究对象，研究人类社会存在、发展以及人与人、人与社会之间的关系。

---

① 王柏利. 民族传统体育民族学研究的启示与展望 [J]. 河北体育学院学报，2017（2）：87-91.

从人类学视角来研究民族传统体育文化，我国这方面的研究还比较少，西方科学化思维可以为我国研究民族传统体育文化提供一个研究范式。

单从学科研究的角度来说，人类学对民族传统体育学科的贡献在于：改变人们对体育的研究思维，而这种传统，是一种思维方式和行为习惯的转变。[1]

（二）民族传统体育文化与人类社会共同发展

民族传统体育文化在其不断发展过程中，与其他文化形态碰撞、借鉴，甚至融合，先进的文化被传承，落后的文化被淘汰，研究民族传统体育文化，应将具体的文化形态放到人类社会发展历程中去，用历史、发展的眼光审视民族传统体育文化。

二、民族传统体育与人类健康发展

（一）人类对健康的追求

健康是人类社会所一直追求的，尤其是在现代社会，人们尤其重视自身健康、民族健康、社会健康发展。

从生理健康的角度来讲，健康无论对个人，还是国家、民族，都有着非常重要的意义。任何个人、国家、民族要想在世界民族之林保持较强的竞争力，首先要保证国民健康，其他一切文化、经济、科技都是建立在国民健康的基础之上的，没有国民身体健康，就不会有国家、社会、民族的长期可持续发展。

体育作为人人皆可参与的社会活动，可以有效促进运动参与者的身心健康发展，人人都能从体育中受益。人类需要健康，健康需要体育。

（二）民族传统体育促进健康

1. 民族传统体育促进社会的进步和发展

体育是一种重要的社会文化形态，在改善人们日常生活形式、丰富人们日常活动内容、提高人们生活质量方面具有非常重要的促进意义。通过民族传统体育参与，不仅可以有效促进国民身体健康水平的提高，也在一定程度上丰富了人民群众的业余生活，对于大众生理健康与心理健康均具有促进作用。

---

① 周之华. 中华民族体育文化多维研究导论［M］. 北京：高等教育出版社，2016：56-60.

民族传统体育作为一种内容丰富、形式多样、欢快有趣的体育活动，能在参与过程中密切具有相同的体育运动爱好者之间的关系，有助于良好社会关系的促进。从原始社会的体育娱神娱己，到工业社会的体育工具价值凸显，再到信息社会体育"促进健康"的社会价值凸显，体育在促进社会发展中始终发挥着重要作用。

随着我国大众体育意识的不断增强，国务院发布了《全民健身计划纲要》，提出"努力实现体育与国民经济和社会事业的协调发展，全面提高中华民族的体质与健康水平，基本建成具有中国特色的全民健身体系"。

个体健康是群体健康的基础，个人是社会的组成单位，个体的健康就与社会群体的健康有了紧密的联系，如果没有一个个健康的个体，也就无法保持整个社会群体的健康。

2. 民族传统体育促进个体身心的发展

在原始社会，人类健康面临的主要危险是饥饿、猛兽与自然灾害，那时并没有形成明确的健康意识。随着社会生产力的发展，人类基本的生活条件得到逐步改善，逐渐认识到疾病对人类健康的威胁，"无病即健康"是当时社会的健康观。

随着社会的不断发展和进步，人们又认识到疾病的致病因素除了生物因素外还有许多心理和社会因素。人类疾病的表现形式已由单因单果向多因多果形式发展。1947 年，世界卫生组织指出：健康不仅是没有疾病和衰弱状态，健康是身体上、精神上和社会上都完好。健康是多维健康。

（三）民族传统体育与全民健身

1. 全民健身的概念

《全民健身计划（2016—2020 年）》的颁布实施，标志着我国大众健身事业进入一个新的发展时期。

《全民健身计划纲要》指出，全体国民是全民健身计划的实施对象。"全民"是指十几亿具有中国国籍的国民，不分老幼男女，不分南北东西，包括侨民。"健身"是人的身心健康。"全民健身"是一个综合性的健康概念或范畴，包括"全民健身事业""全民健身计划""全民健身战略""全民健身工作""全民健身工程"等代名词。

2. 民族传统体育的全民健身推广

2016 年 6 月，我国颁布和实施《全民健身计划（2016—2020 年）》，全民健身上升到了一个新高度。

和现代西方竞技运动项目相比，我国民族传统体育更加符合我国民众的身体、心理特点。此外，我国民族传统体育内容丰富、项目多样、可选择性强，无论男女老少，都能找到适合自己的民族传统体育健身项目，从事锻炼，从中受益。

此外，我国民族传统体育与我国各族人民的生产生活联系紧密，这就使得民族传统体育项目与文化活动能真正地深入各民族、各地区人民群众的日常生活中，成为人民群众喜闻乐见、愿意主动参与其中的文化活动，能使人民群众长期坚持参与，如此才能真正促进社会大众的身心健康水平的持续提高。我国民族传统体育中的许多体育项目与我国节日、节庆活动联系紧密，如春节舞龙、舞狮，清明郊游、放风筝，端午赛龙舟，重阳登高，以及那达慕、火把节等，这些民族传统体育文化活动是我国社会大众喜闻乐见的，具有进一步推广和普及的良好群众基础，同时对良好社会关系促进具有积极作用，值得进一步推广、普及。

第六节　民族传统体育发展的旅游学视角

一、体育旅游发展研究

（一）早期体育旅游

原始社会，生产力低下，人们面临的最大的问题就是如何从自然界获取能满足自身生产生活的必需品，随着人类各种生产工具的发明，人类社会在对抗自然、对抗野兽的过程中，生存能力大大提高，并在生存活动中习得了野营、野炊、攀爬、狩猎、自制工具等技能。

原始社会人类出于生存目的的身体活动，还没有脱离生产的范畴，不能看作体育活动，人类早期为生存所进行的迁徙活动，也不属于体育旅游活动。

奴隶社会，奴隶主为了寻求刺激和娱乐，常举办斗兽和角斗士表演，这些活动具有了体育观赏的性质。

封建社会，人类的社会生产力获得了更大的提高，开始有了更远距离的探索探险活动，如古代商务旅游、古代航海冒险旅游、古代宗教旅游、古代修学旅游等。这些活动具有旅游属性，其中的登山观光、游历山水是早期体育旅游活动的雏形。

（二）近代旅游与休闲

近代旅游的发展是与工业革命的影响分不开的。工业革命对人类社会产生了深刻影响，包括旅游。

工业革命时期，蒸汽机车和蒸汽轮船相继诞生。这些新式的交通工具运载能力大，旅行速度快，旅行费用低，使得大规模、远距离的旅行与旅游成为可能。

工业革命后，社会财富大部分被封建贵族、土地所有者以及新兴的资产阶级垄断，在这样的社会背景下，很多资产阶级具有了开展体育旅游活动的资金，同时，他们也有外出开展体育旅游活动、进行资本扩张的时间与动机。

1841 年 7 月 5 日，托马斯·库克利用包租火车组织了 540 人从莱斯特前往洛赫伯勒参加禁酒大会，这次活动成为近代旅游及旅游业的开端。1845 年，库克成立了世界上第一家旅行社，标志着近代旅游业的诞生。

（三）现代旅游发展

现代社会，城市化进程逐步加快，大众文化广泛传播，使得城市间趋同性增加，为寻求差异感，人们开始将目光投向乡村，乡村旅游开始流行。

近年来，各个国家与地区的人们的健康意识不断增强，人们的体育活动参与积极性与热情高涨，同时在各种社会压力下，人们更加渴望放松，休闲体育旅游应运而生，成为一种备受欢迎的新兴体育旅游方式。

二、民族传统体育的旅游开发

民族传统体育旅游符合我国大众健身心理需求，同时，它以独特的民族文化、民俗民风等吸引着诸多旅游爱好者。民族传统体育旅游成为我国旅游市场中的一种新的健康旅游方式，备受推崇。

现阶段，开发民族传统体育旅游，要遵循以下基本原则。

（一）突出民族文化特色

民族传统体育旅游资源开发，要在开发过程中突出民族文化特色，要展示出与众不同的个性，只有这样，才能在旅游市场具备足够的吸引力，这样才能吸引人们参与。

民族传统体育旅游资源无论是因自然资源形成的，还是与人文资源共同形成的，都要保持其原始风貌，只有这样，才能尽可能地满足旅游者在体育活动的过程中，同时获得审美享受和体验到不同的地域、民族、体育风情。

（二）重视多元效益实现

体育旅游资源开发要重视社会效益、经济效益、环境效益的综合实现。

具体来说，在进行民族传统体育旅游资源开发过程中，要谨慎选择开发的资源，并将自身的经济实力、投资效益考虑其中。对资源开发的投资来说，大众化的体育健身、娱乐旅游虽然投资有些大，但参与人数多、回收快（这同体育旅游资源的可进入性、吸引力和可参与性有关）；极限和探险项目参与的旅游者少，收益较慢。开发民族传统体育旅游资源，要注重该地区旅游业的长期可持续发展，要综合考虑、权衡多个效益的实现。

（三）开发与保护并行

开发民族传统体育旅游资源，要将保护放在第一位，在此基础上，科学开发。

在民族传统体育旅游资源的开发过程中应该充分认识到，没有保护的开发是不可持续的开发。因此，在开发民族传统旅游业的过程中，应将人体运动形态的表现性、文化内涵的深厚性、自然环境的映衬性等完整、和谐地结合起来，使之发展为一个有机的、可持续的民族传统体育生态系统。同时，必须用发展的眼光将经济、项目的环境、社会文化进行总体评价，避免破坏传统体育生态系统。

第三章 闭塞到开放：
民族传统体育发展的环境问题

民族传统体育是在一定的环境中传承发展的，这也是其可持续发展的重要制约因素。本章对民族传统体育发展的生态环境、政治环境、经济环境、人文环境等进行重点分析，并探讨民族传统体育发展环境的策略与构想。

第一节 民族传统体育的生态环境

一、民族传统体育生态环境涉及的内容

（一）地理环境

地理环境在一定程度上影响着我国民族传统体育的产生和发展，这也是少数民族传统独具特色的原因之一。我国地域辽阔，呈西高东低的地势结构，河流众多，地形复杂，山脉纵横，中国的少数民族都分布在高山、草原、谷地等地区，这些天然的地理环境促使他们形成了自己独特的民族体育活动。我国南方的一些少数民族，如壮族、傣族、侗族等，他们生活的环境气候温和、江河多、水源充足，受此影响就形成了捉水鸭、赛龙舟等民族传统体育活动。正是因为地理环境的影响，我国形成了"北方善骑，南方善射"的民族传统体育风格。由此可见，地理环境对民族传统体育文化的形成具有一定的影响。

（二）气候环境

我国广袤的地区，从北到南有寒温带、中温带、亚热带和热带等季风气候区，从东到西可以分为湿润、半湿润、半干旱和干旱等气候特征，少数民族地区的不同气候特点，导致了我国不同少数民族传统体育活动的不同形式。如，我国东北地区气候寒冷，形成了丰富多样的冰雪类民族传统体育活动，

云南地区傣族的泼水节文化，主要是因为该地区常年高温，且河流众多，形成了一定的水系文化，这种文化同样体现在民族传统体育中。西北地区比较干旱，一些游牧民族主要是根据草的生长情况来进行游牧活动，从而形成了具有季节特色的少数民族体育活动。

二、受生态环境影响的民族传统体育实例

受自然环境的影响，一些少数民族在日常的生产和生活中，逐渐形成了独具生产生活特色的民族传统体育项目。具体可以分为以下几种类型。

（一）渔猎型民族传统体育项目

1. 东北地区的赫哲族

在东北地区的三江流域，由于冬季漫长寒冷，生活在这里的赫哲族，是以渔猎为主的少数民族，在长期的渔猎生活中，逐渐形成了叉草球、狗拉雪橇、挡木轮、滚木轮、滑雪、玩冰磨等民族传统体育活动。此外，鹿毛球比赛也是赫哲族的一项传统体育活动。

2. 南方沿海地区的京族

京族主要是以从事沿海渔业捕捞为主的民族，在长期的生产实践过程中，积累了非常丰富的渔业生产经验，并形成了独具特色的京族传统体育活动，其中比较著名的是"打狗"游戏，是京族人在渔业劳作的闲暇之余进行的休闲体育运动。此外，还有京族的踩高跷活动，也被称为"搏脚"，主要是在两脚下各自绑上一根 0.8~1.4 米的木桩，扛着"虾笭"去前海地区捕捞虾，捕捞比较多的人获得比赛的胜利。另外，由于京族人长期在海岛从事渔业生产活动，水性非常好，比较擅长游泳和潜水，因此，他们逐渐形成了捉鸭子比赛的民族传统体育活动。

（二）狩猎型民族传统体育项目

1. 鄂伦春族

鄂伦春族主要生活在内外兴安岭以及黑龙江沿岸及库页岛的广阔林海中，他们主要是以狩猎为主，从而逐渐形成了独具特色的狩猎型民族传统体育活动，主要包括独具特色的射箭和赛马比赛。

2. 满族

满族先人主要生活在山高林密的白山黑水地区，要在这种自然环境下生存和发展，必须进行与之相适应的生产生活活动，于是满族进行的适应山高林密环境的狩猎活动，逐渐发展为独具特色的骑马、射柳等民族传统体育活动。此外，生活在三江流域的满族人民，为了庆祝采集的丰收活动，模仿采珍珠的生产生活过程，发明了采珍珠游戏，逐渐成为一项比较流行的传统体育活动。此外，由于冬季漫长而寒冷，生活在这里的满族先民发明了很多冰雪类的民族传统体育活动。

3. 高山族

高山族主要生活在台湾岛，高山族的生产生活方式也主要是以狩猎和采集为主，其中，刺球是高山族一项非常重要的民族传统体育活动，主要是用竹子制成的长枪来刺抛向空中的猎物，这些猎物包括一些传统的农作物或者捕获的野兽等，刺中得越多，越受到敬重。

（三）游牧型民族传统体育项目

在我国的西北地区，生活着蒙古族、哈萨克族等游牧民族，由于自然环境的影响，这些民族在长期的生产生活过程中，逐渐形成了一些独具特色的民族传统体育活动。

1. 蒙古族

对于蒙古族来说，每年的那达慕大会是民族传统体育活动的集合体，那达慕大会主要包括赛马、射箭、蒙古族摔跤等，这些活动成为蒙古族的民族象征。

2. 哈萨克族

哈萨克族主要生活在新疆的伊犁地区，受自然环境的影响，其长期过着逐水草而迁徙的游牧生活，在长期的迁徙生活中，逐渐形成了独具特色的民族传统体育活动，主要包括赛马、叼羊等，其中还衍生出了"姑娘追"形式的民族传统体育活动。

第二节　民族传统体育的政治环境

一、民族传统体育的关联政策

中华人民共和国成立后，党和政府十分重视体育的发展，出台了一系列促进体育发展的政策文件。尤其是近些年来，随着市场经济的深入，体育产业得到了前所未有的发展，我国更是陆续出台了有利于体育产业各个方面发展的文件。如《关于加快发展体育产业 促进体育消费的若干意见》《中国足球中长期发展规划（2016—2050 年）》《冰雪运动发展规划（2016—2025 年）》《关于大力发展体育旅游的指导意见》《关于加快发展健身休闲产业的指导意见》等。同时，为了促进全民健身的发展和推进健康中国建设，我国还出台了《"健康中国 2030"规划纲要》，希望以此为休闲体育产业的发展提供有利的政策环境，促进人们的身体健康。

这些政策文件的出台，对我国体育产业的发展有极大的推动作用，并使体育产业和健康产业获得了更多的社会资本和力量投入。民族传统体育是我国体育的重要组成部分，其中的武术、太极拳等项目极具民族特色，并有着良好的健身效果，因此，成为越来越多人体育健身的首选项目，受到了人们的关注和喜爱。这为民族传统体育的发展提供了良好的社会条件和群众基础，在这种情况下，政府应该根据实际、顺应需求，制定有利于我国民族传统体育发展的政策，促进民族传统体育的繁荣发展，使其在我国体育产业发展中占据一席之地。

二、民族传统体育政策的意义

（一）促进民族传统体育传承发展

民族传统体育是中华民族智慧的结晶，作为我国特有的体育文化，其独具民族特色，且对人们的身心健康有重要的价值。如强身健体、延年益寿、沟通情感、增进交流、塑造积极乐观心态等，也正因此，其深受国民的欢迎和喜爱。不仅如此，民族传统体育还是一种文化载体，它是桥梁和纽带，促进了民族间的相互联系和交流。因此，保护和发展我国的民族传统体育项目是很有必要的。制定民族传统体育政策，正是对民族传统体育进行发展与保护的手段，有利于人们更好地了解民族传统体育项目，从而促进民族传统体育的传承与发展。

（二）促进我国体育的全面发展

随着社会的发展和时代的进步，体育受到了各个国家的重视，体育事业获得了前所未有的发展机遇，也正处于快速发展的阶段。如前所述，我国制定了很多有利于体育发展的政策，这些政策，明确了我国体育发展的目标，是对我国体育产业发展整体上的指导。在此基础上，制定民族传统体育相关的政策，是对原有政策的补充与完善。通过制定民族传统体育发展的政策，可以促进民族传统体育的发展速度，而民族传统体育的发展也能在一定程度上促进我国体育事业结构的完善和质量的提高，从而促进我国体育的全面发展，使我国体育事业获得更好更快的发展。

（三）促进我国文化产业的发展

体育是一种身体活动形式，也是一种文化，作为体育重要内容的民族传统体育，也具有文化属性，因此，民族传统体育产业也是文化产业的一种。我国高度重视文化产业的发展，在此背景下，制定民族传统体育发展的政策，是发展文化产业的要求，也是对文化产业发展的一种促进。民族传统体育文化是中华民族特有的文化，其发展是对我国文化产业内容的丰富，也能起到促进我国文化产业大发展、大繁荣的作用。

三、制定民族传统体育政策的具体策略

（一）通过调研获取发展现状

了解现实状况是制定政策的前提和基础，这样才能保证政策的科学性和准确性。制定我国民族传统体育的政策，必须通过调研获取我国民族传统体育发展现状，了解其发展的实际情况和存在的各种问题，并广泛收集各方面的意见和建议，进行相应的整合分析，为政策的制定提供参考资料和依据。

（二）参考和借鉴其他体育政策

虽然我国体育产业起步晚，但是也制定了一系列的政策文件，积累了丰富的经验和教训。民族传统体育政策的制定要避免盲目性，就需要参考我国其他体育政策的制定，借鉴其中的经验，吸取其中的教训。当然，这种参考和借鉴要有灵活性，不能是简单的模仿，而是要从我国的国情和产业发展实际出发，并考虑民族传统体育的特点，使制定的政策符合发展需要，并且具有较高的实践性和可操作性。

（三）形成动态化政策改进机制

事物是发展变化的，政策也不是一成不变的。受多种因素的影响，伴随着社会的发展和形势的变化，政策在执行过程中肯定会出现一些问题和不足，因此，在制定政策时，应遵循体育政策中"执行—调整—再执行—再调整"的演进规律。根据民族传统体育的发展进程，针对出现的新形势和新问题，对政策进行及时的改进，形成动态化的政策改进机制。在民族传统体育发展过程中积累的成功经验，要不断总结分析，使之上升，并应用于体育政策的

改进之中。还要注意，把握民族传统体育政策落实中的不利因素，及时进行修正和调整，不断引导民族传统体育的健康发展。

（四）政策制定主体要多元化

在民族传统体育政策的制定中，政府是重要主体，起着主导性的作用。但是，单靠政府来进行民族传统体育政策的设计和实施，难免会有局限性。毕竟人们和社会力量是离民族传统体育最近的人，也是其发展的直接推动者。因此，民族传统体育政策的制定，不能缺少广大人民和社会力量的参与和支持。这就要求在制定民族传统体育政策时，在坚持政府主导地位的基础上，充分发挥市场、非营利机构等社会组织的作用，着力于构建政府负责、社会组织协同、公众参与的多元化政策设计新格局。通过社会各领域资源的有效整合，政府和社会力量协同作用，形成合力，保障政策制定的科学性。

（五）形成合理的法治监督体系

民族传统体育政策制定出来后，实施是关键。一个好的政策，如果没有得到有力的实施，最终只能是一纸空文，而要保证民族传统体育的政策得到大力实施，构建一个完善的法制监督体系至关重要。建立相关部门联动合作的机制，构建由体育部门牵头，旅游、文化等部门协同配合的政策监督体系，运用法治化的手段，及时监督政策的落实情况，这对于民族传统体育政策理想效果的取得以及进一步的完善是非常有利的。

（六）以生态化开发作为前提

基于对世界经济发展历史的分析以及我国经济社会发展的反思，我国提出了生态化开发的政策，并重视生态文明的建设。生态化开发是在我国经济和文化建设政策及国家生态文明建设目标指导下的一种文化创造，是对民族文化开发和价值转换的一种科学选择，体现了国家对文化环境和资源的高度重视，对国家文化战略思考、文化服务体系完善和文化产品创造及文化影响力的传播都具有意义，必将进一步促进民族地区经济社会发展和文化和谐进步。在我国处于倡导生态文明建设的重要历史时期，民族传统体育发展中应贯彻这一政策，在制定民族传统体育政策、发展民族传统体育的过程中，以生态化开发为前提，重视对当地自然资源和生态环境的保护，促进地方的长远和可持续发展。

第三节　民族传统体育的经济环境

一、民族传统体育产业化发展环境

（一）民族传统体育产业的内涵

我国的体育产业虽然起步晚，但发展迅速，尤其是在党和政府的重视下，取得了一定的进步和成就。2014 年，《关于加快发展体育产业 促进体育消费的若干意见》的发布，更为我国体育产业的发展提供了有利条件，我国体育产业驶上了发展的快车道。民族传统体育在我国体育中占据着重要的地位，也应融入体育产业发展的洪流中，走向产业化发展的道路，这是大势所向，是民族传统体育发展的必由之路。

民族传统体育产业是为满足人民日益增长的民族传统体育需求，而使民族传统体育产品、服务进入生产、交换、消费的产业门类，是民族传统体育产品、相关体育服务的生产、分配、消费的总和。民族传统体育产业是我国体育产业的特有组成部分，在促进我国体育产业的发展、提高人们的身心健康水平方面发挥着重要的作用。国家统计局在 2015 年公布了最新的体育产业统计分类，民族与民间体育活动位列其中，可见，发展好民族传统体育产业是体育产业发展的内在要求。

（二）民族传统体育产业化的时代背景

体育产业是朝阳产业，具有深厚的发展潜力和广阔的发展前景。作为其重要构成部分的民族传统体育产业来说，同样如此，虽然起步晚，但后劲足，并且有着很好的时代背景。

1. 体育产业发展的必然刺激

近些年来，政府和社会给予了体育产业极大的关注，投资也越来越大，不仅从国家层面来看，体育产业达到了不小的规模，而且从地方上来看，许多省份都制定了体育产业的相关法制规划。由此可见，体育产业不仅呈现出高速发展的现实，还体现出了极大的发展潜力。在体育产业发展受到重视和发展迅速的大背景下，作为体育产业重要组成部分的民族传统体育也日益引起社会的关注。发展民族传统体育成为国家发展体育产业的重要途径，我国在体育产业规划中就有发展民族传统体育产业的相关内容，通过积极探索民族传统体育产业的开发，借此促进体育产业的全面发展。一些少数民族地区，民族传统体育资源丰富，在发展民族传统体育产业方面有着很大的优势，因此，可以制定民族传统体育保护传承规划，深度挖掘和整理民族传统体育文化优秀资源（如打造三月三、炮龙节、花炮节、那达慕草原节、西迁节、舞龙舞狮、竞龙舟等），打造一批民族传统体育赛事和节庆活动品牌。通过民族传统体育资源的开发与利用，可以活跃民族传统体育市场，开发少数民族特色体育衍生品市场，创新发展具有地方特色的民族传统体育产业。民族传统体育产业的发展是体育产业发展的必然要求，也对体育产业的整体发展起着重要的作用。

2. 人们多样化体育需求的带动

社会的进步和经济的发展，使人们的生活水平不断提高，也使人们加强了对健康的需求和关注。体育运动有着促进人们身心健康的功能，这已成为人们的共识，从而使得参与体育运动成为人们生活中不可缺少的一项内容。体育运动的内容丰富，既包括常见的体育运动，也包括民族传统体育运动。与常见的体育运动不同，民族传统体育运动包含着我国特有的文化内涵，与我国民众有着天然的亲近性，而且在健身健心效果方面也毫不逊色，因此选择民族传统体育运动作为健身方式是未来人们健身的一大趋势。这势必会为民族传统体育的发展提供良好的群众基础，因此为民族传统体育产业的发展带来了机遇。

（三）民族传统体育产业的规模有待提升

受历史原因的影响，我国体育产业发展起步晚，虽然经过了几十年的发展，取得了一定的成果，但这种发展主要集中于足球、排球等大众性体育运动上，而且由于刚走上职业化、产业化发展之路，程度和水平都不高。与这些受国家和社会重视的大众性项目相比，民族传统体育毕竟是小众项目，影响力较小，国家和社会无暇顾及，因此，就目前来说，我国民族传统体育产业的发展规模还有待扩大。

（四）民族传统体育产业化发展资金不足

随着社会的发展和人们观念的更新，国家加大了对民族传统体育的关注和投入，人们对民族传统体育的作用和地位也有了一定的认识，但这种认识还不够深入，因此尚未转化为发展的行动。民族传统体育运动毕竟是小众项目，与现代普遍流行的运动项目难以相提并论，因此，我国民族传统体育事业的发展刚刚开始，仍然以官办为主，还没有与市场接轨，而且许多领导和群众对民族传统体育运动的认识存在误区，认为发展民族传统体育仅仅是为了传承文化，避免其失传，并没有将其看成一种颇具吸引力的重要经济资源，因此对民族传统体育的发展不够重视。再加上民族传统体育资源丰富的地域大多属于少数民族地区，受经济水平不发达和资源有限的制约，很难将闲置资源和资金用于民族传统体育的发展，因此，民族传统体育产业的发展面临着资金短缺的困境。

（五）民族传统体育产业发展的人才匮乏

在知识经济时代，人才成为决定国家发展的关键因素，各个国家对人才的抢夺日益激烈。对于体育产业发展来说，人才的作用更是如此，只有高水平复合型专业性人才，才能保证体育产业的快速、高效发展。对体育产业人才来说，所谓的复合型专业性就是要求人才既懂体育也懂经营。对于深植于我国社会环境的民族传统体育来说，由于其分布的特殊性及文化的民族性，更是对人才的专业性提出了很高的要求。目前来看，我国体育产业发展所需的复合型专业性人才严重不足，尤其是了解和熟悉民族传统体育的专业人才更是奇缺，这对于我国民族传统体育产业的发展是极为不利的。要促进我国民族传统体育产业的发展，培育一批素质高的复合型专业性人才十分必要。因此，要立足我国民族传统体育的特点和发展，使人才在具备丰富的经济、管理、法律、市场等经营管理知识的基础上，进一步接受民族传统体育相关专业知识的教育，从而适应我国民族传统体育产业发展的需要。此外，与普通流行体育运动相比，我国民族传统体育产业发展的难度更大，如何让其在保留民族文化性的基础上适应市场需要是一大难点，这就需要相关人才具备创新思维和解决问题的能力，以便打破民族传统体育的局限性并为市场所接受而又不失其特色。

（六）民族传统体育产业发展法规有待完善

市场经济是法治经济，法律法规在其中起着重要的作用。尤其是对于正处于发展初级阶段的民族传统体育产业来说，更需要相关法律法规的规范与保障。由于发展起步晚，我国民族传统体育产业的发展存在混乱与无序的状况；由于缺乏相关发展经验，其管理也存在着多头管理与无人管理并存、职能不到位和职能错位并存的情况。这些因素对我国民族传统体育产业的发展是一大阻碍。针对这种情况，我国应加大研究力度，通过制定相关的规章制度来规范和引导民族传统体育管理者的行为。

（七）民族传统体育产业化发展品牌意识弱

实行市场经济，走市场化发展道路，必须按照市场规律办事。要想在市场上占据有利位置，获得发展，品牌建设是一项非常重要的工作。在西方发达国家，对品牌非常重视，通过品牌建设提升了本国的体育产业发展质量和水平。与之相比，我国体育产业发展的品牌意识不强，民族传统体育产业更没有自己的品牌战略，这导致了民族传统体育内容虽然特别丰富，如仅太极拳就有特色不同的陈氏太极拳、孙氏太极拳、杨氏太极拳等，但总体来说，区分度不高，也就是说还没有形成自己的品牌，这样就使消费者难以了解其独特性，也就不会有很强的认同感，从而对我国民族传统体育的市场开发与产业化发展形成了阻碍。因此，要想促进民族传统体育产业化发展，必须细分市场，采用各种营销策略，形成品牌。

（八）民族传统体育产业化发展不均衡

我国领土面积较大，地域广阔，这为我国民族传统体育的多元化发展与内容的丰富提供了肥沃的土壤。与此同时，地理位置的不同以及各地经济发展水平不一，导致了我国民族传统体育发展的不平衡。这种不平衡主要体现在地域和项目上。就地域来说，我国东部地区经济实力雄厚，市场化程度高，民族传统体育的整体水平与开发力度也比较高，而西部地区虽然较之东部地区民族传统体育资源方面占据优势，但受经济水平落后的限制，民族传统体育产业发展水平还相对较低。就项目来说，以风筝为例，虽然各地都有风筝这一项目，但受地域影响，各地的风筝表现出不同的风格，如山东潍坊风筝经过历史演变和横向传播，逐渐形成了选材讲究、造型优美、形象生动、绘画艳丽、起飞灵活的传统风格与艺术特色，和京式风筝、津式风筝等交相辉映，鼎足而立。

二、民族传统体育旅游市场环境

（一）缺乏规划，未形成独立产业

在开发民族传统体育旅游项目时，全国各地区缺乏统一的项目规划，各个地方各自为政，没有形成一定的系统，导致各大景区的民族传统体育项目的水平参差不齐，在一定程度上影响了全国民族传统体育旅游的发展。

此外，在全国各大景区的民族风情节目中，民族传统体育活动往往是作为其中的一小部分来表现的，仅仅是民族风情表演中的一个不是很重要的项目，没有形成一定的规模，没有形成独立的产业，没能很好地发挥民族传统体育项目的经济价值和社会价值，未能发挥出自己的特色，从而难以促进民族文化的传承。

（二）特色不足，未形成一定吸引力

在开发民族传统体育旅游项目过程中，各地的旅游景区为了追求短暂的经济效益，往往是一哄而起，缺乏对项目特色的挖掘，在景区进行表演时，往往只是停留在项目表面上，缺乏对项目文化的挖掘，不能形成一定的特色文化，也不能形成相应的吸引力，导致难以吸引更多的人参与其中。

（三）开发不够，创新性项目不足

虽然说近年来各大景区加大了对少数民族传统体育的开发，并开发出一定的民族传统体育旅游项目，但是相对于全国所拥有的旅游项目而言，其开发力度还远远不够。此外，从各大景区所展现的民族体育旅游项目来说，主要是以观赏性项目为主，缺乏对游客体验性项目的开发，忽视了游客的主观感受。总体来说，主要是因为创新性比较低，不能推出相应的创新项目，难以吸引更多的游客参与和体验，也就不能展现出民族传统体育项目的活力和特色。

（四）认知有限，推广宣传力度不够

虽然说近些年来全国的旅游业快速发展，但是人们对全国民族传统体育认识上的不足，导致在进行相应的旅游景区推广和宣传时，不能很好地宣传和推广全国的少数民族传统体育特色，从而不能使其成为吸引游客参与的一个重要卖点，缺乏对其产业化的认识和打造，导致景区没能形成相应的经济效益。

（五）经济落后，基础设施仍需完善

我国的西南地区和西北地区经济相对落后，各大景区虽然加大了相应的基础设施建设，但是对于要发展的民族传统体育项目来说，仍然缺乏配套基础设施来大力发展相应的民族传统体育旅游项目。因此，应该加大对各大景区基础设施的完善。

（六）缺乏标识，品牌形象意识不强

目前，全国各地区的民族传统体育项目品牌形象意识不是很强，缺乏对自身独特形象的打造，不能形成相应的品牌。品牌是一个产品走向成熟、发展完善的重要标志，因此，各大景区应该积极塑造属于自己的民族体育旅游项目品牌，从而不断吸引游客来到景区参观游览。

（七）规模较小，投资主体较为单一

从整体上看，全国民族体育旅游项目的投资主体单一，规模较小，未能形成独立的体系。由于缺乏体量较大的投资主体，投资商也比较单一，不能够提供足够的资金支持，从而导致在开发相关的民族传统体育项目时，不能很好地进行开发，只是将民族传统体育项目间接地融入地方的民俗旅游当中，从而导致全国民族传统体育的特色不能被很好地开发和利用。

（八）专业性弱，从业人员素质有待提升

目前而言，我国从事民族体育旅游的人员专业性较差，在高等院校中几乎没有开设民族体育旅游相关课程。因此，长期以来，在各大景区从事民族传统体育旅游项目的人员素质，整体上说不是非常高，大多是临时兼职，从附近村寨中聘请的青年人员，经过短暂培训后上岗，他们不具备民族传统体育的专门知识，不能深度了解全国民族传统体育的文化。因此，在一定程度上缺乏工作的主动性和积极性，从而影响了整个民族传统体育项目的质量。

三、民族传统体育旅游市场的开发

（一）民族传统体育旅游资源开发步骤

1. 整合民族传统体育的项目

我国少数民族传统体育的项目众多，开展挖掘与整理工作是非常必要的。通过相关工作的开展，从中精选出适合进行少数民族传统体育旅游开发的项目，是我国少数民族传统体育旅游取得快速发展的一个重要条件。

目前，我国少数民族传统体育项目包含很多种类，主要包括竞技类、观赏类、游戏类、舞蹈类、节日类等，通过整理和挖掘这些项目中的特色，为打造民族传统体育旅游特色项目打好基础。

2. 对我国少数民族传统体育旅游进行顶层设计

为了保障我国少数民族传统体育旅游的科学有效发展，必须在一定程度上对我国少数民族传统体育旅游进行顶层设计，设计出我国少数民族传统体育旅游的整体发展方案，推进我国各地区少数民族传统体育旅游的协同高效发展。

在充分调研各地区少数民族传统体育旅游发展现状的基础上，通过与景区负责人座谈、相关专家访谈、从业人员调查等形式，收集和整理我国少数民族传统体育旅游的各项发展信息，从而为下一步制定相应的发展方案打好坚实的基础。

3. 打造和设计我国民族传统体育旅游产品

（1）制定我国民族传统体育旅游的精品线路

在充分调研的基础上，制定出恰当合理的少数民族传统体育旅游线路，例如在广西地区，可以开辟南宁—桂林—阳朔体育旅游专线，打造瑶族、苗族、侗族的传统体育旅游项目；开辟南宁—百色—乐业体育旅游线路，打造壮族、仡佬族的传统体育旅游项目；开辟南宁—钦州—北海体育旅游线路，打造京族体育旅游项目；开辟南宁—百色体育旅游热线，打造壮族、水族、彝族的民族传统体育旅游项目。

（2）精心设计和打造各个地方的少数民族传统体育旅游项目

根据各个地方少数民族传统体育项目的发展情况以及各大旅游景区的实际情况，精心设计和打造本地区独具特色的民族传统体育旅游项目。在设计和打造各个地方少数民族传统体育旅游项目的过程中，注意一定要突出地方特色和项目特色，从而可以吸引更多的游客参与其中。

4. 加大对民族传统体育旅游的推广和宣传

总体来说，要想促进我国民族传统体育旅游的发展，必须做好相应的推广和宣传工作，通过电视、广播、网络、新媒体等多种手段进行宣传和推广，同时可以做一些我国民族传统体育旅游的宣传片，在微博、微信公众号上进行推广，不断提高其传播力和影响力，从而不断吸引更多的人前来旅游。

5. 做好民族传统体育旅游的监测评价工作

在民族传统体育旅游的开发过程中，应该及时做好相应的监测评价工作，这是因为及时的监测和评价工作有利于景区和相关工作人员及时调整所开设的旅游项目，从而设计出游客喜欢的各项旅游项目。

（二）民族传统体育旅游开发的原则

1. 体现民族特色的原则

在进行民族传统体育旅游开发时，应该注重体现一定的民族特色，以本地民族体育旅游资源为特色，注重对项目特色的挖掘和开发，体现民族文化特色，从而吸引更多的人参与其中。

2. 融入"大时代，大旅游"原则

随着我国进入旅游大时代，越来越多的人开始选择外出旅游。因此，在进行我国少数民族传统体育旅游开发时，应该充分考虑到时代背景，设计好相关的线路，吸引外省市的游客前来参与，并不断建设好相应的配套设施，从而可以吸引更多的人前来参与。

3. 市场导向原则

任何产品，必须要有一定的市场，才能立于不败之地，所以在进行我国少数民族传统体育旅游资源开发时，必须要坚持以市场为导向，通过前期做市场调查，进行市场分析，根据游客的需要开发和设置相应旅游项目，从而促进少数民族传统体育旅游的发展。

4. 重点突出、协调发展的原则

在进行我国少数民族体育旅游资源开发时，应该坚持重点突出、协调发展的原则。要根据少数民族地区的地方特色，规划好相应的民族传统体育旅游开发项目。同时，在进行开发时，应该与当地的山水风光协调搭配好，体现出当地的特色，让游客既可以感受到独具魅力的自然风光，又可以体验到原汁原味的具有浓郁风情的民族体育特色项目。

5. 因地制宜的原则

在进行民族传统体育旅游的开发时，一定要注意结合当地的实际情况，因势利导地进行开发，根据本地区的社会经济条件，结合相关旅游项目，进行恰当开发。

6. 可进行体验的原则

长期以来，我国民族传统体育旅游项目往往是以观赏为主，游客在游览过程中，不能充分参与其中，因此，在进行开发过程中，应该注重对游客体验的重视，在设计过程中，充分考虑到这一点，从而吸引更多的游客参与其中。

7. 保护环境的原则

随着国家提出生态发展的战略，在开发少数民族传统体育旅游的过程中，一定要注意保护环境的原则，走绿色生态发展的道路，在设计相关体育旅游产品的时候，不能破坏当地的生态环境，应走可持续发展的道路。

8. 引进投资主体的原则

长期以来，我国民族传统体育旅游在开发过程中，往往缺乏一定的资金支持，很多项目只是小打小闹，不能形成气候，不能形成一定的旅游规模，从而不能吸引游客的参与。因此，可以适当引进相应的投资主体，引进一定规模的投资，以便有足够的资金支持我国民族传统体育项目的开发和发展。

9. 加大推广和宣传的原则

旅游作为一项休闲性产业，任何旅游项目要想吸引游客参与其中，必须加大推广和宣传的力度，这也是开发民族传统体育旅游项目时，一定要遵循的原则。通过各种方式和方法来推广和宣传民族传统体育旅游项目，政府、景区、社会组织和个人都可以参与其中，不断提高其知名度，从而不断吸引更多的游客参与民族传统体育旅游。

10. 不断进行创新的原则

在开发民族传统体育旅游的过程中，一定要注意不断创新，创新是一个旅游产品发展的灵魂，少数民族传统体育旅游产品也是如此，少数民族传统体育旅游的负责人和设计者，一定要紧跟时代，设计出符合人们旅游需求的各项旅游项目和产品，从而在旅游市场竞争中立于不败之地，不断吸引更多的游客参与其中。特别是随着旅游经济时代的到来，越来越多的旅游产品开始出现，只有不断创新，才能永立潮头，持续发展。

11. 与扶贫开发相结合的原则

少数民族地区的经济发展较为落后，国家出台了一系列扶贫的政策，当前，我国正处于全面脱贫攻坚的阶段，通过体育旅游，可以为当地的少数民族群众带来一定的收入，提升他们的幸福感，因此，在开发的过程中，一定要注意体育旅游与扶贫开发相结合的原则，既可以发展少数民族传统体育旅游，也可以促进当地人民致富脱贫。

（三）民族传统体育旅游开发的模式

1. 传统村寨模式

这种模式主要是指通过在原始的少数民族村寨中进行的旅游模式，主要是通过鼓励村民们在自己传统的村寨中进行务农以外，积极开发少数民族传统体育项目，从而吸引外地游客参与其中，游客们通过积极参加村寨里的民族体育活动，体验到当地浓浓的风土人情和民族特色。

2. 民族传统节庆模式

我国少数民族大多数都有自己的传统节日，在这些节日里，人们往往会举办很多大型节庆活动，其中，少数民族传统体育，往往会被当作独特的项目用在节庆活动中，丰富节日的内涵，为活动增添更多的节日气氛。同时也可以向更多的游客展示少数民族传统体育活动，促进我国少数民族传统体育的传播和发展。

3. 旅游景区模式

在我国各大旅游景区，为了吸引更多的游客来景区旅游，开发了很多少数民族传统体育旅游项目。这种模式往往是通过在景区设立相应的民族传统体育项目展演，吸引游客参与其中，每个景区设置的民族传统项目不尽相同。但是因为我国少数民族传统体育项目被成熟开发的就那么几种，这些景区的展演往往会出现雷同，因此，在以后的开发中，一定要尽可能地开发更多的民族传统体育项目，吸引更多的人来到景区旅游。

4. 民族体育博物馆模式

随着我国少数民族体育旅游的不断发展，地方政府和一些景区合作，开发出了一些民族体育博物馆，在这些博物馆中，有很多关于少数民族传统体育的展示和展览，吸引了一些游客前来游览和观看，成为我国少数民族旅游的一种模式。

5. 少数民族传统体育运动会模式

我国少数民族传统体育运动会是我国少数民族地区人们"团结、拼搏、友爱"的集中展现，2023 年将在海南举办第十二届，该项赛事已经成为我国少数民族群众广泛参与的一项具有很大影响力的体育盛会。因此，可以充分利用举办民族传统体育赛事的契机，进行少数民族传统体育旅游项目的开发，精彩的赛事可以吸引更多的人来到我国，体验独特的民族体育文化。

6. 民族传统体育俱乐部模式

民族传统体育俱乐部是集中展现少数民族体育项目的重要阵地，一些地方的旅游景区，通过与民族传统体育俱乐部合作，带领游客参与少数民族传统体育旅游，让游客充分感受和体验少数民族传统体育的特色和乐趣，从而进行一次少数民族传统体育旅游的深度体验。

7. 城市广场型展现模式

我国已经进入新时代，城镇化速度在不断加快和推进，越来越多的人开始进入城市中生活，城市逐渐成为人们生活的单元。我国正在推行全域旅游战略，在一些著名旅游城市的中心广场，开设相应的民族传统体育旅游项目，成为一个城市的宣传特色，吸引更多的游客关注。

（四）民族传统体育旅游开发的策略

1. 转变观念，创新体制机制

转变对民族传统体育旅游资源的认识，充分认识到少数民族传统体育旅游资源的独特性，使其成为重要的经济来源和旅游卖点。长期以来，很多人没有认识到少数民族传统体育的独特性，不能很好地利用，因此，首先要从思想上转变这种认识。

少数民族体育旅游业在国内属于新兴的产业，政府和企业在运营时，都是摸着石头过河，在运营和管理机制上，主要是借鉴传统的旅游景区模式，这在一定程度上不太适合少数民族传统体育旅游的发展，因此，应该创新体制机制，可以从以下几个方面着手。

（1）政府主导，市场运营

由于少数民族传统体育旅游在全国尚处于初期阶段，因此需要政府出台相关的政策进行扶持和引导，在初期发展的过程中，需要政府主导，如给予那些开设民族传统体育项目展演的旅游景区一定的税收优惠和资金补贴。在具体运营和管理相应的民族传统体育旅游项目时，应该走市场化运营的道路，引入市场竞争机制，促进各种项目的专业化、市场化推广和运营。

（2）成立专门的运营管理机构

在少数民族传统体育旅游初期发展的时候，应该专门成立相应的管理和运营机构，着力进行少数民族传统体育旅游项目的组织、管理、运营和协调，促进其逐渐走上正轨，从而真正实现其不断向前发展的目标。

（3）引入合理的评价机制

随着少数民族传统体育旅游项目的不断发展，应该逐渐引入一些合理的评价机制，对项目发展过程中的问题进行及时评价和反馈，从而对其中发展较好的项目进行坚持和发展，对发展得不是非常好的项目及时修正和调整，从而促进其可持续发展。

2. 差异化和品牌化发展

（1）差异化发展

在开发全国少数民族传统体育旅游资源时，应该树立差异化发展的意识，深入挖掘每个地区的民族特色体育项目和地域风情特色项目，不断开发与众不同的民族特色体育旅游产品，吸引全国各地的游客前来广西旅游，差异化发展同样可以促进全国各个地区的少数民族传统体育旅游项目进行良性竞争，共同发展，从而真正促进全国少数民族传统体育旅游的蓬勃发展。

（2）品牌化发展

在全国少数民族传统体育旅游资源的开发过程中，应该培养一定的品牌意识，走品牌化发展的道路，不断提高全国少数民族体育旅游的信誉度和影响力。像"桂林山水甲天下"一样，应该让更多的人知道全国少数民族传统体育旅游项目，需要不断塑造旅游形象和旅游品牌，不断进行品牌化发展，成为全国旅游的一个重要特色。

3. 挖掘和整理体育旅游资源

深入挖掘全国少数民族地区现有体育旅游资源，并对其进行整合。全国现有的旅游资源非常丰富，风景秀丽，湖光山色，吸引了很多游客前来旅游，以此为依托的体育旅游项目也非常受欢迎，包括马拉松赛事旅游、山地自行车赛事游等，带动了全国旅游业的发展，特别是近些年来，广西壮族自治区政府高度重视体育赛事的举办，先后和万达集团举办了中国杯国际足球锦标赛、环广西公路自行车世界巡回赛等重大赛事，极大地带动了当地的旅游和社会发展，因此，通过整合这些旅游资源，与少数民族传统体育旅游项目相结合，打造出复合型的体育旅游项目，从而提高其影响力，促进广西体育旅游更好、更快发展。

4. 建立民族传统体育旅游示范区

由于体育旅游项目在全国少数民族地区仍然属于一个新兴项目，其发展仍处于起步阶段，因此，可以通过先建立一些少数民族传统体育旅游的示范区，通过示范区的引领和带头作用，为其他地区的民族传统体育旅游提供经验和借鉴作用，不断促进全国少数民族地区民族传统体育的规范化发展。在具有代表性的景区建立相应的民族传统体育旅游项目，从而不断发挥相应的示范作用，带动其他旅游景区的发展。

5. 开发具有当地特色的民族传统体育旅游项目

结合广西各个地方的少数民族体育旅游资源，不断开发具有当地特色的民族传统体育旅游项目，如南宁地区、桂林地区和柳州地区的少数民族传统体育项目不尽相同，应该根据当地特色传统体育项目进行专门开发，形成不同地区的特色，从而促进各个地区少数民族传统体育旅游的特色化发展。

6. 做好民族传统体育旅游的市场营销

（1）做好相关的渠道推广

在进行全国少数民族传统体育旅游的营销过程中，可以采用以下几种方式进行营销。

①面对面直接推广。这种营销模式，主要是通过直接面对面接触游客，通过当面接触来自全国的游客群体，进行推广和宣传，提高他们对体育旅游项目的认识，引起他们前来旅游的兴趣。

②与旅行社合作推广。通过与当地的旅行社合作，通过旅行社的宣传和推广，进行广泛营销。

③与旅游网站合作推广。随着网络新媒体时代的到来，市场上出现了很多的旅游网站、旅游自媒体和旅游客户端等，通过与这些网站和新媒体进行合作，进行广告投放，推进其全媒体营销。

（2）进行合理恰当的定价

由于全国民族传统体育旅游项目处于刚刚起步的阶段，因此，在初期发展的过程中，应该制定恰当合理的价格，从而可以吸引游客前来旅游和参与。同时，可以与其他旅游项目捆绑结合，制定符合市场价值的旅游价格。此外，在定价过程中，也要根据全国旅游的旺季和淡季来具体定价，针对团体项目，也要制定出具有一定优惠的价格，从而提高游客的满意度。

（3）准确进行客源定位

①应该定位好主要客源市场，主要包括周边的省份，引导他们通过自驾游等方式到全国进行休闲娱乐体验游。

②应该定位好重要的客源市场，主要包括长三角地区和北京、天津等发达地区的客源，这些地方的居民收入水平较高，具有一定的旅游意愿和消费时间，因此，应该到这些省份和地区去宣传与推广民族传统体育项目，吸引他们前来旅游和参与。

③应该到一些二线城市和省会城市去宣传和推广，这些城市的市民往往拥有较高的消费水平，通过积极宣传，可以吸引他们前来旅游和参与。

7. 培养民族传统体育旅游需要的专门人才

任何项目的发展都需要一定的专门人才，少数民族传统体育旅游的发展也需要一批优秀的懂得体育旅游的人才。政府应该制定相关的优惠政策，吸引既懂民族传统体育的人才，又懂旅游发展的人才，到全国进行少数民族传统体育旅游产业的挖掘。同时可以充分挖掘民间那些民族传统体育高手，对他们进行体育旅游的专门培训，使他们成为少数民族传统体育旅游的专门性人才。此外，可以在全国各大高校旅游管理专业的人才培养课程中，开设民族传统体育旅游项目的课程，或者到相关的院系开设少数民族传统体育旅游的讲座，从而吸引更多的人参与少数民族传统体育旅游的发展，夯实其发展的坚实基础。

8. 做好少数民族传统体育项目的融资

要想发展好少数民族传统体育项目，需要强大的资金支持，因此，必须做好少数民族传统体育项目的融资。具体来说，可以从以下几个方面进行融资。

（1）积极申请国家财政支持

随着我国旅游业的不断发展，国家越来越重视旅游业和旅游市场的发展，广西壮族自治区政府也非常重视本区旅游业的发展，出台了一些促进旅游业发展的政策。因此，应该积极响应政府号召，积极申请国家财政补贴，争取到相应的资金支持。

（2）争取银行的信贷支持

随着国家对旅游业发展的支持，银行对旅游业的发展也表现出积极的支持，因此，可以向银行争取贷款，筹集相应的发展资金。银行应该针对这些项目，适当降低利息。

（3）吸引更多资本的投入

现阶段，市场上出现了很多投资商和投资机构，通过积极宣传和推介少数民族传统体育项目，不断吸引投资商和投资机构的关注，引起他们的投资兴趣，并使他们作出投资的选择，从而使全国民族传统体育项目具有充分的资金可以得到发展。

9. 重视少数民族传统体育旅游的安全问题

在少数民族传统体育旅游区，一些传统体育项目具有一定的刺激性和挑战性，能够吸引游客的积极参与，但是，其危险性也较高，在这个过程中，一定要重视其安全问题，在充分保障游客安全的情况下，吸引游客参与民族传统体育的旅游。

第四节　民族传统体育的人文环境

一、民族传统体育发展的人文环境基础

人要全面发展，健康是前提，这也是经济社会发展的基础条件。只有国民健康长寿，国家才能富强，民族才能振兴，这不仅是全国人民的共同愿望，也是国家奋力实现的目标。2016 年 10 月，中共中央、国务院印发了《"健康中国 2030"规划纲要》，提出了"健康中国"的建设目标："推进健康中国建设，是全面建成小康社会、基本实现社会主义现代化的重要基础，是全面提升中华民族健康素质、实现人民健康与经济社会协调发展的国家战略，是积极参与全球健康治理、履行 2030 年可持续发展议程国际承诺的重大举措。"

随着"健康中国"建设规划的提出，我国全民健身也迎来了有利的发展机遇。在新的时代背景下，相关部门要准确把握全民健身的发展内涵，不断开拓发展新境界，使全民健身为"健康中国"建设提供有力支撑，并为全面建成小康社会发挥功能。为了推进全民健身的进一步发展，国务院印发了《全民健身计划（2016—2020 年）》，为新时代全民健身发展提供了参考依据。

全民健身与"健康中国"建设为我国民族传统体育的发展提供了人文环境。我国民族传统体育的发展要顺应全民健身发展的潮流，并为全民健身的发展以及"健康中国"的建设发挥自己的力量。

二、民族传统体育在全民健身环境中的作用

与西方体育相比，我国的民族传统体育有着自己独特的地位和作用。在全民健身的环境下，我国民族传统体育主要有以下几个方面的作用。

（一）满足不同地域群体的需要

我国地域辽阔，不同地域具有不同的自然地理环境和社会文化风俗，这导致了我国民族传统体育的地域性和民族性特点。同时，不同地域环境下形成的民族传统体育，与当地的人文自然环境相适应，满足了生活中不同地域群体的需要。

东北地区由于地处高纬度，气候比较寒冷，这样的环境非常适合冰雪运动的开展。因此，当地的人们，经常参与冰雪类传统体育活动；南方地区，

气候温和，江河众多，这些地区的民族传统体育多与水相关，如赛龙舟等。

西北地区，草原比较广阔，这里的人们多以游牧为生，骑马、射箭成为这一地域群体常见的民族传统体育项目。

西南地区，多高山、密林，人们在这样的环境中生存生活，必须掌握一定的攀登和狩猎技能，因此当地群众习以为常的民族传统体育项目多是攀登以及与狩猎有关的各种形式。

（二）满足不同年龄群体的需要

按照年龄划分，人们大致可以分为儿童、青少年、中年和老年群体。年龄不同，人们的身体和心理发展特点不同，对体育运动的需求不同，适于开展的体育运动项目也不同。民族传统体育内容丰富、项目众多，能够满足这四类人群的需要。

儿童参与的民族传统体育项目主要有两类。一类是那些常见的、简便易行的、带有较大游戏和娱乐特色的活动形式，儿童多是自发性参与这类运动的。另一类是常见的，但带有一定规则要求的活动形式。这种类型的运动多是在幼儿园和学校中有组织地进行的，多是集体性的项目。

青少年参与的民族传统体育项目，主要是对抗激烈、规则严谨的活动内容。这种类型的活动，在运动形式、要求和体能素质方面与现代竞技项目类似。通过参与此类运动，青少年不仅可以增强体质，还可以磨炼意志，培养集体主义和团队精神，因此也是体育教育的主要手段。

中年和老年群体参与的民族传统体育，主要是一些较平缓的运动。人们参与这类项目主要追求的是其健身功效，对其规则限制并没有过多关注。民族传统健身体育中的静态性运动项目，是比较适合中年和老年群体的，在锻炼身体的同时，还能使他们获得情操上的陶冶。

（三）满足不同职业群体的需要

不同的职业对人们有着不同的素质要求，不同职业群体也有着不同的健身需求，在参与运动时，不同职业群体可以根据自己的职业特点和实际需求，在多种多样的民族传统体育项目中选择适合自己的活动，并因地制宜地开展，这样可以提高健身功效。

对于农民来说，趣味性较强、热情奔放的传统体育活动是受到他们广泛欢迎的，而对于城市中的白领来说，一些惊险、刺激的传统体育项目更能吸引他们的关注和参与。对于军人来说，武术等格斗性传统体育运动符合他们的职业特点和需要，不仅可以训练他们的体能，还能提高他们的战斗力。对于一些商业人士来说，参与太极拳、气功等修身养性的民族传统体育运动，可以磨炼他们的心智。由此看来，民族传统体育活动可以满足不同职业群体的各方面需求。

三、民族传统体育在全民健身环境下的发展策略

（一）政府积极引导，社会广泛参与

民族传统体育是我国民族的智慧结晶，是我国优秀传统文化的代表，在我国大力弘扬传统文化的时代背景下，政府应该加强引导，对民族传统体育活动的组织和实施给予重视，引导社会民众主动广泛参与其中。并通过挖掘和开发民族传统体育资源，出版相关的读物，普及民族传统体育的文化知识和运动方法，加深人们对民族传统体育的正确认识，指导人们科学开展民族传统体育运动，促进全民健身活动的开展。

（二）保留其文化性，深挖民族传统体育内涵

在长期的历史发展过程中，我国的民族传统体育项目得以形成和发展。诚然，民族传统体育具有民族特色，在多个方面有其价值，但与当今时代相比，与现今人们的需要相比，还有很多不相适应的东西，这是必然的，也是不能回避的。如，有的项目动作简单，给人以枯燥感；有的项目，技术动作难，不适合大部分人；有的项目，具有较高的危险性，不适合在全民健身中推广。针对这种情况，要促进民族传统体育产业的发展，必须根据实际需要，对其进行改革与创新，使其竞争性和观赏性并存，并建立起自己的竞赛制度、竞赛规则等。同时，在改革与创新的同时，不能破坏其独有的文化内涵和民族风格，只有在保留其文化性的基础上进行改革和创新，才能使其不断向前发展，走上发展的快车道。

（三）差异性谋发展，满足不同需求

我国正不断推进全民健身和健康中国建设。所谓的全民健身和"健康中国"，是涉及全体国民的，也即不同年龄、不同地域的人群。在全民健身环境中发挥作用，我国民族传统体育应该满足不同年龄、不同地域人群的健身需求。但是，没有哪种运动是能够满足所有人的所有需求的，这就要求我国的民族传统体育进行差异化改革，分析不同人群的需要，适应不同民族的风俗习惯，通过满足不同人群的健身需求，促进民族传统体育的发展。

（四）顺应休闲需求，突出娱乐特征

社会的快速发展使人们面临越来越大的压力，而生活水平的提高使人们的追求越来越高。在余暇时间不断增多的情况下，人们需要一种手段来缓解生活工作中的压力，体育休闲就满足了这种需求。在这样的形势下，民族传统体育要顺应需求，不断突出休闲娱乐的特点，吸引人们通过参与民族传统体育来实现娱乐休闲的目的，借此扩大民族传统体育的影响力，实现自身的快速发展。

（五）加强传承培养，扩大参与人群

就目前来看，人们对民族传统体育运动的认识还不够深入，对民族传统体育健身方法的掌握程度也不高，他们在参与民族传统体育健身过程中，非常需要专业人士的指导。民族传统体育健身指导员，是人们进行民族传统体育健身的指导，是民族传统体育开展与发展的保障。因此，民族传统体育的发展要重视健身指导员的培养。通过高素质的民族传统体育健身指导员的指导，吸引更多的人参与民族传统体育健身，并让其有更好的健身体验，以此带动民族传统体育健身人群规模的扩大，从而促进民族传统体育的发展。

（六）设立专项资金，拓宽民族传统体育市场

民族传统体育的发展离不开充足的资金支持。在我国大力推进全民健身和"健康中国"建设的大背景下，各地政府对民族传统体育的重视程度进一步增强，与此同时，要进一步加大资金投入，通过设立民族传统体育发展专项资金，为民族传统体育的发展提供充足的经费，投入足够的资金用于发展相关基础设施、生产相关民族传统体育产品、拓宽民族传统体育发展市场，引导人们更多地参与，促进民族传统体育的快速发展。

（七）广泛宣传动员，提升民族传统体育影响

为了推动全民健身的发展，我国设立了全民健身日，国家和一些省区市也会在运动会上，组织全民健身运动会。这些举措，对我国全民健身而言都是一种好的宣传与推广。我国民族传统体育在人群中的影响力小，且以往的开展也有限，因此，对于我国民族传统体育来说，更需要广泛开展宣传与动员活动。可以借助全民健身日和全民运动会，进行宣传与动员，让更多的人了解民族传统体育。对民族传统体育来说，其多分布于少数民族地区，大多数人对其知之甚少，也就很难将其作为健身的选择，因此在全国和各省份的少数民族运动会期间，可以通过电视和新媒体等手段向大众进行宣传，让更

多人了解并参与民族传统体育活动，从而不断促进民族传统体育的发展。

（八）引导学生参与，重视学校传承

要想开展好全民健身，促进全民健身的快速发展，一定要重视和发挥学校体育教育的作用，通过学校体育教育，可以让学生获得一两项体育技能，从而形成终身参与体育健身的基础。民族传统体育作为我国的优秀传统文化，应该被更多地引入体育教学课堂中，例如武术进校园活动，让学生掌握相应的民族传统体育技能，促进其走上工作岗位后，可以更好地参与运动健身。

第五节 民族传统体育的环境构想

一、民族传统体育环境发展的根本诉求

（一）守住乡土情怀

民族传统体育具有广泛的群众基础，形式多种多样，主要产生于乡土社会，其传承与发展的根源主要也是在乡土，因此，守住乡土是民族传统体育发展的根本动力，民族传统体育是民族传统文化的重要组成部分，是民族精神、民族性格的鲜活体现，也是民族情感和民族心理的感情寄托，可以产生强大的民族凝聚力和认同感。民族传统体育寄托了人们守住乡土的情怀，是人们对乡土留恋的体现。

（二）防止被边缘化

改革开放以来，我国社会和经济取得了非常快速的发展，人们的物质生活水平在不断提高，他们对精神文化的追求越来越强烈，精神文化体现在很多方面，其中民族传统体育文化是其重要组成部分，是特有的民族文化，在西方文化不断输入我国的同时，如何保留民族特有的文化，防止被边缘化，是民族传统体育发展的一个重要诉求。

（三）保持文化本真

构建与发展民族传统体育生态环境，最终的目的是促进民族传统体育文化的保持和可持续发展，目前，我国社会已经迈入市场经济时代，很多领域都引入了市场机制，一些少数民族地区在民族传统体育的发展中，为了追求经济利益，毫无底线，不顾民族传统体育文化的本真性，肆意进行破坏，并

且盲目开发民族传统体育资源，不考虑可持续发展，这些都不利于民族文化的传承和发展。因此，民族传统体育本真性的保持是民族传统体育生态环境发展的根本诉求。

二、民族传统体育环境发展的前景

(一) 传统与现代的融合

民族传统体育生态环境的发展离不开传统，在发展过程中，必须立足本民族的乡土，扎根乡土，在保持民族传统体育根本的同时，不断促进其可持续发展。现代社会是文明的社会，民族传统体育要想可持续发展，必须吸收现代化发展成果，促进其走市场化、产业化和国际化的发展道路，如中国的武术在国际上取得了非常好的推广和发展；每年潍坊的风筝节会吸引很多国外风筝代表队前来参与，传统体育只有与现代社会的各种发展手段相融合，才能促进民族传统体育的可持续发展。

(二) 政府和市场的双重推动

现阶段，我国民族传统体育生态环境的发展离不开政府的作用，政府在出台民族传统体育的相关政策、规划和扶持资金方面发挥着积极的作用，可以引导民族传统体育向前发展的方向，保障民族传统体育生态环境平稳有序发展。现代社会，是市场经济社会，任何事物的发展都离不开市场的推动，民族传统体育的发展必须走市场化发展的道路，通过引入市场经济，促进民族传统体育的产业化发展。

(三) 乡村和城市的共同发展

民族传统体育主要存在于乡村之中，在长期的历史发展过程中，民族传统体育在深厚的乡土文化中发展而来，在某些程度上是一个民族的时代印记。但是，随着时代的发展，人类社会开始进入了城市化社会，城市化的脚步不断推进，民族传统体育赖以生存的乡土环境也在发生着变化，我国的城市化进程不断加快，民族传统体育要想获得可持续的发展，必须立足乡土，同时将自己的发展与城市化相结合，共同推进民族传统体育的可持续发展。

三、民族传统体育环境发展的机遇

党的十八大报告提出了经济建设、政治建设、文化建设、社会建设、生态文明建设"五位一体"的总体布局。党的十九大报告中，也明确了我国进入新时代后要继续努力推进"五位一体"的战略布局，这几年来，生态文明建设已经成为我国发展的重要战略。这种生态建设的布局，为我国民族传统体育生态环境发展奠定了良好的发展基础。民族传统体育生态环境的建设和发展也会促进我国生态文明的建设。其作用主要体现在以下几个方面。

（一）自然生态发展需要民族传统体育

民族传统体育文化比较崇尚生态和自然，斗牛、赛龙舟、摔跤、秋千、跳竹竿、独竹漂等都体现了其对自然的关怀和对生态的尊重，很多民族传统项目都是坚持人与自然和谐相处的理念，依托现有山水的独特风光，实行"保护为主、抢救第一、合理利用、传承发展"的工作方针，严格保护民族传统体育生存的自然生态环境。

（二）文化生态形成需要民族传统体育

民族传统体育是我国宝贵的民族文化，是很多少数民族的文化象征，通过传承和发展民族传统体育文化，可以很好地保护少数民族文化，例如，每年的彝族火把节上，都会有斗牛、摔跤等原生态的民族传统体育表演，这些都是非物质文化遗产的保护项目，可以促进民族文化的传承和发展。

（三）高效经济生态需要民族传统体育

在一些少数民族地区，通过以民族传统体育项目为依托、市场经济为手段，打造出一些经济效益好、发展前景广阔的民族体育生态产业，例如云南大理的体育文化品牌，充分展现了大理白族的民族传统体育文化，同时给当地人民带来了非常好的经济效益，是一种无污染的绿色生态经济。

（四）政治生态建设需要民族传统体育

在一些少数民族地区，通过积极发展民族传统体育活动，可以很好地发挥民族传统体育文化的政治功能，促进民族团结和文化认同，提升民族凝聚力和向心力，促进国家民族政策、社会政策和宗教政策贯彻与实施，促进民族团结和社会和谐。

（五）社会生态构建需要民族传统体育

民族传统体育是少数民族特有的文化活动，通过对其生态环境发展的构建，可以很好地增强民族传统体育社会功能的发挥，促进少数民族的身份认同感以及文化认同感，丰富人们的精神文化生活，促进和谐社会的形成，例如通过民族传统体育展演，可以将表演、比赛、体验等形式展示给观众，不断提升人们的社会认同感，从而促进社会生态的构建。

四、民族传统体育环境发展的具体策略

（一）形成民族传统体育发展的正确观念

首先要对民族传统体育文化有一个正确的认识，明确民族传统体育的多元功能，树立民族传统体育的保护意识。相关政府部门和民间组织应该组织相应的宣传和讲座，传播正确的民族传统体育知识和理念，使广大民众树立正确的民族传统体育文化观念。

（二）制定民族传统体育发展的政策法规

目前，我国还缺少专门的民族传统体育政策法规，不利于民族传统体育的传承和发展，因此，应该着重制定一些民族传统体育发展的政策法规，完善相关的体育法治体系，同时还要保障政策法规的落实，建立健全相关监督检查机制，监督政策法规的落实。

（三）确保民族传统体育产业化发展道路

民族传统体育生态环境的发展应该走产业化发展的道路。通过整合丰富的民族传统体育资源，调查分析群众的民族传统体育市场喜好和需求，加大对民族传统体育的宣传和推广力度，深化民族传统体育的品牌建设，促进民族传统体育的快速繁荣发展。

（四）建设民族传统体育发展的人才队伍

人才是一切工作开展的基础，民族传统体育的发展需要既懂民族传统体育，又热爱民族传统体育项目的人参与其中，同时在民族传统体育产业化发展过程中，需要一些专业型的管理性人才来经营管理。因此，应该不断打造人才培养的科学基地，专业打造一支高效的民族传统体育管理队伍，是民族传统体育生态发展的重要保障。

（五）保障民族传统体育发展所需要的资金

首先，少数民族地区的政府应该保障民族传统体育发展所需要的财政投入，这是保障民族传统体育发展的基石。其次，应该尽可能地从民间和市场上筹集发展资金，吸引更多的社会资本投入，从而保障民族传统体育的可持续发展。

第四章　传承到传播：
民族传统体育发展的传播问题

　　民族传统体育承载着复杂的社会文化功能，通过民族传统体育项目走向世界，能使民族传统文化通过体育突出传导民族文化，同时与交往对象对本民族文化作一反馈。除体育运动本身强竞技性及其所具有的强身健体功能外，民族传统体育作为一种组织性活动，能够增强少数民族的凝聚力和民族认同感。同时，许多少数民族传统运动作为少数民族节日活动的重要组成部分，具有很强的仪式性，因此，少数民族传统体育运动也常常作为各少数民族的标志性文化符码出现，如出现"赛马"，就使人联想起苍茫的大草原和马背上的蒙古族。如今，伴随着社会经济飞速发展，少数民族传统体育项目因其所具有的强烈的独特性和观赏性成了重要的旅游资源。在现代社会民族传统体育越来越展现出其复杂的文化身份和强大的发展潜力。发展民族传统体育，充分挖掘民族传统体育所具有的民族志气功能、仪式性功能和文化符码功能，使其成为少数民族文化交流的桥梁，通过少数民族传统体育项目"走出去"，促进不同民族间文化交流和跨文化传播至关重要。因此，找准民族传统体育的发展定位，寻求民族传统体育多元传承与发展的途径是尤为必要的，本章就对民族传统体育传承与发展的途径作出细致的研究与分析。

第一节　民族传统体育的传播视角

　　在中华民族漫长的历史实践中，丰富多彩的民族传统体育项目伴随着我国各族人民的生产实践产生、发展，不仅以运动形式和运动创意的方式体现了各民族人民的生活环境、可利用的物质资源等内容，也承载着各民族人民强身健体、生活娱乐、陶冶情操和增进团结等价值。一个民族独具特色的体育运动，作为民族独特文化的重要组成部分，向世人昭示了该民族的民族性格和民族文化发展的价值取向。回溯历史，我们可以发现，以一个民族某种具有代表性的体育运动为切入口，能够管窥一个民族的民族性格，同时承载民族文化与民族记忆，向外延伸，勠力生长。以太极拳为例，太极以传统阴阳辩证理念为核心思想，集培养性情为主，并兼有搏击对抗等多种功能，体现中国传统儒家文化赋予我国人民的以形养神、内外兼修、刚柔并济的中庸智慧。太极运动不仅在国内具有广泛的全民基础，同时，它亦逐步走上世界体育运动殿堂的主流舞台，体现着中华文化的精彩与价值。从 2016 年起，欧洲健身气功运动会已经在欧洲国家连续举办了三届比赛，健身气功已经在欧洲主流社会获得越来越多的认可和参与。由此可见，承载一个民族文化灵魂的传统体育项目，具有走向世界的强大潜力，民族传统体育运动不仅是我国现代体育文化的源头活水，亦是打通中外文化传播交流渠道的重要手段。在传承中发展，在发展中传播民族传统体育文化是提升我国文化软实力，建设体育强国、文化强国的现实需求。

一、民族传统体育的人内传播

民族传统体育的人内传播，是指个人接收民族传统体育信息后，在人的大脑内部进行的体育信息交流、处理活动，简言之，人内传播就是人的思维过程。①

民族传统体育的人内传播，使得民族传统体育活动不仅是单纯的肉体运动，而且是身心互动的运动。我国古人早就洞悉了民族传统体育与人类身心发展的关系。荀子曾说："形具而神生"（荀子《天论》），意思是说，人的身体与精神是密不可分的，人的精神必须建立在身体存在的基础之上。因此，通过锻炼身体，能改进人的精神，民族传统体育的内外兼修、身心双修，正是人内体育信息传播的一种表现。

二、民族传统体育的人际传播

人际传播指社会信息在个体之间的传播。

体育活动对个体的参与是非常包容的，具体来说，一个人可以从事某项体育活动，多人可共同参与某项体育活动，体育活动的集体参与更能激发个

---

① 周之华 . 中华民族体育文化多维研究导论［M］. 北京：高等教育出版社，2016：187-188.

体参与体育的积极性，并在活动过程中，密切各运动者之间的关系。

我国民族传统体育活动，很多都是集体性活动，与民俗文化活动、节庆活动相结合的民族传统体育文化活动，更是会在体育活动过程中，影响诸多参与者、观赏者，一场活动下来，民族传统体育活动中人们的关系会更加密切。

三、民族传统体育的组织传播

体育组织传播，指体育组织内部的信息传递。

在我国古代，民族传统体育的传播组织主要是民间的体育表演组织，主要表演娱乐休闲体育内容。

在现代社会，我国也有许多正式和非正式的社会组织，推广和传承民族传统体育技法、文化。

四、民族传统体育的大众传播

体育的大众传播，指一些专业化群体凭借一定的机构和技术，大量复制体育活动信息，并向为数众多、各不相同、分布广泛的受众进行传递。

现代社会，我国民族传统体育的传播途径是多样化的，具体来说，可以通过电视、广播、报刊、网络等各种传播媒介向社会大众进行体育信息传播。

在我国民族传统体育的传播过程中，会促进社会大众对民族传统体育文化的了解、理解，并愿意关注民族传统体育文化，甚至愿意加入民族传统体育文化的人际传播，这时，就可以进一步实现民族传统体育文化的社会传承，促进民族传统体育文化在现代社会的发扬光大。

在民族传统体育文化的传播、传承中，大众传媒发挥着重要引导作用。

第二节　民族传统体育的传播现状

一、传播主体：从一元主体到大众参与

（一）传统的一元传播主体

所谓传播主体，即是民族传统体育文化的传授者及信息的发布者。对民族传统体育文化的传播而言，传播主体的重要性毋庸置疑，其不仅能够对民

族传统体育文化信息予以发布扩散，更能通过自我认知和深刻见解对传播过程予以导向，通过"意见领袖"和"精神领袖"作用的发挥，更好传播民族传统体育文化。

长久以来，民族传统体育文化的传播都是局限于小范围内，一些特殊地区的民族体育文化甚至只在本民族范围内传播，拒绝与外界的融合交流。在这种主体一元化的传播模式下，传播人的技艺传授以及延续已久的师徒形式保留了民族传统体育文化的原生态模样，也是民族传统体育文化得以传承至今的重要动因。但在互联网的开放环境下，各种外来文化不断冲击，民族传统体育文化保护和传播的意识日臻淡化，通过有效的传播来深化公众对民族传统体育文化重要性的认知越加迫切。对民族传统体育文化的传播，不仅在于文化形式层面，更在于文化的实质与精髓，要想突破传统传播主体的一元化模式，提升民众意识，就需切实拓展传播主体，以此迎合实际传播需要。

（二）新媒体下的大众传播主体

在新媒体的迅猛发展之下，民族传统体育文化的传播深度和广度得以拓展，也打破了传统的传播界限。基于新媒体对民族传统体育文化予以传播，其传播的主体也应突破传统的技艺者抑或"意见领袖"范畴。凭借新媒体的互动性和即时性优势，大众均可成为民族传统体育文化的传播者，只要不突破法律范畴和道德准则，这种传播几乎不受任何时间与控制的束缚，所有对民族传统体育文化有兴趣的人，都能够基于自我意愿对民族传统体育文化的信息进行发布传播，表达对民族传统体育文化的观点和立场。传播主体的拓展和延伸，使得民族传统体育文化的传播更为深刻、生动。

就传播模式来说，民族传统体育文化的技艺者及"意见领袖"在传播过程中的主导性位置不能被撼动，此外，更需借助新媒体技术，积极调动广大民众力量，唤起其传播民族传统体育文化的意识，形成以传统传播主体为主导、大众主体为补充的民族传统体育文化传播新模式。

二、传播内容：从理性灌输到感性渲染

（一）传统传播内容以理性灌输为主

民族传统体育文化的传播内容不仅涵盖了民族传统体育的各项具体项目，也包括民族传统体育文化内在的民族精神和特有的文化实质。

在传统的传播模式下，民族传统体育文化的传播内容大多是以外在的理

性灌输为主，诸如将民间体育的技艺动作、服饰装扮、活动形式等作为传播的主要内容，致使民众对民族传统体育文化的认知停留在表面技能和套路方面，未能深刻领会文化内涵。虽然一些民族传统体育文化的代表艺人对传播内容予以了原汁原味的保留，但在过于刻板的理性灌输之下，文化内容在受众信众的脑中滞留时间过短，遗忘概率大，由此削弱了传播效果。因而，要想将民族传统体育文化有效传播下去，就需要以极富感染力和审美观的内容予以传播，以契合现代体育的基本要求和特征。

（二）新媒体下传播内容以感性渲染为主

近年来，虽一直倡导弘扬和传播民族传统体育文化，但乐于研习民族传统体育技能的学习者却越来越少，要将宝贵的民族传统体育文化传播和延续下去，就需通过文化的渗透，以感动人心的内容和渲染方式，激发受众的内在情况，促使受众产生共鸣和认同。对新媒体下的民族传统体育文化而言，除对体育项目、体育技能以及动作内容进行传播外，更需要对民族传统体育意识形态予以传播。当前，民众对民族传统体育文化的认知仍存有偏差，对如何传播民族传统体育文化也缺乏有效探索，而这，仅通过一场活动、一场比赛、一段表演等显然难以改变，其需要在传播内容方面从传统的理性灌输到感性渲染转变，进而上升到场景体验层面，将传播内容变得生动化、影像化、符号化、故事化。此时，民族传统体育文化的传播也就不再仅仅是技能和项目的传播，而是内在精髓的传播，是一种引起受众共鸣的双向互动。

三、传播媒介：从单一媒介到多元媒介

（一）传统传播媒介以单一语言媒介为主

所谓传播媒介，也可称为传播工具，即是对民间传统体育文化进行传递的运载工具，诸如语言、文字、广播，等等。受制于文化的抽象性，很难通过文字对民族传统体育文化予以有效表达和传播，进而过多依赖语言来传播。而在所有的传播路径中，语言是最为主要的传播媒介。

无论是原生地原生传播路径中的民族传统体育文化，还是离散地衍生传播路径中的民族传统体育文化，大多是借助语言这一媒介工具。在民族体育项目及动作上，也是依靠语言作为口令，以示下一个动作。这一传播媒介无须传播者拥有过高的文化素养，仅凭语言就能起到传播作用，且传播效果较为直观明了，有着较强的互动性和反馈性。而这也是民族传统体育文化最原

生态的传播媒介。但不容忽视的是，以语言作为传播媒介进行传播，其具有不可重复的弊端，很难有效保存。与此同时，极易受到时间和空间的限制。再者，通过语言来传播，传播者和受众的理解与认知能力也不尽相同，同一句话，不同的受众可能会产生不同的效果，进而在口口相传中引起传播的偏差，在削弱传播效果的同时，也破坏了传播的整体性。

（二）新媒体下传播媒介多元化

当下，业已进入"互联网+"时代，传统媒介发生了翻天覆地的变化，广播、电视、互联网以及微博、微信等各类新媒体相继问世，形成了全新的媒介体系，也由此带动民族传统文化的传播实现了巨大变革。在新媒体语境下，民族传统文化的传播突破了传统的语言界限，转向借助互联网的各个终端完成，诸如数字化应用、网页、社交类媒体软件，等等。在新媒体之下，民族传统体育文化的传播挣脱了时间和空间限制，极大拓展了传播的容量和范围。与此同时，在传播过程中，新媒体的引入也使得传播环境更为立体，传播手段更为生动，创设出了极富融合性的传播范围，也使得受众更易于接受和认同。

四、传播受众：从被动接收到互动反馈

（一）传统传播路径下受众以被动接收为主

所谓传播受众，是指民族传统体育文化的习得者和信息的接收者。伴随着经济社会的发展和时代的进步，民族传统体育文化的学习继承日臻衰减，单凭技能的传授显然难以实现对民族传统体育文化的传播，而传播的受众也不应局限于体育项目的学习者和传统体育技能的习得者。

从民族传统体育文化传播的受众来看，随着传播路径的变化更迭，传播范畴逐渐突破了民族范畴，转向民族外的受众。传统的传播模式受众范围明显较小，辐射的范围也有限，传播受众大多是被动接收民族传统体育文化，对于文化的实质和内涵缺乏认知。诸如极富民族特色的龙舟项目，受众在参与龙舟比赛、观看龙舟表演的过程中，其所接收到的信息往往是通过活动组织者的动作指挥抑或是通过观看龙舟表演来聚集的，进而对这些被动接收来的信息予以理解消化，转化为认知和传播实践。但在这样单一主观的传播模式下，极易导致受众对信息接收的偏差，产生动作实践不规范、理解认识不透彻等问题。因而，在传统的传播路径下，绝大多数的传播受众都是这样被

动接收，难以及时反馈意见。

（二）新媒体下受众反馈及时、范围广

在新媒体环境下，民族传统体育的受众不仅包括本民族的民众，还涵盖对民族体育文化项目感兴趣，有意愿自觉传播的受众，更有来自更远地方的所有使用新媒体的受众。因而，新媒体下的传播路径对于拓展受众范围，畅通信息传播渠道，深化广大受众对于民族文化的认同感和归属感有着重要意义。尤其是身处异乡工作、生活和学习的游子，即便远离家乡，也能够借助新媒体了解最新消息或是活动情况，而这每一次的消息获得，都是对其文化认同的强化记忆。尤其是受众不再是被动接收民族传统体育文化信息，而是对接收到的信息予以主动反馈。譬如在新媒体平台上发表个人意见评论，将兼富个人民族情感色彩的观点予以转发分享，这种反馈对于深化民族传统体育文化的传播意义颇深。

五、传播效果：从宏观获知到微观认同

（一）传统传播的整体性宏观获知

所谓传播效果，是指传播内容借助某种特定的媒介，诸如传统的语言、肢体动作，抑或现代化的新媒体技术和手段，被受众所接收后引起受众的思想和行为的改变情况。在民族传统体育文化的传播活动中，传播的效果是其最为直接、明显的体现。

在民族传统体育文化的传播过程中，不管是师徒之间的技能传播，还是通过表演、比赛等的肢体传播，受众都能直观获取民族传统体育文化的信息，这也是传播效果最好的表达方式。但在这种传播活动下，受众更多的是对民族传统体育项目的肢体动作、技能要领等获取宏观层面的认知，而非对体育项目或体育动作背后文化内涵的挖掘。

（二）新媒体下传播的微观认同

较之于传统传播模式下的整体性宏观效果获知，新媒体语境下传播活动的效果则更为明显和突出。所谓"微观效果"，是指民族传统体育文化的相关信息推送后，受众在"入脑入心"后态度的转变及思想层面的认同。就许多地区的民族传统体育文化而言，一些年纪较小的民族体育项目学习者受制于各类因素影响难免产生枯燥和厌恶心理，进而影响学习效果。尽管通过被动学习能够对民族传统体育文化有一个宏观性的认知，但由于内心深处的防范

和抗拒心理，严重悖于文化传播。在新媒体环境之下，民族传统体育文化的传播更多是感性方面的浸染，割离了体育项目和技艺学习的枯燥，借助新媒体的新兴方式来感悟民族传统体育文化内涵，继而滋生个体的意识形态，更加有利于深化对民族传统体育文化的感知与认同。

第三节　民族传统体育的传播问题

我们生活在一个媒介无所不在的社会中，媒介改变了我们认识世界的方式，媒介将包含民族传统体育在内的民族文化表征形式都囊括其中。当前时代是注意力经济时代，要使民族传统体育运动得到较好的传承与发展，犹如逆水行舟，必须声传广远，不仅要牢牢守住民族传统体育在本民族、本区域内传承的"自留地"，还要发掘一批具有特色的、具有文化影响力和感召力的民族传统体育项目，通过各种方式推动其"走出去"，成为文化交流的桥梁。此时，把民族传统体育看作传播内容，新时代民族传统体育传播的问题就成为一个彻底的传播学领域中的问题，传播主体必须深入掌握民族体育传播的规律，洞察传播受众的需求，采用合适的传播媒介，并辅以适当的传播技巧以去除传播活动中影响传播效果的噪声，才能充分激发传播活动中各环节的活力，使民族传统体育文化无远弗届地广泛传播。

一、民族传统体育传播主体定位偏差

传播主体是传播行为的施动者，传播主体在整个传播过程中扮演了主导角色，其在传播过程中使用的传播策略和传播技巧及落实的程度，均会影响传播效果的实现。以往，政府部门被认为是民族传统体育文化的传播主体，作为社会管理和服务的综合职能机构，政府部门充分发挥其文化建设职能，推动民族传统体育发展繁荣。因此，在民族传统体育文化传承与传播上，政府部门责无旁贷地担任了文化传播的主导者，将大量人、财、物力投入原生态体育文化记录传承保护、公共体育设施建设等活动。但在长期实践中我们发现，将民族传统体育文化传播的重责全部交给政府，既不合理，也不现实。伴随着日益复杂的传播环境，民族传统体育传播主体定位偏差的问题凸显，政府部门在民族传统体育传播中担任主体责任时的缺位和越位问题带来了许多严重后果。一方面，民族传统体育资源的保护和开发的内容厚植于民族区

域，带有浓郁的乡土性和民族性，民族间的文化交流依赖民间社团交流，政府部门在干预民族传统文化市场时，经常难以找准重点，形成体系，采取切实有效的政策措施，反而削弱了社团传播的功能和效果。

二、民族传统体育媒介应用渠道不畅

就体育传播来说，目前民族传统体育特别可资借鉴的成熟节目模式较少，民族传统体育的媒介应用并不充分。在我国大力倡导竞技体育的政策指导下，体育职业化成为当今体育发展的一大特征，也正是因为这样，足球、篮球、网球等具有成熟联赛的强观赏性竞技运动才展现出快速繁荣的局面，资本注入也越来越多。而各类民族传统体育在我国传承发展至今，发展水平较低，尚未有较为成熟的民族传统体育竞赛品牌，在娱乐性上不占优势。在这种情况下，发展民族传统体育似乎是逆流而上，但这是一个文化自信的问题，民族传统体育具有深厚的发展潜力，在我国全面发展的趋势下不允许被遗忘。目前，在媒介应用上，已经有了一些大胆的尝试，如使一些民族传统体育项目登上电视台，甚至设置专门频道，为爱好者提供点播服务，通过电视媒介扩大民族传统体育运动项目的影响力。此外，以各类民族传统体育运动项目作为切入口来表现一区一地一族的历史人文内容纪录片纷纷上线，登上纪录频道，受到纪录片爱好者的欢迎。如今，伴随着移动互联网时代的到来，民族传统体育项目独有的陌生化、仪式化属性赋予了其极具观赏性的品质。如果能打通民族传统体育运动项目登录移动互联网的渠道，用短视频等方式呈现少数民族传统体育运动的魅力，那么就能提升民族传统体育媒介使用的丰富性和层次性。因此，民族传统体育的媒介使用问题归根结底还是方法问题，是怎么发展的问题，从渠道上找到适合民族传统体育内容释放的渠道，就能解决民族传统体育运动传播力不强、传播效果不佳的问题。

三、民族传统体育传播受众接受率低

时至今日，不少人仍然认为现代体育的本质就在竞技体育。的确，"粗暴""简单"的竞技体育能够在强对抗中赋予体育比赛以精彩绝伦的娱乐观赏价值，能够起到丰富人民群众的文化娱乐生活，缓解日常烦琐生活压力的作用，很容易被现在社会的"中坚力量"接受，所以就形成了现在竞技体育在学校教育传承、在媒体文本传播中均占据主流地位的社会现象。

但是，我国的传统体育有其自身的独特优点，我国的传统民族体育项目在中老年人中的普及度更高，而这些具有充足时间的中老年人恰恰是我国大众体育发展的中坚力量，且发展我国的大众体育也是我们国家未来体育发展的一个重要方向。在大众体育发展传承和传播的过程中，一些矛盾和问题被凸显出来，即民族传统体育传播受众的不明晰导致传播者传播策略的失灵，在尚未洞察受众的认知特点和心理需求的前提下，传播活动就急功近利地匆匆开展，导致传播效果大打折扣，由地方政府、学校等事业单位组织的民族传统体育参与活动被广大受众认为是社会任务，导致传播受众接受意愿降低，传播效应反而被弱化。墙内都无法开花的民族传统体育在墙外也无法探索出符合受众需求的传播互动方式，"走出去"的难度和成本水涨船高。

四、民族传统体育传播策略技巧失灵

面对当前民族传统体育项目失根断流的传承与传播窘境，必须正视当前民族传统体育项目的传播需求和传播优势，采用科学的传播方法和传播手段，实现民族传统体育传播的创新。

其实，我国民族传统体育作为民族传统文化的富矿，具有陌生化特点，有不少少数民族传统体育项目，都因其散发的独特民族气质和神秘韵味而极具观赏性。此外，不少少数民族传统体育项目常作为少数民族传统节庆的重要组成部分，与少数民族传统习俗相贯通。因此在传播技巧和传播策略上，就要紧扣这些民族传统体育已经具有的审美特点，张扬并凸显它们，提升传播技巧和传播策略。

第四节　民族传统体育的传播模式

一、以政府为主体的传播模式

（一）传播特征

政府部门在传播过程中同时属于传播方和控制方，因此政府作为传播主体，具有较强的权威性，在社会各界中的影响力也较大，这是由于政府是国家权力单位，其组织意愿和工作重点均为国家意志的集中性体现，同时也正是由于政府部门所处的特殊地位，以及所能调动的资源较为充分，因此在传

播过程中可以成为主导者。政府部门作为传播活动的控制方，能够通过立法层面等对传播媒介、传播行为进行监督管理和协调推进，同时也能够以信息技术手段形成传播控制。

（二）传播影响力

每个传播主体所运用的传播方式并不相同，因此造成的社会影响力也存有差异，在四大传播主体中，政府部门的角色定位较为强势，在传播过程中具有权威性，因此所传播的信息能够在国家内部、区域内部形成一致性，在全球范围内的影响力也较大，所造成的舆论方向、行为趋向也较为统一，能够对民族传统体育文化的传播带来推进力。

（三）传播方式

以政府部门为传播主体能够扩大传播规模，形成较强的部署能力，可以协调多项资源，在民族传统体育文化建设中通过活动举办、演出组织、海外展览、海外中心建设、论坛设立、外贸基地组建等方式，提升传播覆盖面。

（1）举办综合性活动。民族传统体育文化在传播过程中可以在节假日、民族节气等时间段举办综合性活动，例如地方性民族传统体育文化传播月、文化周、文化节等。中国民族传统体育文化年在全球范围内的影响越来越大，同时也是我国民族传统体育文化在全世界彰显魅力的主要方式，不光能够推进民族传统体育文化传播，也能够以此为基础，实现政治层面、经济层面沟通。2002年起，我国已和英国、法国、澳大利亚、德国等二十多个国家和地区互动举办民族传统体育文化年，不断提升我国民族传统体育文化知名度。在我国政府积极推进民族传统体育文化年的过程中，全国各地也通过举办文化月、文化周等方式响应，切实加深地方民族传统体育文化传播，促进各地民族传统体育文化合作，使得地方性体育文化建设渠道得到拓展，所取得的建设效果日益明显。

（2）组织访问演出。民族传统体育文化可以通过组织访问演出的方式提升普及度，使得民众能够更为直观有效地了解民族传统体育文化的内涵，能够充分感受民族传统体育文化的魅力所在，主动参与民族传统体育文化的推广。

（3）开办海外展览。在我国政府牵头主导下，近年来在海外举办的民族传统体育文化展览活动呈现出数量增多、规模增大等趋势，所展览的主要内容包括文化项目、艺术作品以及书籍、曲目等。

（4）设立文化论坛。民族传统体育文化论坛可以由学术界研究人员、高等学校教授牵头，以实现文化传播为目标，开展民族传统体育文化宣传，并在论坛建设过程中，逐步探索国内外民众对民族传统体育文化的理解差异，进而形成具有可实施性的高效传播方式。

（5）海外中心建设。2002 年起，我国政府逐步加强海外文化中心建设，并与多个国家签订成立海外中心合作文件，这些国家遍布欧洲、亚洲、非洲、大洋洲和拉丁美洲。近年来我国与法国、荷兰、巴基斯坦、马来西亚、澳大利亚等国家在民族传统体育文化中心建设过程中形成良好共识。目前我国海外民族传统体育文化中心的传播形式主要包括书刊展览、学术讲座、知识研讨会、体育文化宣传、体育项目展示等，能够在不断扩大我国传统体育文化影响力的同时，提升对民族传统体育文化作品的经济价值和社会价值。

（6）组建外贸基地。民族传统体育文化在交流和传播过程中，需要通过组建外贸基地的方式实现民族传统体育文化发展，使得我国文化产品、文化服务能够在全球范围内得以流通。组建外贸基地的方式同时也是民族传统体育文化传播过程中的创新之举，近年来我国陆续在上海、北京、广州等地组建外贸基地，使得民族传统体育文化能够在商业交流、产品贸易、人才培训、行业展销等过程中得到进一步普及。

二、以企业为主体的传播模式

（一）传播特征

企业是追求最大化经济利润的社会性组织，在利益驱使下，企业在完成国内市场发展目标之后，将业务推广方向进一步拓展，致力于能够在全球范围内实现产品和服务提供。企业作为传播主体，具有较强的商业色彩，能够在传播行为中充分展现广告宣传作用，通过信息传播实现品牌价值提升，提高产品销量，最终使得企业获得更多经济利润。

（二）传播影响力

企业作为传播主体在经济效益上能够起到较大影响力，这是由于企业在获得经济利益的过程中，也为地方经济建设提供积极影响，国外资本在参与我国市场竞争时，也会出于经济效益考虑，加强与国内企业合作，进而进一步推动我国民族传统体育文化传播效果。

（三）传播方式

企业加强民族传统体育文化传播不光能够有效拓宽传播渠道，使得传播质量得以提升，也能够帮助企业在激烈的市场竞争中获得快速成长，由此可见，企业作为传播主体已成为我国民族传统体育文化传播广度和深度增进的有力推动者，能够在加速国内外民族传统体育文化兼容的同时，使得国内民族传统体育文化能够在全世界范围内得到认可。企业在民族传统体育文化传播过程中所采用的主要方式包括产品输出、服务提供、跨国投资等。

（1）产品输出。我国民族传统体育文化产品所输出的国家和地区遍布各大洲，具体输出的产品包括书籍刊物、影像资料、艺术作品等，能够充分反映出我国民族传统体育文化魅力，能够使得被输出地感受到我国民族传统体育文化所带来的影响力，企业通过产品输出，进一步使得我国民族传统体育文化符号、象征得以在全球范围内得以推广，所蕴含的文化内涵也得以宣传。

（2）服务提供。政府能够通过服务提供的方式，推广民族传统体育文化，企业也同样可以在商业交流中，以服务提供的方式，实现民族传统体育文化宣传，具体方式包括艺术表演、作品展览、文化培训等。

（3）跨国投资。跨国投资是企业盈利能力提升、国际竞争力彰显的关键举措，同时也是民族传统体育文化传播的主要方式之一。跨国投资的方式能够使得企业作为民族传统体育文化的第三方中介单位，企业凭借自身力量以及在自身所处行业领域的影响力，整合形成民族传统体育文化的传播平台。

三、以社会组织为主体的传播模式

（一）传播特征

学术界将"社会组织"的概念定义为除政府部门和企业之外的非营利性社会团体。社会组织同样可以作为民族传统体育文化的传播主体，相比政府部门和企业，社会组织的传播可以分为下述几个特征：首先，多元性。社会组织具有数量多、组织形态多元、涉及领域多等特征，这就决定了其传播方式、传播渠道、传播领域具有多元性特征，通常而言，政府部门在传播过程中更倾向于政治色彩，企业在传播过程中更注重商业经济效益，民族传统体育文化专业机构更关注权威性知识传播，而社会组织在传播中能够突出多元性，在多领域、多行业、多层次中广泛宣传，第三方社会组织在传播过程中能够将民族传统体育文化进行多专业、多类型的传播，各专业、各类型在传播中能够基于自身特征和个性，形成多元化传播方式，继而促进民族传统体育文化的多元化传播，包括形式更多样化、内容更为丰富化；其次，多层次性。社会组织具有多层次性，其组织层次可以包括国际性组织、洲际性组织、跨国机构等，也有国家内部的机构、团体和单位，国家内部也可以分为中央、省级以及地方等；最后，具有国家色彩。现阶段社会组织虽然具有非营利性、非官方性的标签，但从整体角度而言，与政府部门的交流互动较多，社会组织为提升运营效率，也需要政府部门在资金资源、技术资源、人脉资源等方面提供帮助，同时社会组织也可以在政府尚未开展活动或管理相对薄弱的领域为社会带来产品或服务。因此社会组织的文化传播具有一定的国家色彩，同时也受到政府监管。

（二）传播影响力

相比规模较小、层次较低、影响力较弱的社会体育机构而言，具有国际性特征的社会团体能够在全球范围内形成文化传播效应。

（三）传播方式

在当前全球形势下，以政府部门为主体的传播方式属于主流方式，但同时以非政府、非营利性质为特色的社会组织同样也是文化传播的重要补充，不少社会组织群众基础好、资源调配能力强、传播经验丰富，能够通过海外展演、协会创办、教育培训等方式拓宽文化传播途径。

（1）海外展演。现阶段大多数海外展演团队由于人力资源有限、准备时间仓促等情况，导致展演效果不佳，在实践中可以通过结合线上媒体和线下媒体的方式，将网络、电视等多种传播媒介进行整合，形成具有综合性和时代性的文化展现，具体内容可以包括民族传统体育文化电影、艺术作品、项目教学、身体锻炼方案提供、现场竞技、书籍发放等，以体现我国民族传统体育文化魅力。

（2）协会创办。相对政府部门而言，社会组织意识形态较弱，受众群体的可接受度较高，因此在其他国家进行协会创办，能够有利于我国优秀民族传统体育文化传播，所能创办的主要协会可以有单项运动交流会、武馆、文化座谈协会等。

（3）教育培训。教育培训不光能够切实提升社会组织的传播责任感，也可以使当地教育事业得以发展。教育培训的主要方式包括兴建学校、兴建图书馆、成立基金会、发放奖学金、赠送书籍刊物、播放知识影像等。

四、以个人为主体的传播模式

（一）传播分类

以个人为主体的传播模式所采用的媒体形式并不相同，具体传播方式能够分为直接式传播和间接式传播两种，其中直接式传播出现时间较早，在传播过程中并不需要载体，可以通过面对面的方式开展直接传播；间接式传播出现时间较晚，在传播过程中需要载体，具有不受时间空间约束的优势。

（二）传播特征

首先，传播具有交互性特征。无论是直接式传播还是间接式传播，都能够满足传播方和受众群体之间的沟通互动，受众群体能够在传播交流中改变传统的被动地位，选择传播的时间、空间和途径，同时信息传播的交互性能够有效提升受众群体关注度，通过紧密交流，同时形成信息传播和信息反馈；其次，传播具有模糊性。相比政府部门、企业以及社会组织作为传播主体，个人在传播过程中具有一定的身份模糊性特征，其传播途径并不明确，且真实身份能够在传播行为中进行隐匿，因此个人作为传播责任主体，会出现权力滥用、监管失控等现象，导致负面消息得到传播；最后，传播具有高度参与性。以个人为主体的传播模式主要在网络平台中实现信息交换和反馈，在网络平台中，民众并不会过多受到年龄、受教育层次、空间和社会地位约束，能够扩大自身对信息的需求量和传播量，可以较为直接、客观、顾忌较少地发表想法。

（三）传播影响力

相对政府部门、企业以及社会组织，个人的力量较为渺小，所能形成的传播深度和广度也较弱，但以个人为主体的传播方式，能够有效作为其他三种传播方式的补充，当政府部门、企业以及社会组织在传播过程中造成偏差时，可以通过聚少成多的方式，推进舆论声势，引起其他传播主体的关注。

（四）传播方式

目前以个人为传播主体的信息传播方式可以分为两大类群体，即具有扎实专业知识、丰富传播经验的民族传统体育文化界学者、专家、研究人员和权威人士以及普通民众。虽然个人传播的影响力较弱，但在传播过程中能够最大限度地保持信息准确性，例如能够将民族传统体育文化的语言信号、肢体动作加以保存，相比书籍刊物、影像视频等更具有直观性。

（1）学者、专家、研究人员和权威人士能够通过自身作品、讲座等使得优秀民族传统体育文化迈向世界，同时在与其他国家专家学者、行业领军者交流的过程中，实现创新和推广。因此政府部门应充分发挥主导作用，引导此类传播主体积极参与国际文化交流，以优质作品、精彩讲座的方式推进文化交流活动开展，或以学术交流会等方式，提升我国民族传统体育文化在全球范围内的影响力，使得我国民族传统体育文化能够得到更多地区、更多民众的认可和喜爱，切实推进传播效果质量提升。

（2）普通民众在民族传统体育文化传播过程中，能够以海外留学、探亲访友、外出旅游、参加会议或竞赛等方式，将我国优秀民族传统体育文化在海外进行传播，同时民众也可以通过社交圈发布信息的方式，使得自己"圈"内的众多朋友能够了解到民族传统体育文化传播现状，除此之外海外华人华侨也能够通过文化传播的方式，进一步使得优秀民族传统体育文化在全球范围内进行信息传递。

第五节　民族传统体育的传播走向

一、民族传统体育的数字化传播趋势

民族传统体育文化在我国受到的保护关注时间较短，文化传播经验并不丰富，但随着时代的发展，传播影响力逐渐加深，我国民族传统体育文化的保护体系为纵向体系，即通过国家级、省级、市级和县级四个层次开展纵向保护，以动态传播的方式进行技艺传承。该保护体系对民族传统体育文化具有较强的传播作用，但同时也存在一定弊端，例如在人体动态传播过程中，不可避免会由于学习者主观判断而导致信息传播失败或偏差，同时也存在少数优秀文化缺乏合适学习者的现象。以新媒体作为传播载体，能够充分发挥先进科学技术作用，确保民族传统体育文化能够实现原真性传播，例如在传播过程中，可以通过数字信息技术开展项目内容采集、储存和传播，以有效弥补传统体系中的不足之处，同时动态传播同样可以作为新媒体传播的补充，实现文化内涵传承。在互联网时代，基于报纸和电视媒体的话语体系和逻辑表述，使得大众传播学有些无能为力。随着5G的到来，更多的传播理论会受到更大的挑战。由此可见，数字化传播途径能够实现资源共享和互补，使得

民族传统体育文化能够得到原真性传播。

（一）构建民族传统体育文化数字化资源库

5G技术的先进性使其比4G具有更好的用户体验，更大的连接数密度和流量密度，以及更低的端到端时延和更好的移动性。完全不同于第四代移动通信技术，5G并非在4G基础上的演进，而是完全的革新和换代。5G采用了新的技术和新的标准，那么信息传播的网络、终端、信息组织形式、内容形态都将适应这些新技术和新标准。为此，民族体育文化的传播也应以5G为展望方向，民族传统体育文化在传播过程中离不开数字化资源库的建设和完善，具体可以通过计算机应用技术等先进科学技术，将我国现有的民族传统体育文化项目进行收集、汇总和保存，对各地区、各民族的体育项目作出梳理，将服饰、动作、身姿等以文字、图片、影像等方式进行存储，组建具有综合性、全面性的数字化资源库，不光能够作为信息收集基地，也可以便于受众随时查阅、学习和传播。

文化传播者是现阶段民族传统体育文化传播过程中需要保护的重点，就民族传统体育文化的传播趋势而言，优秀文化传播者数量并没有随着时间的推移得到快速增加。现阶段传播者分散于全国各地，在信息采集过程中，通过数字化技术对传播者的相貌、声音、动作进行收集，并实现数字信息转化，形成照片、视频等，在数字化资料库中加以保存，以便于查询和传播，同时也通过分类传播的方式，借助新媒体载体优势向大众展示，现阶段仍存在缺乏合适文化传播者的民族传统体育文化项目，这些项目主要通过文字说明、书籍报刊、视频记录等方式，形成内容规范、动作要领和项目规则，以便查阅和传播。

（二）建立民族传统体育文化数字化博物馆

民族传统体育文化的传播也可以通过建立博物馆的方式进行实现，可以通过新媒体技术等方式，形成数字化博物馆，将传统体育文化项目的具体信息或传播者个人资料进行录入，能够更为清晰明了地使得查询者了解到项目的内容和内涵。数字化博物馆不光可以包含项目信息，也可以包括该项目的发展历程，以及相应体育文化所涉及的节日活动、过往历史、发展政策、组织协会等。以数字化资源库的方式进行民族传统体育文化保存，是新媒体技术充分发挥优势的体现，同时也是民族传统体育文化未来传播的主要趋势。

民族传统体育文化项目多、内容繁杂、分布区域广、传承较难。近年来学术界不少研究人员通过文字整理等方式，进行内容汇总，但如何切实有效地建设数字化博物馆并使其得到充分利用，需要地方政府部门、体育文化机构、传播者共同努力。民族传统体育文化数字化博物馆在建设之后，首先要丰富内容，地方政府可以通过资源调配等方式，创建官方网站平台，吸引广大传播者和受众群体共同参与，网站页面需要整洁明了，并具有一定的民族体育特征，通过项目分类等方式，便于受众群体筛选和阅读。其次，需要关注当地民族传统体育文化中的地方性文化特征以及所具备的功能作用，例如项目的休闲性、竞技性特征，能够使得更多民众通过数字化博物馆的方式知悉民族传统体育文化，此外，数字化博物馆也需要能够同时应用于电脑端、手机端等，且建立具有官方性质的 App 软件，以进一步推进文化传播大众化。

二、民族传统体育文化的社群平台传播趋势

（一）民族传统体育文化社群个体的发掘整理

在新时代背景下，每个民众都在互联网平台中留下一定信息，在大数据技术之下，这些信息可以通过收集、整理、归档的方式整理，并使得信息价值得以提升，例如在上网浏览过程中，大数据技术能够通过分析过往浏览内容，对网民兴趣爱好作出推测，为网民提供购物、休闲、学习和社交建议，为信息传播和社会发展带来推动力。

随着新媒体技术的不断普及，民族传统体育文化在建设过程中也需要跟进时代潮流，在数字化资源库和博物馆建设过程中，首先要寻找与民族传统体育文化有共鸣的个体，大数据技术的应用能够提供帮助，通过先进科学技术，对关注民族传统体育文化传播的民众进行信息推荐，鼓励具有民族传统体育文化传播兴趣的网民参加资源库和博物馆建设，同时对不同项目类别的兴趣用户，通过"趣缘"开展联系，并基于"大数据"技术中的预测功能，发掘民族传统体育文化的关注对象，在新媒体环境下形成推荐，引导具有相同兴趣爱好的民众形成社交圈，在同一社群中进行探讨和传播，推进民族传统体育文化继承和发扬，而这些社群同样离不开多方的协作管理。

民族传统体育文化在传播过程中需要得到多方载体的支持，由于民族传统体育文化的特殊性，导致在现实生活中并不容易发现较多的兴趣爱好者，但在大数据技术的支撑下，能够将分散于社会各界、拥有相同趣缘的民众进行归拢和认知，使得这些民众能够聚拢之后形成社群，由此可见，大数据技

术所具有的挖掘个人爱好功能，有利于民族传统体育文化传播。

（二）组建民族传统体育文化社群平台

构建民族传统体育文化社群平台离不开大数据技术的支持，大数据技术能够有效挖掘个体喜好，使得具有共同兴趣爱好的民众进行聚集，数据统计显示，国内与民族传统体育文化相关的微信群、社交平台非常多，地方政府职能部门、民族传统体育文化传播者等也通过微信群等方式，形成资料传播和信息共享，虽然这些群并不属于传统意义上的社交群，但也能够有效地进行一定的文化传播，虽然传播覆盖面较小。

第一，地方政府或社会第三方组织通过牵头的方式，建立具有官方性质的民族传统体育文化社交群，构建主体可以包括宣传机构、社会团体、高等学校等，在群构建后通过挖掘和探索，获得群成员，在群成员扩展过程中，能够基于大数据技术分门别类，同时群成员也可以通过邀请的方式，以新媒体传播方式为载体，进一步扩大群的影响力，除此之外，也可以通过上门宣传、海报宣传、二维码宣传等方式，吸引更多民众参与民族传统体育文化传播建设，使得具有不同兴趣爱好的民众能够找到属于自己的群体。

第二，以群内交流和互动的方式，使得群成员之间能够在信息分享过程中形成文化共鸣，共同探索民族传统体育文化魅力所在，使得群内部能够营造良好有序、积极进取的传播氛围，进而吸引更多民众参与其中，群成员能够将自身所发现的新内容、新想法进行分享，为民族传统体育文化传播添砖加瓦。

群管理者可以通过制定群规的方式，落实群管理和群维护，以具有官方性质的方式及时发布与民族传统体育文化相关的各项信息，例如发布活动、转发文章、提炼消息等，也可以不定期组织群讨论，通过话题塑造和主题探讨，提升群活跃度，例如可以在某项运动会或文化月期间，在群内进行征文比赛或摄影比赛；可以由业内权威人士组织进行座谈会等，加深文化知识传播力度。

良好的社群平台不光需要开展线上互动，也需要进行线下交流，这才是民族传统体育文化获得可持续传播的关键，群管理者通过组织落实的方式，形成群互动，也可以通过多个群共同参与的方式，组织大型文化活动，为民族传统体育文化社群传播提供更多渠道。

三、民族传统体育"互联网+"多元传播趋势

（一）搭建"互联网+民族传统体育"教育资源平台

教育培训是民族传统体育获得进一步发展的关键，本课题在实地调查过程中发现，不少学校老师认为民族传统体育文化在教育过程中并没有充分结合新媒体技术，同时青少年对当前的被动式教学存在抵触心理。"互联网+"技术的普及，能够改善教学环境，激发青少年学习积极性，对于具有一定特殊性的民族传统体育文化传播而言，构建"互联网+"传播平台，能够优化资源配置，切实提升传播质量。体育教学的传统模式是老师在操场上对青少年进行动作讲解，灌输理论知识，由于教育场所存在局限，教学内容枯燥单调、教学形式单一，导致青少年在学习过程中不得要领，且难以理解课程内涵，民族传统体育文化的教学必须要充分结合数字化资源库等先进载体，使得青少年能够主动参与学习，不光在课堂学习中获得知识，也可以及时知悉文化信息，同时相比传统教学内容，青少年对于多媒体教学更感兴趣，对具有更好教学质量的音像视频更为关注。现阶段我国部分体育教师并不了解民族传统体育文化的内涵，尤其是年轻体育教师对此关注较少，导致教学质量不佳。多媒体教学方式能够通过网络平台，以"网易云课堂"等形式使得师生加强学习，同时在教学实践中，体育教师可以通过 VR 技术营造虚拟环境，提升青少年体验度，丰富教学内容，近年来越来越多的体育教师在教学中引入游戏教学法，加强对青少年文化知识、动作技巧、项目规范性等方面的教育，在激发青少年学习兴趣的同时，有效提升教学质量。

（二）建设"互联网+民族传统体育"产业品牌

民族传统体育在传播过程中同样离不开品牌建设，具体产业表现形式可以分为三种：其一，具有民族传统体育文化特色的竞技表演和项目比赛；其二，具有民族传统体育文化特色的健身、休闲内容；其三，具有民族传统体育文化特色的各项用品。现阶段我国不少地区根据当地实际情况开展民族旅游体育项目，文化传播者也从专业角度出发，举办民族传统体育文化馆，例如畲族民族传统体育文化传播者蓝大瑞在浙江、福建等地开办武术培训班等。虽然民族传统体育文化产业在发展过程中存在一定不足，整体经济效益不佳，存在着社会影响力低、学院数量少、获利能力较低、家人不支持等情况，而"互联网+"能够通过多元发展的模式，切实推进民族传统体育文化产业发展，

全面融合线上模式和线下模式，改善当地民族传统体育文化产业运营现状，实现经济效益和社会效益双丰收。

民族传统体育不光具有丰富的文化内涵，同时也具有较好的养生、健身、休闲效果，现代社会民众的生活节奏较快，工作压力和生活压力较大，对于养生健身、休闲娱乐的要求较高。民族传统体育文化传播者可以在商业策划中将民族传统体育文化与养生馆、健身馆建设进行融合，充分发挥文化特色，打造具有综合性、时代性的商业产业平台。例如可以通过网络宣传的方式，使得更多民众能够知悉民族传统体育文化所具有的养生功能、健身功能和休闲功能，积极开展民族传统体育文化私教、网络教学、社群交流等，挖掘更多潜在学习者，将传统的封闭式、被动式教学方式转型为开放式、主动式教学方式，使得民族传统体育的内涵能够得到全球化发展，同时也为文化机构、文化传播者的生存提供保障，为民族传统体育文化的可持续发展夯实基础。通过新媒体技术能够结合文化传播和旅游赛事项目，组织者可以通过科学规划、良性开发、高效合作等方式创新赛事活动，借助新媒体技术，在赛事开展过程中带动旅游业发展，形成具有一定知名度的旅游体育文化品牌，同时也可以实现民族服饰、传统工艺品、文化衫、体育用具等产品销售和推广，使得产业链整体竞争力提升。总体而言，民族传统体育文化可以在产业化发展模式下有序推进，创新具有精品性的产业化发展基地，能够实现旅游、比赛、产品、服务一体化发展。

第五章 危机到消解：
民族传统体育发展的认同问题

民族传统体育文化主要是少数民族文化的重要组成部分，是一种文化的符号或文化活动，蕴含了民族特有的精神、价值认同、心理模式以及生产生活方式等内容。民族体育是国家的重要非物质文化遗产，属于文化软实力的重要组成部分，实现民族传统体育的生态维护和传承发展，是新时期民族文化复兴、促进经济发展和社会和谐的一个重要内容。为此，本章深入研究了全球化背景下的民族传统体育发展危机，对民族传统体育文化认同进行研究，为民族传统体育传承发展研究奠定理论基础。

第一节 民族传统体育文化认同的阐释

一、认同剖析：对民族传统体育文化认同的理解

文化认同是一个伴随人类社会发展而不断变化的过程。人类社会从茹毛饮血的原始社会发展到今天的工业化时代，其中经历了无数的变化，人类对于自然及其自身的认识也都发生了巨大的变化①。某一时期的认同只能反映当时的文化现状和人们的文化态度，并不是永恒不变的。当社会发展引发新旧认同冲突时，文化认同问题便会形成，随着认同问题的不断演变和加重，弱势文化便会形成对其自身文化的认同危机。由此可见，作为文化主位因素的文化认同自人类产生以来就已形成，文化认同危机则是在不同文化认同发生冲突并不断演变的过程中逐渐产生的。当今社会，随着全球化、信息化时代的到来，不同文化之间交流和碰撞机会的剧增，认同什么，为什么认同，怎

---

① 郑晓云. 文化认同论 [M]. 北京：中国社会科学出版社，2008.

样认同，采用什么样的方式方法达到认同，成为一个关系文化存在，甚至关乎民族存亡的重要问题。

民族传统体育通过运动本身所折射出的精神文化内涵，是对其保持文化认同的主要原因，也是认同的主要因素。近代以来，在外来文化不断冲击下，在东西方体育文化争论不休时，中国民族传统体育文化认同可能出现多种可能：有可能对西方体育文化产生认同，而抛弃中国的民族传统体育文化，即完全被西方体育同化；也可能不予认同而产生抵制，即处于二者互不干扰的自我保护状态；或者是部分认同而削弱对中国民族传统体育文化认同，即保持对中国民族传统体育文化认同的同时，有部分传统体育文化被西方体育文化侵蚀；抑或吸纳西方优秀体育文化来壮大中国民族传统体育文化，即将西方体育文化吸纳融合为自身文化的一部分。从理论上说，这些现象都有可能出现。但从现实社会来看，两种文化互不相容的状态也只能出现在遥远的古代，而文化的侵蚀到底发生到何种程度，或者说会朝着怎样的方向发展，将取决于自身文化的强大程度和人们对自身文化的认同程度。当然，我们希望看到在文化的融合与发展过程中，中国民族传统体育文化在不断吸纳外来优秀文化的过程中壮大和丰富自己，也就是第四种可能，但是，在现实的文化融合中，中国的民族传统体育文化却处在被西方体育文化不断削弱的过程当中，甚至有被西方体育文化侵蚀的可能。这种文化的侵蚀和消融，不仅表现在中国传统体育项目的减少和竞赛规则的西化上，甚至已经影响到了中国人的价值观和文化信仰，成为当今传统体育文化不可避免且无法回避的重要问题。

当然，在经济迅速发展，全球化不断深入的当今社会，各民族、国家之间文化的交流与融合是无法避免和回避的。此时，加强中国人对本民族传统体育文化的认识和了解，通过不断吸纳西方优秀的体育文化，扩大民族传统体育的影响力、增强与"他文化"竞争中的话语权，是实现对中国传统体育文化的强烈认同，确保中国民族传统体育文化良好传承与发展的基本条件，也是实现中华民族传统文化安全的基本保障。

二、现实需求：民族传统体育文化认同的重要性

在当今社会，文化的重要性不言而喻。它作为一个民族、国家的"灵魂"和"支柱"，是一个民族最重要的标志和精神依托，是外人不可侵犯和触碰的底线。文化的价值在于对整个民族、国家所起到的凝聚力和向心力的作用，是整个民族认同的精神支柱。作为一个民族的"灵魂"，文化滋养着该民族的成长历程，让每一个民族有着自身独特的气质①。在中国传统文化影响下形成和发展的民族传统体育，受传统文化的影响深远，其中既体现出了与中国传统文化的相一致，又具有其独特的传统体育文化特质，内在所具有的精神文化内涵和价值观念，是中国人不容抛弃和舍弃的重要原因。

近几十年，中国发生了翻天覆地的变化，人们的生产、生活方式也发生了根本性的改变，此时受中国传统文化影响深远且与人们生产、生活方式密切相关的中国民族传统体育文化，一部分正随着自身生存环境的破坏而走向消亡，剩余部分也在外来文化的强烈冲击下，在以西方体育和奥林匹克运动占主导地位的特殊时期，正举步维艰地发展着。面对如此现状，我们应更加清楚地认识到继承和发展民族传统体育的重要性，以及其存在的价值和认同的必要性。因为，此时的民族传统体育所代表的不仅是一种运动形式、一个体育项目，更是饱含了中华民族五千年文化内涵和人们智慧的精神文化象征。加强中国人对本民族传统体育文化的认同，对民族传统体育文化自信的树立和国际文化话语权的竞争，都将有立竿见影的效果。

那么，在全球化时代不断加速、中国的民族传统体育文化认同危机不断凸显的今天，既然民族传统体育文化的认同如此重要，那么，首先我们要解决的是："对民族传统体育文化的认同，到底认同的是什么？又该如何实现对其认同？如果不认同又会怎样？等等。"首先，从认同的定义我们了解到，所谓的认同是对自我身份的一种确认，即对"我是谁""我们是谁"的回答。对当今的中国民族传统体育而言，其所要认同的不仅是民族传统体育外在的一种体育运动形式，更重要的是其所蕴含的精神文化内涵。受中国传统文化尤其是儒、道、佛以及玄学、阴阳等的影响，中国民族传统体育形成了以"天人合一"思想为基础，重视"整体"与"和谐"的传统观，追求"娱乐""健身"的文化理念，"重养生，淡竞技"的文化特质，这些都是中国民族传统体育文化传承的精髓，也是人们长期认同的重要内容。民族传统体育文化要想在激烈的文化竞争中站稳脚跟，保持自身民族的传统文化不被侵蚀，重拾话语权，首先要加强对本民族传统体育文化的认识和了解，在此基础上实

---

① 郭继承. 文化的传承与弘扬［M］. 北京：人民日报出版社，2013.

现对其精神文化的认同。其次，要想实现中国人对自身传统体育文化坚定不移的认同，就要让中国人对自身传统项目产生极大的兴趣和文化信仰，即从外在表现形式到内在精神文化的强烈认同。当然，中国民族传统体育文化的认同，对提高各民族人民的向心力和凝聚力所起到的作用也是其认同的重要原因。一个民族、一个国家的强大，靠的不仅仅是经济和科技的壮大，更重要的是文化所带来的凝聚力和向心力。在我们为中国运动员摘金夺银而欢呼雀跃时；在我们因中国申奥成功而激动不已、心情久久不能平复时；当我们抱着一线希望期盼着中国民族传统体育项目能走进奥运时，体育所带来的这种民族向心力和凝聚力已远远超过了体育项目本身的作用，更多是对其精神文化的追求和认可。反过来说，如果我们对外来文化产生了强烈的认同而忽视了自身文化，就会削弱中华民族的团结力和凝聚力，以至于影响一个国家未来的发展。

在当今社会人们真正缺乏的不是所谓的房子、车子和票子，而是一种精神文化追求和归属感。现如今，我国经济飞速增长，人们不再为吃不饱穿不暖而发愁，但是相比之下，似乎此时的人们却不比吃不饱穿不暖时快乐多少，反而在人们的脸上平添了一丝的惆怅和焦虑。因此，探寻民族传统体育文化的根源，寻找人类精神的根基、支撑点和归依之所，加强人们对优秀民族文化的认同和对传统文化的继承与传播变得越来越重要。

第二节　民族传统体育文化认同的建构

一、民族传统体育文化认同的内涵

（一）文化认同是基础

认同主要是指个人或群体在社会交往中，通过辨别和取舍，从心理上、精神上、行为上将自己和他人归于某一特定客体，认同的媒介包括地域、风俗习惯、职业、国家制度等。

文化认同是一种群体文化认同的感觉，是一种个体被群体的文化影响的感觉，有的学者认为文化认同是民族的凝聚力或者是本国人民对自身文化的强烈认同。有的人把文化认同解释为一种肯定的文化价值判断，文化群体或文化成员承认群内新文化或群外异文化因素的价值效用符合传统文化价值标准的认可态度与方式，文化经过认同后，成为新的文化。

中国原始崇拜的基本体系和中国文化精神的起点都来源于自然、灵魂和祖先的崇拜，这也是构成今天我们看到的种类繁多的民族传统体育文化形式的要素。民族传统体育项目从组织形式及功能上是可以反映出早期先民与自然和人与人之间的关系的，其个体行为和集体行为都会受到特定的风俗习惯影响，久而久之就不论是个体还是集体都会形成某种文化认同，以共同展示他们的生活方式和行为结构。

如果从本体性意义这个层面上讲文化的话，可以认为文化是人类在长期生存历程中凝结成的稳定的生存方式，它像血脉一样纵贯在总体文明的各个层面以及人的内在规定性之中，而不能将其简单看作是某种意识观念和思想方法。

文化作为人的最深层次的价值观和行为规范，其被人类认同是对文化倾向性的共识与认可。在此种认同下，人们乐于使用普遍被认可的、相同的文化符号，做着遵循共有的思维模式和行为规范的言行。中华民族大众对于我们自己的传统体育文化的认同包含了一个民族的文化观念、国民性格、民族精神等，其作为一种综合的文化现象，与其他传统文化一道成为中华民族传统文化认同体系中的重要组成部分。

（二）身体和精神的价值认同

人类文化产生的根本基点是人和社会的需要，由于人有了不同层级的需要，社会才有了各异的发展动机，满足人的各种需求。人类的发展总是遵循着生存、享受和发展等需要之路不断前进，增强文明的程度，提高文化品位，为了满足族群内部的原生需要，通过一些中介手段完成相应的体育活动，创造出物质和精神财富供族群中的成员使用。

鉴于民族传统体育文化的特性，对其的文化认同是文化个体与文化情境作用的结果，是个体对文化的自我知觉和定位，是对文化及其文化群体产生的归属感和承诺，还是积极获取、传承与自觉创新民族传统体育文化的社会心理过程。

中介手段蕴含了大量的民族体育素材，民族传统体育的成分从中分离出来，聚合形成特定的文化形态，并且发挥着对于社会应有的功能。民族传统体育文化体系的构成，就是通过从体育手段中提取到的文化成分逐渐聚集起来的。其中所包含的文化成分引导着人们的参与方式，而在族群认同中也会起到干预人的心理状态和其幸福体验的作用。

民族传统体育是我国众多民族人民的智慧结晶和文化展现，是对生产劳动的总结和对生活的诠释。依托对民族传统体育文化的价值认同，人们在实践过程中实现了对集体价值的选择、认可、共享和维系。历经长期的历史沉淀后，民族传统体育成为一种特殊的社会文化记忆，并且在着眼未来的发展过程中仍旧在不断强化着主体性的价值认同。

民族传统体育具有毋庸置疑的、鲜明的文化特点。在历史发展中，民族文化成分的保存和兼容奠定了其广泛的群众基础，如此再在文化氛围的作用下逐渐拥有了意识倾向，由此就会产生肢体活动的状态和氛围。文化的特质最终影响了民族体育的特质，使得两者表现出了趋同的特性。

中国民族传统体育文化承载了中国传统文化元素的精髓和中华民族对于美好愿望的情感寄托，武术作为中国民族传统体育文化的符号标志，其与传统文化的结合具有历史必然性。在宗法氏族血亲文化的传统基础上，在一整套思想观念认同体系的影响下，以精神价值认同代替生理需求的文化过程。

从根本上讲，中国民族传统体育文化认同不能成为简单意义上的一种公共肢体行为的活动手段，而是一种带有厚重传统文化色彩的人体文化形式，通过身体行为体悟思想精神的价值认同过程。

中国民族传统体育文化彰显了中国传统思维方式的技术结构，成就了相异的人体文化特色，对中国民族传统体育文化的认同不能避开全球化和现代化的问题。当传统文化与现代社会共存之时，就凸显了文化的差异性，很多西方文化体系的宗旨是追求自然科学，直接影响到以儒家思想为社会伦理观念主导的中国传统文化。

东西方文化在思维模式、价值尺度、人格理念上具有不同，是两种不同文化冲突的表现，中国民族传统体育与现代西方体育的差异蕴含其中。中国民族传统体育与现代体育发展的矛盾是文化上的差异，造成两种文化差异的原因主要是哲学思维观点的价值认同落差。

（三）动态认同过程

1. 体育时代转变

一个民族在自身的发展过程中所形成的对本民族传统体育文化固有的认同，是中华民族传统体育文化最广泛、最基本的认同方式，而在固有文化认同中有两个渠道。

（1）地理环境对文化认同的影响

人们在不同的自然生态环境中生存，获得不同的物质资源，发展与地理环境相符合的社会文化，如武术中"南拳北腿"的文化形态就是根据中国南方和北方的生态环境而衍生，北方多平原地带，习武者看重技击的实效性，注意力放在下盘的稳定性上；南方多山岭、丛林、湖泊，人们在追求技击灵活性的同时，加强了上肢技术的发展。

居住在江浙、云贵等水乡一带的人们依水生存，不仅仅制造了渔船、渔舟、网等生产工具，同时在传统文化的积累上创造出"龙舟竞渡"这项独具风格、别有情趣的民族传统体育活动，赛龙舟是祭祀中半宗教、半娱乐性节目，民族传统体育文化的产生基本与其居住的地理环境相关联，与地理环境相依存的过程中，民族传统体育也完成了对相应文化单位的认同体系。

（2）不同的文化风俗习惯

文化习惯与行为习惯不同，是一种涵盖行为习惯的精神载体，是一种思维和认知方式，受到主观能动性的影响，支配自身的行为活动，在民族传统体育中，文化习惯被看作是人们体育行为的主导因素，依靠自己发展起来，不受外来文化影响的文化因素都属于这一民族的"专利式创造"。

民族传统体育文化形成、发展的过程就是人们对民族传统体育文化进行认同的过程，文化发展与文化认同是一组双向关系，文化获得发展的同时也为人们所认同，当文化被认同后就会反过来影响文化的产生，文化就会形成稳定的形态。

每个民族包含不同的文化，具有这个民族的认同效应，不受其他民族文化的影响，在自身发展过程中形成民族传统体育文化认同，就是民族传统体育文化的另一条固有认同途径。

2. 对主体文化的强制认同

一个国家或一个地区，存在一种具有强制力的主体文化，如中国的汉文化、藏族的藏文化，不论国家、地域、民族，都有自己的主体文化，主体文化存在于一定范围内，对处于非主体文化的民族传统体育产生影响。在全球化时代语境下，主体文化会影响到民族传统体育的文化认同所具有的构建方式。

（1）强制认同

民族传统体育文化是以体育运动的形式用身体予以表达的，其作为一种非主体文化会受到主体变化的影响而发生一定的改变，大多数时候这种变化是潜移默化的，由此会产生主体文化的认同。这种民族传统体育文化认同特征，紧密相连于原始血缘、地域等客观因素，如此就使人们对其在开始认同的阶段就有了淡化非主体民族传统体育文化的作用。

（2）出现冲突

主体文化有时候会受到不平等的待遇，抑或有另一种文化与主体文化之间出现对立的时候，多数情况下这种对立只会短暂存在，而不会长期存在。在对立情况中，主体文化的长期影响和不断作用使得非主体文化逐渐认同并向主体文化靠拢。从主体文化引起的强制效应来看，包括民族传统体育文化在内的人类多种文化都会在不同的地区及民族主体文化的影响下出现分化与整合，其结果都是形成了以主体文化为主的新型文化形态。

二、民族传统体育文化认同形成路径

（一）生成机制

文化认同的指标不是根据人的自然属性和生理特征，而是以社会性质和文化特征为基础的，社会性质的可变性决定了文化认同的可变性，选择认同主体，这种选择性主要体现在对文化理念、思维模式和活动规范等价值观方面的选择，文化认同的选择体现为认同主体对不同价值观的选择。

民族传统体育作为中华民族传统文化的存在形式，以及民族精神的具体表现，具有承载本族群、民族、国家文化本真的属性，它是国家"软实力"的重要单元体。某种民族文化替换了另一种民族文化时，后者的文化精神会随着文化形式的转变而发生变化，甚至是被遗忘。民族传统体育认同在继承与发扬中华民族传统文化中所具备的实效作用，从认同层面来说是一种民族性的回归。

民族传统体育文化认同的形成建立在人们对其文化意义的能动性阐释上，是人们基于特定文化空间对其"共享意义"的选择和建构，可以认为，正是民族传统体育承载了这些"共享意义"，才使其作为文化的外壳不断得以传递、交流、接纳，呈现出旺盛的生命力。在文化认同的基础下，民族传统体育通过系列的身体活动能够集中体现为具有同一性的规则、秩序、理念和信仰，代表了一种文化典范和传统的指向性。

不同时空格局，民族传统体育文化呈现出口头传统、运动形式、民俗礼仪、节日庆典等多种表现形态，同样的民族传统体育项目因时空差异可能有着截然不同的表现形式，如"搏克"是蒙古族的摔跤，"格"是彝族同胞的摔跤，体现了民族传统体育文化认同的多样性，是民族传统体育文化注重文化空间保护的逻辑起点。

（二）流变机制

由于人是一种以群体生存共同体为本位的价值存在，为了确保面临协调问题的个体能够作出为相关各方都带来最优结果的共同决定，人类创造并将继续创造包含某种意义的共享符号，即文化。

文化的人本规定性，是文化最本质的规定性，由于文化认同的形成必须扎根于特定时期社会结构和时空框架的社会要素和文化规则，是共同体"共享意义"的形成过程，因此这种文化认同感一旦形成便具有稳定性，这也是文化规定性特征的表现。

一个民族总是要强调一些有别于其他民族的风俗习惯和生活方式的特点，赋予强烈的感情，把它升华为代表这个民族的标志。民族传统体育文化认同在特定的中国传统文化认同类型中，高层次地概括了民族文化心理素质的基本内涵，具有沟通特定民族中全体成员心灵的普遍性。

文化是历史凝结成的生存方式，体现为人对自然和本能的超越，是文化的超越性特征的表现，文化在时代变迁、空间转换的过程中，与异质文化交流，体现了文化认同的不连续性。文化认同的规定性和超越性特征反映在民族传统体育文化认同发展方面，表现为"连续性"与"不连续"的相对统一，基于一定时空格局和地域空间的相对稳定。规定性和超越性之间的张力或矛盾，决定了文化主体对"共享意义"的选择走向，决定其认同发展方向的主要力量。

（三）协调机制

文化认同消解与维系族群边界，推动民族关系和谐的持续性流动。族群边界在民族社会中的普遍存在具有特定文化意蕴，进行有形与无形的界限划分，对民族关系和谐发展问题具有一定的影响。在文化认同中，文化主体始终处于对客体所承载的"共享意义"的生产和再生产过程，表现出对认同的整合和调适，是文化得以存续发展的根本原因。

伴随人类社会的发展，基于一定地域的自然、地理、环境、血缘，甚至是共同的历史、文化记忆实现对不同的文化进行选择、比较，这样就使文化所承载的意义结构与人们集体性的文化心理结构有了同构的基础。中华民族传统体育文化认同是消解族群边界的直观力量，它以促进民族间身体文化元素的相互交流、融合与嫁接为主体，达到对自我民族和外来民族文化的认同，以此来消解各个民族之间存在的文化差异性、封闭性和抵触性。

在循环更替中，无论是改变文化形态、表现方式、规则制度、精神内涵，还是文化主体改变实践参与方式，在这种人与文化协调互动的过程中，文化"共享意义"都会呈现出螺旋上升的态势，只有被大众广泛认可并接受的"共享意义"才能获得传承与延续的可能。

当各民族在进行传统体育文化交流互动之时，必将产生文化的区域性差异，有差异性必然存在同一性，同一性反映族群边界的消解，差异性必将存在族群边界的维系。民族传统体育文化作为独特的文化载体动态地建构了人类的精神家园，其发展、演变过程中也将遗存不同历史时期社会生产和生活方式的烙印。

三、民族传统体育文化认同的建构

(一) 接受各民族体育文化

民族传统体育文化在发展过程中要注意摒弃"民族本位论"思想的影响，这种思想很容易扼杀掉体育原本应有的竞争属性。为此，在发展过程中要力争解放思想、突破传统，不恐惧现代科学成果与传统体育文化的融入，同时也要注意结合世界其他民族的优秀传统体育文化。随着全球化程度的加深和提高，各国之间的联系也更加紧密，这使我们更容易获得世界其他民族的发展状况信息，当然世界也更了解、接受和认同我国的传统体育，由此使得我国民族传统体育逐渐成为中西方交流的一道桥梁。

(二) 传统与现代认同融合

民族传统体育文化的发展不能是以故步自封的形式进行。要想获得发展，就必须与现代多元体育文化有机结合，互相取长补短，这是任何文化谋求发展的一种趋势。对于民族传统体育文化的发展来说，这也是当前急需解决的一个问题，即如何认同其他体育文化以及如何与之相融合。我国的民族传统体育文化轻竞争，重修炼，特别是重视对心、身两方面的修炼，这是民族传统文化负载于体育运动上的一种体现。另外，信息时代的到来拉近了世界上国与国、地区与地区、人与人之间的距离，这无疑为文化的交流提供了最为便利的条件。我国的民族传统体育文化应借助这一机遇向着中西合璧的方向发展，在此过程中一方面要秉承传统特色；另一方面则需要在借鉴西方体育文化优势的基础上谋求变革与创新。

（三）优化竞赛及娱乐体系

我国的民族传统体育文化在不断发展的过程中，其永葆活力的根源就是其不同项目之间的差异性，此外还有许多共同的特性，那就是其所具有的娱乐性和竞赛性特点。

任何体育运动都具有娱乐性特征，这是体育的基本功能之一。综观民族传统体育的起源可知，其被创造出来的最大意义就是满足人们的休闲娱乐之需，从古至今都是如此。这就进一步说明了娱乐一直都是体育成为一种完整的文化形态必不可少的部分。我国的民族传统体育中的娱乐因素提炼自民族群众的日常生活，真可谓是一种浓缩了华夏五千年独特的身体娱乐文化。而中国传统哲学融入体育运动之中更是将这种娱乐价值提升到了一个更高级的审美高度。

竞技性也是体育运动中具有的基本特征，特别是在竞技体育高度发展的现代，适当将民族传统体育中的一些适合改造的项目进行竞技化改造，也是其发展的一个趋势。为此，要特别改造一批民族传统体育项目，并打造富有影响力的民族传统体育赛事，以期促进民族传统体育的竞技化与产业化发展，使之也能展现出一些具有现代体育色彩的状态，从而更容易被人们接受。

（四）完善学校体育融合机制

学校是体育的摇篮，是推动民族体育文化向前发展的一个重要场所。将中国民族传统体育文化引入学校，不仅能够丰富学校自身的体验内容，也能够提升学生对学校体育项目的兴趣和积极性，以"健康第一"作为指导，具有非常重要的指导意义。

作为我国民族文化的重要组成部分，民族传统体育文化具有非常显著的功能，其主要体现在娱乐、健身、养生等层面，这些对于学生的心理素质、身体素质、文化素质、思想素质等的提升都是非常重要的。"武术""气功"

"太极拳""摔跤"等都是当前我国比较普及的民族传统体育项目，这些项目能够不断提升学生的动手能力、提高他们的思维和智慧。总之，这些都要求高校应该对这些民族体育活动进行积极开展，使这些民族传统体育项目逐渐成为一种文化，进而不断发扬光大。

在民族传统体育课程上，教师可多安排学生参加民族传统体育项目，满足学校在民族传统体育教学上的需要，目前许多学校的体育课设置中比较常见的体育项目有篮球、羽毛球、排球、跳绳、跑步、跳高、跳远等，随着时代的发展很多学校开展了许多社团，其社团形式包括跆拳道、拉丁舞、恰恰、古典舞等课程，通过这些现代体育课程的学习，许多学生都不知道民族传统的体育方式是怎样的，学校应在这方面加强学生对民族传统体育的认识，让学生投入民族传统体育学习当中。民族传统体育方式种类繁多，其花样也非常多，其中包括叼羊、马术、武术、秋千、高跷竞赛、毽球、民族式摔跤、射箭、赛骆驼、国际象棋等，这些体育项目在许多学校的体育课程中从没出现过，因此，学校应加强体育课程管理，增加开设民族传统体育项目，丰富教学内容，提高学生对民族传统体育课程的兴趣。

在民族传统体育教学内容上，其主要内容应避开缺乏安全性的项目，例如走钢丝、格斗、马术等有安全隐患的项目，其项目应以学习和锻炼为主，比较适合在学校体育中开展的民族传统体育项目有拔河、踢毽子、荡秋千、跳绳、摔跤等。这些项目在学校中也较方便开展，在教学项目实施过程中，教师不仅要指导学生这些体育项目的来源，对项目进行民族分类等，还应在体育课程项目中指导学生使用正确的实践方式，并事先告知学生其项目如何正确地实践。

目前来看，在现代学校体育教学中，大部分学生都缺乏民族传统体育项目的概念，而对民族传统体育知识缺乏重视，各个学校应针对这种现象找出对策，加强学生对民族传统体育的相关知识的学习，让民族传统体育融合现代体育共同发展。

第三节　全球化语境中民族传统体育的发展危机

一、从文化封闭到文化冲突：民族传统体育被动走出单一生存环境

发源于黄河流域、拥有五千年历史和辽阔土地的中华民族，在漫长的历史长河中形成了独具特色的优秀民族传统文化。辽阔的土地，造就了中国东部与西部、南方与北方截然不同的自然地理环境，各民族不同的生产和生活方式，形成了中国丰富多彩的文化特色。古代中国相对封闭的地理环境和以农耕为主的自然经济生产方式，不仅直接影响了中华民族的生存方式，也赋予了中国民族传统体育文化形成的基本条件。受生产力水平和认识自然、改造自然能力的限制，出于生理需要和社会需要，从远古时代开始，各民族就创造了丰富多彩的传统体育和体育节庆活动，而且，这些体育活动的产生和发展在人类进化和社会发展的不同阶段不断发生着改变①。中国民族传统体育的形成和发展与本民族的生活生产方式以及生存环境息息相关，甚至有些民族传统体育活动本身就直接来源于生产劳动和社会实践，如打蚂蚱、摔跤、骑马、射箭，等等。古代人为了生存，用于生产和适应自然地理环境的工具，在人们长期的流传和不断的改进过程中被继承下来，并发展成为中华民族的传统项目，而且随着时代的变化，其功能和形式也在不断地发生变化。如中国兵器的发展，在经历了夏商时期的不断完善发展后，在西周时期得到了丰富，春秋时期频繁的战争为兵器的发展起到了很大的促进作用，至秦朝的大一统，促使中国的民族传统体育项目向着娱乐、养生、表演方面不断地发展。但直到此时，民族传统体育的多种变化也只是在中华民族的影响之下而不断地发生着变化，并未有其他国家的思想和观念的介入。中国人还是在"天朝大国""以我为大"的观念中崇拜着自己国家的文化和信仰，也造就了中国民族传统体育文化的博大精深。

然而，当我们沉浸在农业文化的优越情结之中，怀念着"日出而作，日落而归"的生活习惯时，早于世界其他民族文明历史久远的中华民族，当看到甲午海战中北洋水师全军覆没的惨境和戊戌变法喋血午门的事实时，国人

---

①　佟贵峰，杨树叶. 民族传统体育与文化［M］. 大连：大连理工大学出版社，2015.

开始惊醒，认识到中国文化已经到了病入膏肓、非动大手术不可的地步①。在西方列强坚船利炮的轰炸下，中国紧锁的大门被迫打开，从此，西方列强开始对中国进行军事、政治、经济等多方面的侵略，最终文化侵略也伴随其中。面对西方强势文化的侵略，国人对传统体育文化保持的无比自豪感、满足感，逐渐被西方文化侵蚀。此时，拥有五千年文化历史，在华夏大地延续至今的文化大国，在与西方强大的外来文化的对比下，变得黯然失色、不足为傲。西方体育文化的进入，也结束了民族传统体育在华夏大地传承与延续的单一环境。随后，一系列的改良运动不断展开。从洋务运动对西方兵操的引进，到强国、强兵、强种体育思想的提出，伴随"中学为体，西学为用"指导思想下的改良运动，将中国的民族传统体育推向了东方与西方、自我与他者、传统与现代的无限争论之中。

二、从文化争论到文化模仿：民族传统体育文化发展的无奈选择

虽然辛亥革命取得了巨大胜利，推翻了清朝专制的帝王统治，建立了中华民国，但顽强的封建势力并没有因为这场革命而被完全摧垮，在复辟与反复辟的政治斗争中，"东西方文化"之间的论战才刚刚开始。在对历史的梳理过程中发现，中西体育文化进行交流与碰撞的初期，中国民族传统体育文化受西方体育影响较小。怀着爱国情怀、维护和坚守民族固有体育文化的心理，虽在"戊戌变法"运动中提出"以进化论为武器，提倡近代体育"以及"尚武强国"的思想，但此时的西方体育在中国人的心里还只是一个外来之物，无法与中国传统的民族体育相媲美，中国民族传统体育与西方体育尚处于一种"文化互尊状态"。但长期对西方体育文化的学习和借鉴，使中国的政治体制、经济体制和文化体系受到了严重的冲击，也对中国传统的体育文化造成了影响。尤其是袁世凯政府期间，实施了一系列效仿西方政治的措施，学校体育课中西方体育项目也在不断增加，使这场中西方的体育文化争论开始慢慢地偏向于西方。此时，一些学者提出的"尊孔复古"观点，是出于对民族传统精神的维护，更是为了保护民族传统体育项目，而且这一观点也得到了不少知识分子的响应。再加上维新运动以及辛亥革命的失败，正极力推广西方思想和文化的知识分子，陷入了中

---

① 王岗. 民族传统体育与文化自尊［M］. 北京：北京体育大学出版社，2007.

西体育文化争论的反思中。但是，即便是对西方体育产生了无限怀疑和极力反对，中国民族传统体育的传承与改造却也按照西方体育文化的思想在不断地进行。"全盘否定"中国传统文化口号的提出，加速了文化模仿的进程，也使得中国的年轻人对传统文化失去了最起码的敬意，转而对西方文化产生崇拜之情。中国的民族传统体育在这场中西方的体育文化争论中，面对诸多的不平等而逐渐失去了话语权。

随后，这场不平等的文化交流与融合，不仅没有得到及时的制止，反而在中华大地上愈演愈烈，成为一种常态。越来越多的中国人被西方体育吸引，并逐渐产生兴趣，极大地影响了中国民族传统体育在国内的传播和发展。为了适应社会发展，保证民族传统体育的传承与延续，中国民族传统体育开始以西方体育为模板，进行民族传统体育项目的改造与创新。一时间，传统体育对西方体育的效仿已由项目的改造，不断发展到竞赛规则和组织形式的改造。为了实现与世界体育的接轨，中国的体育无论是教育还是体育事业的发展，几乎完全照搬西方体育展开、实施。正如《奥运来到中国》一书中所提到的那样，"如果说'五四'新文化运动前后，中华民族传统体育与奥林匹克运动之间，更多的是表现为一种抵制，一种抗争的话，那么从 1927 年开始，中华民族传统体育则是在自我反省的基础上，走上了奥林匹克文化模式而进行自我改造的近代化进程"①。

三、在"转型"与"焦虑"中滋生的认同危机

"转型"是指事物在结构形态、运行模式以及价值观念等方面发生的根本性变化。我国由计划经济转向社会主义市场经济，从传统的农业社会转向现代工业社会。社会的转型发展带来效应是双重的，一方面促进了中国社会的发展、进步；另一方面急剧的社会转型也给中国社会带来了困惑，表现在思想观念上就是空前的文化冲突和文化矛盾。作为文化主体的人，在这种多元的文化交流与碰撞中，陷入了空前的迷茫和失落中，在无限的恐惧与不安中产生了中国社会的"文化焦虑"。"文化焦虑"现象的出现，主要是原有文化价值体系的破坏，而新的文化价值观尚未建成，导致人们精神归属无处安放和文化归属感丢失的一种不安情绪。面对中国传统文化的焦虑，中国人对西

---

① 罗时佑. 奥运来到中国 [M]. 北京：清华大学出版社，2005.

方文化产生了"爱恨交织"的复杂心理：一方面需要积极向西方文化学习；另一方面又担心在学习的过程中被西方文化同化，丧失自己的文化主体性和文化原创能力。一方面需要传统文化来彰显民族个性并作为文化复兴的基础；另一方面对传统文化的解读不得不借助西方式的概念系统来表达。一方面需要享受西方文化发展中形成的积极文明成果；另一方面又害怕落入西方美妙的大众文化背后潜藏的意识形态陷阱。一方面试图限制西方文化对我们的影响；另一方面又对西方文化的大行其道无可奈何①。这就是"转型"期间中国传统体育文化矛盾心理的真实写照。在文化的交流与融合中，中国人进入了中西体育文化的两难抉择之中，对历经沧桑且饱含中华民族优秀文化精髓的传统体育，既舍不得放弃，又无奈去模仿现代西方竞技体育以求得发展。当这种效仿不断蔓延和扩大时，中国传统的民族体育文化逐渐遭到侵蚀，当代中国民族传统体育文化认同危机也就此产生。

当然，社会的转型发展是社会经济发展的必经之路，而急速的社会转型所导致的人们的经济生活水平与精神文化追求的脱节，也是文化认同危机产生的直接原因。中国民族传统体育文化认同危机的形成并不是一蹴而就的，它是伴随文化入侵、自身文化生存环境的变化以及因此所导致的文化自信和文化信仰的丢失而形成的。进入21世纪之后，当中国在政治、经济、科技等各个领域保持着持续不断的高速发展时，当人们的身边出现和接触越来越多的西方体育项目，当学校被西方竞技体育项目笼罩时，当人们对中国传统体育项目越来越陌生时，当西方体育文化价值观念不断输入人们的思想时，中国的民族传统体育文化的继承和发展也将在这场社会和文化的转型中面临更大的考验。

第四节 民族传统体育文化认同危机的表现形式

文化认同现象是伴随人类产生而存在的，认同危机的出现，使文化认同问题成为人们关注的重点。通过对认同危机形成过程的梳理发现，民族传统体育文化认同危机由其生存环境和文化自身的变化而产生，那么其主要的表现有哪些呢？对民族传统体育文化认同的表现，本节主要从民族传统体育文

① 童萍，罗艳. 文化焦虑与文化自觉 [J]. 新视野，2011 (6)：84.

化生存环境、民族传统体育文化自身以及认同危机中人的表现三个方面进行阐述。

一、民族传统体育的环境变化

民族传统体育形成于人们的生产和生活实践中，受其生存环境的影响深远，也使得传统的体育项目与人们的生产和生活方式有着密不可分的联系，如生活在高山草原上的藏族人民以赛马为本民族最具特色的民族传统体育项目；生活在海南的黎族人民为了提高采竹和伐竹的速度产生"跳竹竿"等；甚至有些传统体育项目直接产生于人们的生产劳动之中，如打摽抛、顶牛等。我国古代单一、稳定的生存环境为中国的民族传统体育的生存和发展提供了条件，也营造了良好的文化生存环境，各民族生活环境的千差万别造就了中国传统体育文化的丰富多彩。

但是，近代外来文化的强势入侵，打破传统体育原本的生存环境，社会进步导致中国传统的体育项目原有功能和价值不断退化，使得中国民族传统体育面临随时消失的危险。皮之不存，毛将焉附？东海的渔民已经不用人力撒网，开的是机动大船，怎么唱撒网的号子？江南的农民已经在用插秧机插秧，怎么唱插秧歌？内蒙古的牧民更喜欢骑摩托车去放牧，怎么唱牧歌？武术也一样，冷兵器时代的落幕，技击还有多少意义？[①] 当今社会的进步，科学技术的发展，逐渐代替了古代人们生产劳作的方式，虽解放了大量的生产力，但对传统体育文化生存环境的破坏也是无法挽回的。为了生存，为了拥有更好的生活环境，越来越多的年轻人走进大城市打拼，留下老弱病残的当地人，致使许多民族传统体育项目只能在一些少数民族、困难群体中开展，很难向其他地区或者其他民族推广，甚至连继承都成了问题。作为传承和发展的最佳场所——学校，近代也由于西方体育的不断冲击，使其开展之路异常艰难。走进学校，我们常看到操场上篮球、排球、羽毛球等西方体育项目进行得如火如荼，而反观作为传统体育项目代表且被政府一再推广的武术、散打等项目，似乎进行得并不是那么顺利。很多学生在学习的过程中感到这些传统的体育项目掌握起来既难又慢而且不实

① 方国清. 一个中国特有的文化符号：武术之研究 [J]. 北京体育大学学报，2011，34 (8)：42-47.

用，并没有想象中的美好，由此所带来的心理落差成为传统体育项目与学生之间不可逾越的鸿沟，学生往往还没有真正体会到传统项目所带来的精神文化内涵，就被其"凶恶"的外表吓跑。当然，这也与现代学生从小娇生惯养，缺乏吃苦耐劳精神有一定的关系。但是，回想古代，在没有外来文化入侵之时，在人们还没认识到"体育"这个代名词的时候，人们对骑马、射箭技术好，武功高强之人总是无比崇拜，并立志要勤学苦练，提高自己的技术，对于中国传统体育精神更有着无法言喻的浓郁的情怀。曾经在中华大地光芒万丈的传统体育项目，如今却在时代的变迁中，变得无人问津。不仅如此，如今的健身、娱乐场所也早已沦陷，大街小巷随处可见瑜伽、跆拳道馆，而中国传统的养生项目——五禽戏、导引术等，也只有清晨极少数的老年人还在习练。对于传承和推广最好的传统体育项目——太极拳，大多数的国人尤其是青年学生，学习和练习者寥寥无几，反而对与太极拳有着极其相似之处的瑜伽，产生了无限的兴趣，成为人们闲暇之余健身、养生的不二之选。如今，提到体育，反映在人们脑海中的几乎全是外来体育项目，很少有我国传统的体育项目，即使谈及民族传统体育项目，除了一些常见如武术、散打等以外，人们对其他的传统体育项目知之甚少，甚至越来越多的中国人被问到其所了解和认识的民族传统体育项目时，人们的第一反应是："什么是民族传统体育？"对此惊人的回应，何谈对其文化内涵的理解和认知，更不可能依附和认同其文化价值观念与文化信仰。

　　如今，民族传统体育文化原本生存环境的变化，影响的不仅是民族传统体育本身，也对学校、娱乐、健身等传播环境造成了严重的影响，如此全面而深刻的文化入侵，所造成的民族传统体育项目的消失和文化的边缘化，是民族传统体育文化认同危机形成和深化的重要原因，同时也是文化认同危机的首要表现。

二、民族传统体育的文化异化

　　民族传统体育是从中国五千年历史长河中走来的，充分体现了中国优秀传统文化的特征，其本身所具有的传统体育文化精神是其他任何外来体育项目无法与之媲美的。然而，伴随近代中国社会、文化的转型，加之外来文化的强势入侵和不断侵蚀，民族传统体育为了寻求发展，也为了能在激烈的体育文化竞争中确保自己的一席之地，不惜选择削足适履，以模仿西方竞技体育来寻求自身发展。这种做法导致了中国民族传统体育文化异化现象的出现。

异化原是哲学和社会学概念，是指人的物质生产与精神生产及其产品变成异己力量，反过来统治人的一种社会现象①。中国民族传统体育文化的异化，是指为了适应社会的转型和发展，出现的阻碍民族传统体育持续发展的异己力量和扭曲现象。改革开放以来，急速发展的中国，不管是经济、社会形态，还是文化环境等方面发生了巨大的变化，在与外来文化的接触中，异文化与中国传统文化之间的冲突，人们对西方体育项目的模仿，造成了中国民族传统体育文化的异化。面对外来文化的冲击，尤其是在西方强势体育文化的不断渗透和扩张情况下，不少民族传统体育项目走向了文化模仿之路。以现代武术为例，经过无数次改造和创新的"中国武术"，如今正在朝着竞技化、舞蹈化的体操、艺术体操方向发展，逐渐偏离中国传统武术的表现形式。从其发展的道路来看，起初为了更好地在普通大众中推广和开展，国家不断组织专家进行武术套路的创编和简化，并推出了适合各个年龄段的武术套路动作，虽得到一定的推广，也为武术的教学提供了资源，但没有从根本上解决武术所面临的问题。后来武术为了进奥运会，为了体现奥林匹克"更高、更快、更强、更团结"的竞技体育精神，动作难度变得越来越大、表现形式也越来越多样化，形成了只有跳得更高，旋转度数更大，高难度动作越多，就能离奥运会更近一些；为了适应奥林匹克的比赛形式和评分标准，武术的竞赛规则不断被修改，评分规则不断被细化，但最后的结果却是，为了奥运会而量身改造的竞技武术，却一次次被无情地拒之门外。武术进入奥运会的道路，并没有因其不断向奥运会的标准靠近而被接受，反而是将有着武术影子，但又具有该民族特色的跆拳道、柔道变成了奥运会项目。这不得不让人们反思，武术进入奥运会的价值到底有多大？到底要不要将武术推入奥运会的大门？经过如此改变的现代武术，到底还是不是我们认识的武术？

后来人们又将武术的改造和创新转移到其表现形式和舞台效果方面，以此来吸引更多人的关注。这时出现了在武术表演中配音乐、设置赏心悦目的舞台背景，甚至有的还增添故事情节。经过美化和改编的武术，确实变得越

---

① 孟宪霞. 大众文化异化问题探析［J］. 哈尔滨市委党校学报，2009（2）：5.

来越吸引人们的眼球，但是人们也只是停留在观赏阶段，并没有引起更多人的学习兴趣和练习热情。从当今武术众多的改造和创新中我们发现，经过多次改变的武术，不仅没能在这场体育之争中赢得一席之地，反而造成了传统武术文化的异化，丢失了传统文化特色的武术，在文化模仿中变得不伦不类。究其原因主要是，人们站在不同的角度，以不同的形式，采用各种不同方法进行改造和创新，唯独没有站在武术的长远发展上，进行具有中国传统体育文化特色、体现传统体育文化精神和文化内涵的改造与创新。对武术的改造和发展的分析也只是一个例子，从整个中国民族传统体育的改造和创新来看，似乎都在照着这样的模式，乐此不疲地进行着所谓的传统体育项目的改造和创新。但是，如此改造的中国民族传统体育表面上、暂时性的发展良好，实则是其传统文化特质和精神文化内涵的丢失，最终导致了民族传统体育文化的异化，且阻碍了中国民族传统体育文化的长远发展。

三、民族传统体育的身份迷失

随着全球化和现代化的不断推进，中国社会在由器物、制度到精神文化的现代化转型发展过程中，经济的迅速发展，不仅对政治、文化造成了影响，也使人们的价值观念和文化信仰发生了转变。人们开始对传统的、老套的文化心生厌烦并不断抛弃，反而被肆意横行的西方文化吸引。

当民族传统体育向着西方体育、奥林匹克精神日趋接近时，透过现象事实我们发现，在中华大地上西方竞技体育反而成为中国体育市场中的主流。在教学中我们选择西方体育项目，在健身娱乐中我们也选择西方体育项目，甚至在电视、网络节目中，我们依然选择了西方的体育项目，无孔不入的西方文化似乎早已浸透进我们的日常生活，而中国相当一部分传统的体育项目却只能在偏远的农村，在极少数的人中传承和发展着。可以说，当今我国现实社会中的传统体育文化已经被边缘化。

孙美堂在《文化价值论》一书中也讲道："全球化一方面使得发展中国家以追求西方、模仿西方、卖弄西方为时尚；另一方面滋生出许多'香蕉人'——在西方文化背景中生存的东方血统的人。我们缺少自己独立的话语体系、价值体系，等等。'我们是谁？我们应该是谁？'成了一个说不清道不明的问题。"① 从近代中国民族传统体育的发展来看，具有包容和忍让精神的民族传统体育，面对西方强势体育的冲击，我们在半推半就的过程中，正不断地被西方体育文化侵蚀。我们会发现：无论是民族传统体育发展理念、竞赛规则还是传统体育项目改造，都是在西方体育思维模式下进行的。经过如此变革的民族传统体育，已逐渐淡化了中国传统文化的特色和本质，甚至有被西方竞技体育替代的苗头。

进入 21 世纪，当我们回头审视中国的传统民族体育项目时发现，掌握体育文化交流主动的西方竞技体育，凭借其优势控制着文化交流的方向和速度，也在吞噬着中国"天人合一""和谐、平衡、有度"的传统运动理念，使得中国的民族传统体育正不断向奥运精神"更高、更快、更强、更团结"的方向发展，在文化的模仿和侵蚀中走向了自我身份迷失。如今看中国人的生活，我们不再排斥西方的肯德基、麦当劳，反而在日常生活中变得越来越普遍，我们穿着西装、牛仔裤，早已忘记了传统汉服以及其他具有民族特色的装饰、打扮。当然不是说穿了中国传统服饰，戴了民族装饰就一定是中国人，至少我们应该清楚地记得"我从哪里来""我到底是谁"，而不应该在多元文化融合中迷失自我。

四、民族传统体育的自信丢失

文化自信是对文化本质和文化生命力的信念、信心，是对本土文化的一种认同，不是文化的自负，而是文化的理性审视②。习近平总书记在"七一"讲话中强调，除了坚定政治方向"不忘初心"，还要立足传统实现"文化自信"。至此，文化自信成了继道路自信、理论自信、制度自信之后，中国所提出的第四个自信。那么，为什么在道路、理论、制度三大自信之后又提出"文化自信"呢？当然是中国出现了文化不自信现象，通过政策的提出来提高人们对传统文化的重视，增强民族自信心，所以才提出了"文化自信"。

中国人对中国传统文化的自信可谓是历史久远，古代中国以"天朝大国"自称，其他外来文化都怀着无比的敬仰之情来拜访学习，这也给中国人带来

---

① 孙美堂.文化价值论［M］.昆明：云南人民出版社，2005.
② 李继高.论全球化语境下的文化自觉、文化自信和文化自强［J］.西北大学学报（哲学社会科学版），2013，43（5）：166-170.

了更多的自信，但是，经过闭关锁国的中国，再次被迫打开国门时才发现：以"天朝大国"自居的中国，早已与遥远"异邦"之间产生了巨大的差距，此时的中国才意识到自己的落后。惊醒后的中国人开始各种救亡图存的革命运动，我们开始借鉴西方的技术，学习西方的制度，在一次次改良运动中，不断向西方文化靠近，也逐渐地成为西方文化的效仿品。作为中华民族优秀传统文化的民族传统体育更是在西方体育文化尤其是奥林匹克精神冲击下，出现了向西方体育文化"一边倒"的现象。中国民族传统体育文化在"西学为体，中学为用"的指导思想之下，进行着民族传统文化"救亡图存"的改革之路，也带领着中国传统体育走向了文化模仿甚至是完全被"西化"的不归路，中国人开始在文化的模仿和西方体育文化的侵蚀下，逐渐对西方体育文化和奥林匹克精神产生崇拜之情，而对中国的传统体育文化产生了质疑，并在不断的质疑声中出现了不自信的现象。如今的中国人不再以自己了解和学习民族传统体育项目而感到自豪，反而对西方的竞技体育项目产生了无限的激情；闲暇时间人们以羽毛球、篮球来强身健体，对于武术、太极拳等传统体育项目却全然没有兴趣；面对我国民族传统体育项目不断消失和后继无人的现象，大多数中国人选择了无视甚至是视而不见的态度，这些都是对民族传统体育文化自信缺失的表现。泱泱大国，历史悠久，文明博广，这些在人们心中早已烂熟于耳、铭记于心的词语，变得不再那么有说服力。在中国传承和发展了几千年的传统体育文化，在被西方体育压制的近一个世纪里，运动形式和内容的改变，冲击着人们对传统体育文化的自信心，就连最具代表性且影响最广泛的武术也受到了严重的影响，严重阻碍了中国传统体育文化精神的继承与传播。

当我们以西方的世界观和价值观来发展本民族的传统文化时，会发现经过几千年沧桑岁月，将我国56个民族、14亿多人紧紧凝聚在一起的民族传统文化，却由于外来文化的冲击和文化模仿，丢失了原本的熠熠生辉和光芒万丈。党的十八大以来，习近平总书记在多个场合谈到文化自信，表达了对传统文化、传统思想价值体系的认同与尊崇。中国民族传统体育文化作为我国传统文化的重要组成部分，如何继承和发展我国传统体育文化，营造良好的氛围，是我们必须重视的时代课题。

第五节　民族传统体育文化认同危机的消解

全球化、信息化社会的到来给人们营造了更加便捷和舒适的文化交流环境，网络文化的开放更是为文化的交流和融合搭建了良好的平台。在多元化的文化交流中人们扩宽了视野、丰富了知识，但对人们对中国民族传统体育文化认识和了解也造成了影响。因此，应加强人们对民族传统体育的学习和了解，强化认知；树立正确的民族传统体育文化发展观，确立传统体育文化主导地位；正确引导强化人们的文化安全意识，营造良好的文化传播环境，最终形成全球化时代体育文化的大繁荣、大发展。逐渐加强人们对中国民族传统体育文化精神的认识和了解，从内在精神角度出发强化认同，是认同危机的最佳解决方案，也是化解民族传统体育文化认同危机的最好方法。

一、强化认知：加强对民族传统体育的认知

文化全球化背景下，加强人们对中国民族传统体育文化的认识和了解，强化认知，是提升文化自信，增强文化认同，应对文化认同危机的基础。认知心理学认为，人的认知活动包括对外部信息的感觉、知觉、记忆、思维、想象等的过程，以及经过信息的加工与处理之后，形成人的思维与情绪。文化认知的提升，是引导人们对传统文化的由来，民族传统体育文化的发展过程、发展水平、现实状况、文化价值和地位的认识与了解，进而形成人们对中国民族传统体育文化的认同和敬仰，缓解文化认同危机。

随着现代科技的进步，网络、电视等各种新传播媒介的出现，使得人们获得和学习知识的渠道越来越多，但主要的信息来源则是通过不断发达的网络、手机等的传达，网络信息化时代的到来为中国民族传统体育文化和传统体育项目提供了良好的宣传平台，我们应该充分地利用网络的便捷和快速的传播速度，加强对中国民族传统体育的宣传，从而提高人们对民族传统体育文化的认识和了解。如：制作更多民族传统体育项目宣传片，输入更多传统体育文化知识，开发一些体现传统体育文化的网络游戏，等等。首先，让人们在视觉上，在不经意的网页浏览中，了解和熟悉中国的民族传统体育文化。其次，将民族传统体育的学习渗透进人们生活的方方面面，让人们亲身体会传统体育项目的乐趣和其所蕴含的文化内涵。比如，

通过学校、健身娱乐场所等进行传统体育项目的推广和宣传；利用传统节日举办一些具有民族特色的传统体育表演，在热闹的节日气氛中，让人们体会传统体育项目所包含的深层文化内涵；举办具有民族文化特色的原汁原味的传统体育项目比赛，让人们在激烈的比赛中感受传统体育项目比赛的意义。人们在切身的体会和学习之后，尤其是在一种特殊的文化节日氛围熏陶下，会加倍地唤醒他们内心强烈的民族认同感和自信心。最后，在学习兴趣和好奇心的驱使下，展开对民族传统体育形成历史和发展过程的介绍和学习，通过对民族传统体育项目的形成和发明原因的了解与学习，人们将会对中国民族传统体育文化产生发自内心的敬仰之情，进而提升人们的文化认同感。古老而传统的民族传统体育产生和发展于人们的生产与生活实践当中，特殊的历史环境造就了中国传统体育项目的形成，也为其增加了更多的文化知识内涵，历史知识的讲述和学习，将会让人们在认识和了解的基础上，产生更多心灵上的共鸣，进而强化认知达到认同，最终实现对传统文化的自主认知和自觉传播。

总而言之，学习和了解中国的民族传统体育，强化人们对民族传统体育文化认知和了解的意识，唤醒更多中国人对自我文化——民族传统体育文化的自觉，才能实现对源远流长的民族传统体育文化返璞归真的认知；也只有使大多数中国人真正了解我国传统体育文化的内涵和价值观，才能从根本上化解我国民族传统体育文化的认同危机，实现中国民族传统体育文化在世界上的广泛传播与发展。

二、立足传统：培养民族传统体育的发展观

文化模仿是中国民族传统体育文化认同危机形成的主要原因。一个国家、一个民族、一项体育运动如果没有体现出本民族的精神文化特色，那与外来文化又有何区别？何其称为中国的民族传统体育运动？近代中国民族传统体育文化认同危机的产生就是由于传统体育文化特色的丢失而导致的。因此，立足传统，树立正确的体育文化发展观，将能够有效地化解当今中国民族传统体育文化认同危机，并不断形成良好的文化发展道路。中华民族优秀传统文化的代表——民族传统体育文化的发展，也必须要立足中国的传统文化，发展具有中国传统文化特色的民族传统体育，实现中国民族传统体育文化的长远发展。

中国民族传统体育文化主导地位的确立，应从国家政府部门做起，加大对民族传统体育项目发展的支持力度，制定合理、有效的发展战略，在积极发展奥运项目的同时，注重对中国传统体育项目的保护和传承。在中国民族传统体育项目的改造和创新过程中，既要保证项目改造后的时代性，更要注重原有文化特色和文化精神的体现，即在改造和创新的过程中做到现实与民族特色的协调性发展。对这种既适合时代发展又能体现民族特色的改造，才是当今中国民族传统体育项目创新性改造的正确方向。即民族传统体育的改造，是一种为中国民族传统体育发展而量身定做的、富有中国特色的民族传统体育发展模式。当然，民族传统体育文化主导地位的确立最重要的是文化自信心和文化话语权的重拾。因为只有文化自信心和文化话语权的重拾，才能保证民族传统体育文化在面对强势的西方竞技体育文化的"围追堵截"中寻求立足之地。而文化自信心和文化话语权的重拾，就是一种文化优越感的找寻，在中华民族传承和发展了五千年的传统体育文化，积淀了华夏各民族文化的精髓，是任何其他外来文化都无法与之抗衡和媲美的。近代外来文化对传统体育文化优越感的冲击只是暂时的，通过对传统体育文化精髓的不断挖掘和整理，让人们在对传统体育文化的学习和了解中，重拾中国民族传统体育文化自信和话语权，不是不可能达到的，只是时间和立场问题。只要我们有坚定的立场，在项目改造和文化传播中始终立足传统，保留传统文化特色，不远的将来，中国的民族传统体育文化将会迎来崭新的发展。

三、正确引导：营造民族传统体育传播环境

在现实社会多元文化价值观念影响下，当今的信息化时代，全球化时代所引发的各种思想文化相互激荡、意识形态争论不休时，更需要提升人们对本民族传统文化的保护意识，避免外来文化的肆意传播，引导人们树立正确的价值观念和文化信仰，统一人们的思想，为我国社会主义文化构建一个和谐、稳定、安全的传播环境。

我国的民族传统体育产生和发展于中国的传统文化之中，蕴含着中国的优秀传统文化精髓，是中华民族不可缺少的优秀传统文化。民族传统体育文化的传播，本应是在文化自觉的基础上，对本民族优秀传统文化进行自觉自愿传承、传播与保护。但近几年，中国人文化认同和价值观的扭曲，使得民族传统体育文化的传承出现断裂，传统体育项目的不断消失，影响了人们保

护中国民族传统体育文化的意识和文化的传播环境，同时也为国家文化安全埋下了隐患。因此，加强人们对中国民族传统体育文化安全保护意识的培养，树立正确的文化价值观念，营造良好、安全的文化传播环境，为文化自强之路的建设提供保障。

营造安全的民族传统体育文化传播环境，首先，应加强文化鉴别和判断能力，即在多元文化的融合与发展中选择符合国家文化的发展战略，对民族传统体育文化的传承与发展具有促进意义的外来优秀文化进行去粗取精、融合发展的学习和借鉴，学会用思辨和批判的眼光去看待所接触的外来文化，营造一个良好的文化氛围，而不应本着"拿来主义"的思想，进行全盘西化的传统体育项目改造。其次，应以国内为主阵地扩大中国民族传统体育影响力，夯实民族传统体育文化的主导地位。利用国内良好的群众基础，进行民族传统体育文化的传播，逐渐扩大国内受众群体和传承阵地，形成以点带面逐步向外辐射的传播方式。受中国传统文化的熏陶，中国人更能理解发源于中国传统文化的各项体育项目，也更能体会其中所蕴含的传统文化精神内涵，中国人本不是有意向西方体育靠拢，只是被西方竞技体育的娱乐性和竞技性蒙蔽了双眼，暂时出现了现代体育文化向西方竞技体育"一边倒"的现象。因此，应该从政府部门出发给予正确的引导，指引人们树立正确的文化价值观念和文化信仰，确立民族传统体育文化的主导地位，营造安全、顺畅的文化传播环境。在政府的引导、人们的努力之下，强化人们对传统体育文化的认同感，确保民族传统体育文化的良好传承和发展。

四、和而不同：促进民族传统体育的大发展

在经济全球化时代的影响下，体育全球化时代也在不断演进，"全球化"这个词，似乎在一夜之间悄无声息地进入人们生活的方方面面。当然，全球化不代表同一化和一致性，反而更加注重各民族文化的不同，即在全球化的进程中实现"和而不同"的多元文化的大繁荣、大发展，是当今世界文化融合中的最好结局，也是人们期盼看到的最好结果。

"和而不同"作为儒家文化传统的核心理念，是中国几千年文化发展中积淀的优秀文化价值理念。"和而不同"一方面肯定了事物的差异性和多样性，强调了多样事物间的互补与和谐，主张事物的统一是多样的统一；另一方面强调在"不同"的基础上形成的"和"（和谐、融合）才能使事物得到发展，

如果一味追求"同"，不仅不能使事物得到发展，反而会使事物衰败①。中国传统文化的宽容精神和包容胸怀就是"和而不同"思想的具体体现，且对中国传统文化的源远流长起到了重要的作用。同时，"和而不同"思想也将指导世界文化在当今多元文化的交流与融合中，实现大繁荣、大发展的良好景象。但如果在多元文化的冲击和融合下，我们产生极端的行为，即全面地否定外来文化，盲目自大或者自以为是；或是认为本民族传统体育文化早已过时，不适应现代文化的发展需要而持抛弃的态度，将使我国的民族传统体育文化在文化的斗争中，逐渐被外来文化侵蚀和消灭。由此可见，多元文化发展中，民族传统体育文化的繁荣和发展，必须坚持"和而不同"，创新和发展具有中国特色的民族传统体育文化。

　　"和而不同"思想强调在保持文化多样化的前提下，寻找不同文化共存的契合点，以求文化的创新与发展。那么，要想保证做到"和而不同"的民族传统体育文化的发展，首先，要承认"不同"，保持文化内部的异质性。文化多元化不是文化的同质化，而应是各民族文化之间的百花齐放、和谐共处、共同发展。其次，要相互交流。文化的繁荣与发展，绝不是孤芳自赏、骄傲自大，而是在不断交流与融合中了解自身民族的不足，并吸取其他优秀文化来弥补实现自身文化的繁荣，增强传统体育文化的生命力和创造力，确定本民族人们对自身文化的崇拜和敬仰之情，强化民族传统文化的认同，才能保证民族传统体育文化的良好发展。

　　我国是一个多民族的国家，各民族传统体育受环境、地域、宗教等的影响，本就表现出文化的丰富多彩，长久的国家团结和民族发展，重要的也是各民族之间相互包容与融合，因此，承认各民族传统文化的不同，对中国人来说并不是一件难事。但这也不是说要一味地委曲求全，重要的还是保持自我，即在接受不同的同时保持多元文化中的自身文化特色的发展，只有做到和谐又不千篇一律，不同而又不彼此冲突，和谐以求共生共长，不同而又相辅相成，这才是真正的"和而不同"。也只有各民族文化真正做到和实现"和而不同"，世界文化才能更好发展，中国的民族传统体育文化也才能实现在世界范围的大繁荣、大发展。

---

①　王学凤．和而不同：多元文化背景下文化的和谐发展［J］．江淮论坛，2007（1）：92~94.

第六章 裂变与重生：
民族传统体育发展的路径问题

在现代社会背景下，受竞技体育的影响，我国民族传统体育的发展面临着巨大的挑战，参与民族传统体育运动的人相对较少，一些民族传统体育项目甚至面临着失传的局面，这对于我国民族传统体育文化的持续发展是非常不利的。因此，找准民族传统体育的发展定位，寻求民族传统体育多元传承与发展的途径是尤为必要的。本章就对民族传统体育传承与发展的途径作出细致的研究与分析。

第一节 民族体育的发展路径裂变

随着西方体育文化的涌入及世界体育文化的融合发展，我国民族传统体育文化的传承与发展遇到了一些困境，因此必须积极探索新的传承与发展路径，这是目前我国民族传统体育发展的一项重要任务。学校是民族传统体育文化传承与发展的重要阵地，依托学校教育资源，将民族传统体育文化融入学校体育体系建设中，有助于解决当前我国民族传统体育文化传承与发展的困境，促进民族传统体育文化的顺利传承与繁荣发展。本节重点就民族传统体育文化传承发展的学校路径展开研究。

一、文化裂变的理论解释

裂变理论主要来自生物学领域与物理学领域。生物学理论认为细胞是生命个体的基本结构单元，细胞的分裂生长是生命延续的基本方式，但细胞分裂一方面是以脱离原核细胞的方式形成新细胞；另一方面是以无限裂变的方式无限制地扩张成为畸形细胞。物理学理论则认为物质裂变是原子核在中子的冲击下分裂为两个或多个原子或核子的过程。不论是从生物学还是物理学来看，裂变的本质就是物质或者物种再生产的过程，但是在物质再生产过程中，生物学的细胞分裂理论更加强调影响事物发展的内部因素，而物理学理论更加倾向于解释促进事物性质与形态变化的外部力量。随着社会文明的快速发展，裂变理论被引进文化研究领域，尤其是科学技术的快速发展与信息传递速度的日新月异加速了文化的裂变进程，文化更迭周期大为缩短。此时，文化发展总体呈现两种镜像，一种是文化能得以繁荣昌盛，传承规模、传承群体蓬勃发展，另一种是部分文化逐渐凋敝、成为历史记忆。时光的列车驶向 21 世纪以来，我国少数民族传统体育的传承与发展正面临新的问题，部分少数民族传统体育已经消亡或濒临消亡，也有部分少数民族传统体育正走向庸俗化、舞台化、功利化的发展误区。如何避免少数民族传统体育走向畸形裂变的发展歧途、促进少数民族传统体育的永续发展成为学术界亟须解决的理论课题。

二、民族传统体育裂变的总体呈现

布迪厄认为，人的生存需要、生存能力、生存状况以及生存意向是文化创造与再生产的主要动力，且文化在适应复杂多变的环境中处于适应—创造—发展的动态过程。文化生产、文化记忆、文化传承是少数民族传统体育传承的基本程序，它们始终遵循生产—消费—再生产的文化进化理路，波浪式前进、螺旋式上升。

（一）文化生产

人类远古的先祖通过特有的社会实践活动创造了古老的原始文明，多元的肢体行为是少数民族传统体育的原始雏形，如走、跑、跳、投、攀、爬、滚、打等原始的身体动作在现代体育项目中依然能发现其踪影。原始意义上的身体实践其本质是人类与所处的自然、社会环境进行博弈获取生活资源、拓展生存空间的具体手段，是人类社会生存的必备技能，是人类进行文化原始积累的主要途径。

（二）文化记忆

文化是人类社会发展的参照指标之一、是身份认同与文脉传承的起点与落脚点，而文化的多样性与复杂性要求我们深刻关注文化形成过程的时间、空间和人之间的相互作用，而文化发展中可记忆的时间、可回想的空间将文化发展的历史片段借助相应的文字、图画、纪念碑、博物馆、节日等载体以集体记忆的方式呈现。随着社会不断向前发展，人类社会为了提高生产力发展水平而采取各种特殊的传播媒介传承已经创造的原始文明。尤其是人类语言的产生为人类文明的传递提供了极为便利的条件，长辈往往通过言传身教、耳提面命、神话传说等方式将原有的身体实践活动向晚辈进行文化纵向传递。而生活在不同地域、不同民族、不同国度的民族或族群通过语言交流、肢体接触、动作模仿与嫁接复合等方式进行身体实践的横向交流、碰撞与融合。

伴随着文字的出现与造纸术的发明，人类记录社会文明的方式发生了革命性的变革。史前人类通过简单的石刻技术与朴素的点线结合的勾勒写实手法将少数民族传统体育的原始形态记录在岩画上，如贺兰山岩画记录了原始游牧民族的"格斗""摔跤""骑猎""射箭""行走""奔跑""跳跃"动作。左江岩画生动刻画了龙舟竞渡的原始动作、巫风武影的原始舞蹈、武士佩带刀剑的战斗场景。云南沧源岩画展现了原始的球类游戏、技巧性体操与进行儿童军事教育的战争舞蹈。而后续随着人物形象描述技术不断进步，对少数民族传统体育活动场景进行更加形象直观、生动的描述方法得以产生，在敦煌、西藏等地壁画上留存有"赛马""举石""拔河""相扑""游泳"等活动场景。部分少数民族通过特有的器物图案方式记录着身体运动形式，如古代陶瓷、苗族的服饰、水族的铜鼓等。生产力的快速发展为少数民族体育文献记载提供了新的记录方式，史前人类通过绘画记录少数民族传统体育的方式逐渐被文字记录方式取代。生活在西南地区的彝族、纳西族通过民族文字记录了本民族特有的身体动作原型。值得注意的是，少数民族传统体育的历史文献主要以零星片段的方式遗存且文献总量十分有限，但关于武术的历史文献则以完整的专著、兵书中完整篇章的形式大量留存下来，如《手搏》《角力记》《武备志》等。分布在湘、黔、桂三省区交界地带的侗族、苗族在村寨社区公共场所通过碑刻方式记载少数民族社会内部通行的习惯法，大量与少数民族传统体育相关的知识图谱、历史文献与习惯法为人类学者对少数民族传统体育产生的历史源流进行倒推与追溯提供了翔实的历史佐证，甚至可以通过现代技术手段还原少数民族传统体育的活动方式与场景。而在行政权力的关照下，撰写史志记录历史事件是我国的一贯做法，体育界根据项群分类理论，结合田野调查、口述历史、文物资料等手段对民族传统体育进行了分类整理，分别编撰了《中华民族传统体育志》《中国古代体育项目志》，为梳理少数民族传统体育的历史轨迹、制定民族传统体育发展政策提供了参考依据。

（三）文化传承

在社会环境、生产力发展水平等因素的综合影响下，人类原始的身体实践逐渐被改造为有意识的体育行为。根据价值功能又可以将这些有意识的身体行为分化为不同的类型，如"水鼓舞""扭扁担""举石锁""打棉球""珍珠球""射弩"等项目属于苗族、土家族、毛南族、满族、拉祜族必不可少的生产技能。"爬刀杆""剽牛祭天""东巴跳""高台舞狮"等项目是傈僳族、佤族、纳西族、布依族进行宗教仪式活动的重要内容。"武术""赛马""摔跤"是水族、土家族、蒙古族进行军事训练、培养士兵单兵作战能力的必备手段。"三月三""四月八""端节""那达慕""火把节""鼓藏节"是白族、苗族、蒙古族、毛南族、彝族、水族等民族的节庆活动，族群内部以及不同族群之间经常演绎着各种形式的少数民族传统体育活动并由此进行族群互动。事实上，少数民族传统体育并不是以生产技术、宗教仪式、军事技能、族群活动与节庆庆典中的某一种方式孤立地存在并进行形式展演，"赛马"与蒙古族、水族等民族的生产活动、军事技能、宗教仪式、节庆庆典休戚相关，承载着民族的文化历史记忆，是少数民族传统体育进行传承与延续的具体实践途径。

三、民族传统体育传承路径裂变的动力机制

少数民族传统体育是在适应特定的政治、经济、社会环境的变迁过程中进行动态传承与延续，是多种相对独立而又互为影响的内外部要素进行调适的必然结果。根据辩证唯物主义基本原理，主要从事物发展的内因与外因两方面诠释少数民族传统体育传承路径裂变的动力机制。

（一）内驱力量

（1）文化认同：少数民族传统体育发展的核心要素

费孝通认为："生活在一定文化中的人应当了解文化的来历、形成过程、所具有的特色和发展趋势，不断强化对文化转型的自主能力、取得适应新环境与新时代的自主地位，并在此基础上对文化所蕴含的意义、意识、作用形成强烈的认同。"文化认同决定了文化繁荣昌盛与一个国家或民族的前途命运。文化认同往往是"个体认同—民族（族群）认同—国家认同"在特定的场域中进行角色转换与交替出场，血缘、地缘、业缘、趣缘是文化认同的影响因素并决定着文化发展的流派与走向。在多民族国家，文化认同中的国家

认同其本质就是构建各民族（族群）认同之上的"想象的共同体"。少数民族传统体育反映了某一民族的文化心理，承载着本民族共同的价值情感，苗族的"舞龙嘘花"、土家族的"炸龙"、仡佬族的"舞毛龙"、苗族的"独木龙舟"与傣族的"龙舟竞渡"是各民族龙图腾的具体表现方式。而为了构建更为直观的少数民族传统体育"想象的共同体"，国家层面组织相关力量通过反复筛选、论证与创新逐渐形成了各民族普遍认同的"民族马术""押加""民族健身操"等17个全国少数民族传统体育运动会竞赛项目。事实上，"想象的共同体"的构建是在充分尊重文化异质性即族群文化差异性的基础上寻找文化统一性的理论推演。而族群通常是在适应特定的自然环境与人文环境的基础上通过复杂的组织行为与社会关系构建与其他族群相互不被理解与认同的价值与行为判断即族群边界，由此彰显本族群（民族）存在的价值与文化差异。如前所述，龙图腾是中华民族的图腾信仰之一，受民族思维方式与生存环境的影响，"舞龙""龙舟"在苗族、土家族、仡佬族、傣族民间表现形式、图腾意义、口碑传说各不相同且具有典型的民族文化印记。黔东南清水江流域"河边苗"在每年的农历五月二十四至二十七日都会举行"独木龙舟"活动，承担活动的村寨在农历五月二十七日"吃龙肉"的时候将利用收受的礼物、礼金大摆宴席答谢宾客以彰显村寨的社会影响力与"独木龙舟"的文化特质并进行族群认同教育。在国家认同与民族（族群）认同的共同作用下，少数民族传统体育才得以永续发展。

（2）技术体系：少数民族传统体育传承的实践方式

文化得以永续发展与不断变迁的关键要素与重要载体就是循环往复的社会实践，并在具体的实践过程中将文化内容、地方特色完整地展现出来，由此形成完整的技术体系与行为规范。身体实践逐渐演变成具有文化意义的少数民族传统体育是身体实践技术体系不断演变的过程，少数民族传统体育技术是少数民族传统体育实践的核心要素与主要内容，这些技术体系主要包括场地、器材、规则、动作方式等。而少数民族传统体育传承又会促进少数民族传统体育技术的再生产并对少数民族传统体育技术进行复制、筛选、调适、融合。水族的"莽筒"用塑料管材替代楠竹作为原材料，南方少数民族原始的"斗牛"是在乡村空旷的坝子里进行。进入21世纪，"斗牛"成为地域文化的名片，黔东南等地投入了大量资金兴建了具有现代意义的斗牛场。尽管人们对"莽筒"与"斗牛"等民族体育的器械与场地进行了改造，但遵循了非物质文化遗产保护"原形制、原做法"的基本原则，这些传统体育项目原有的活动方式并没有被刻意改变并在民间依然广为流传。与此截然相反的是，少数民族传统体育运动会上的"高脚竞速""龙舟""独竹漂""抢花炮"等竞赛项目在技术体系改造过程中由于仪式功能被抽离、活动过程与器械构造形式脱离了本民族原有的母体文化而看台冷清。

（3）民族法制：少数民族传统体育延续的社会控制

爱德华·罗斯认为："人类社会从原始社会向阶级社会发展的本质就是新的社会组织重组的过程，由于不同的社会组织掌握的资源与权力存在差异必然会导致不同组织之间会发生各种形式的利益冲突。为了平衡不同组织之间的关系、构建相对稳定的社会秩序，必须通过军事、政治、法律等手段进行社会控制。"少数民族远离国家行政权力中心，通常通过独立于国家法之外、由某种社会权威和社会组织所制定的具有强制性行为规范的总和民族习惯法进行社会控制。民族习惯法涵盖了政治、经济、文化等各方面的要素，在少数民族社会内部广为流传并被社会内部成员广泛接受，是民族文化族群认同与族群边界构建不可或缺的支撑力量之一。宗族与族群是少数民族传统体育的运作组织体系，他们通过血缘或类血缘关系缔结了相对稳定的族群联盟并缔结族规乡约与民族习惯法对内部成员进行软控制以促进少数民族传统体育的延续。课题组在 2014 年至 2017 年的实地考察时发现，贵州清水江流域苗族支系通过民族习惯法对"独木龙舟"活动参与人员资格、活动规则、器物保护、观众行为、组织体系、活动时间进行了严格规定，由此保存了相对完整的民族体育文化景观，如男丁自出生之日起就要与成年男性承担同等造船费用，外出的成年男性成员农历五月二十四至二十七日必须无条件地回乡参加"独木龙舟"活动，一旦违反将受到严厉的经济制裁且当事人在族群内部的社会地位也将大打折扣。与此同时，社会的全面转型导致宗族组织、族规乡约与民族习惯法被视为不利于和谐社会建设的负面力量而遭到全面否定，现行的村级行政力量难以发挥促进少数民族传统体育发展的真正作用，导致部分少数民族传统体育渐行渐远。

（4）宗教信仰：少数民族传统体育生存的精神皈依

人类社会的发展就是社会关系延续与变迁的历程，而不同个体之间以信任与忠诚为基础形成情感并转化为某种超越体的宗教就是一种特殊的社会关系。在具体的宗教体系当中信仰是其核心，信仰是展现人与人之间关系的具体形式、是表达对某个他者或超越体的信任和忠诚性情感的具体手段。而信任与忠诚性情感表达的本质就是特定的职业人群（巫师等）通过对一系列体现社会规范的、重复性的象征行为即仪式的操演表达超越体所具有的神秘力量的实践过程。巫术活动中仪式性身体展演是民族体育文化基因的肇始之源，并与自然、祖先与图腾崇拜共同建立了特有的文化符号表达体系。宗教信仰贯穿人类文明的始终，是人类社会认知世界的具体方式，人们力图通过独特的仪式过程、特有的身体动作表达对神灵的敬意以祈求人丁兴旺、五谷丰登、村寨平安，宗教信仰是少数民族传统体育传承的精神推动力量，是乡土社会少数民族群众有机地凝聚在一起的黏合剂。在民族习惯法的强制约束下，具有仪式功能的少数民族传统体育在固定时间通过周而复始的循环展演逐渐成为少数民族内部的共同记忆。不论是过去还是现在，水族端节赛马、苗族斗牛、傈僳族爬刀杆的活动现场都是人头攒动、水泄不通。将某一事物的过去、现在和未来有机地勾连在一起是仪式帮助人类理解世界的方法之一，仪式与象征通常需要依附相应的政治制度才能得以生存。随着社会的发展，无神论成为认知与改造世界占据统治地位的方法论，宗教信仰的社会地位逐渐隐退。随着认知秩序的消解与重构，三都水族自治县部分水族村寨端节"赛马"祭祖仪式组织人员由村干部取代了寨老，甚至部分村寨不再举行祭祖仪式，仪式过程的变化折射出传统的祖先崇拜与现代无神论之间的冲突与对立，并由此引发了水族社会内部成员对端节"赛马"组织形式的争论与博弈。

（5）精英流动：少数民族传统体育传承的实践主体嬗变

精英是在某一领域或多个领域掌握一定技术权利、身份等级、物质财富、社会威望的优秀人才和领导者。在乡土社会具有较高社会威望或掌握少数民族传统体育核心技术的乡村精英是少数民族传统体育传承的实践主体，他们在遵循本民族文化心理与思维方式的基础上进行周而复始的民族体育文化实践操演、取舍延续，在适应政治、经济、社会环境变迁的过程中对少数民族传统体育进行综合创新。中华人民共和国成立以来，少数民族传统体育的国家地位得到重视，1998 年民族传统体育的学科地位正式得以确立，经过数十年的发展，我国逐渐形成了本科、硕士、博士相衔接的民族传统体育人才培养体系，培养了一大批志趣相投的民族传统体育专业人才并成为民族传统体育发展的行业精英与中流砥柱，他们为少数民族传统体育传播方式创新、产业开发、非物质文化遗产保护作出了积极的贡献，民族传统体育从传统的血缘、地缘传承走向了业缘与趣缘扩散的发展道路。在行业精英的不懈努力与行政力量的大力支持下，贵州形成了从中小学到高等学校有序衔接的少数民族传统体育训练基地建设机制。2004 年至 2018 年，贵州省先后分三批建立了 47 个少数民族传统体育训练基地。然而，人类从蛮荒的原始社会走向文明高度发达的后现代社会，历经了物质生活极度匮乏向经济生活高度繁荣的社会形态转型，生活在经济欠发达地区的少数民族群众极度渴望摆脱贫困窘境，由此上演了从西部地区走向东南沿海、从乡村流向城市的少数民族精英迁徙浪潮，为经济发展添上了浓墨重彩的一笔。精英流动对少数民族传统体育传承路径的创新提供了新的平台，一方面，少数民族传统体育成为城市社区常见的文化景观，在少数民族聚居地区的城市公园广场随处可见韵律悠扬的"芦笙舞"、高速旋转的七彩"陀螺"，但由于少数民族以分散居住的方式在城市中生存生活且服饰、语言等民族文化标识被有意或无意识地遗忘，城市民族工作机构难以有针对性地组织少数民族开展日常群众性的民族传统体育活动，城市少数民族传统体育处于无序发展、自娱自乐的发展态势。另一方面，精英流动加速了乡村社会空心化、荒漠化进程，导致部分少数民族传统体育面临后继无人的尴尬境遇。

（二）外引力量

（1）政策关照：少数民族传统体育发展的方向引领

随着阶级与国家的产生，暴力手段与强制行为成为统治阶级权力扩张的主要手段，但暴力手段与强制行为不能解决不同集团或同一集团内部成员之间利益冲突的全部问题，不同国家与民族之间必然会寻找柔性的手段与方式影响他国和民族的手段与工具，体育承载着公正、和平、友谊、健康等价值观念，蕴含着独特的群集效应与媒体聚焦功能，体育成为不同国家与民族进行政治互动的工具和某一利益集团进行内部管理的手段。国家意志的在场，不同民族体育文化得以有序发展与竞争并在竞争中形成文明规范、获得国家认可的社会地位。受国家政策的干预，少数民族传统体育传承方式必然作出相应的调整。汉代重文轻武思想使少数民族传统体育的社会地位急剧下降。唐朝武举制推动了民间习武风的盛行，"蹴鞠""马球""围猎"等是我国古代统治阶级特有的宫廷游戏。进入民主主义革命时代，"强兵强种"的"制夷"心结、"救国救民"的"变革"与"忧国忧民"的"启蒙"成为民族传统体育发展走向与民族国家构建的历史产物。中华人民共和国成立以来，少数民族体育政策对少数民族传统体育的发展更是产生了深远的影响，各级地方政府成立了民族事务工作机构管理民族体育。改革开放以后国家与地方政府在少数民族传统体育竞赛领域、全民健身领域、体育产业领域的相关政策逐步完善，促进了少数民族传统体育发展取得了举世瞩目的成就。全国及地方各级形式的少数民族传统体育运动会的参赛形式、竞赛与表演项目规模更是空前庞大，成为具有浓郁文化气息的民族盛会。但在国家政策的干预下，政府与民众之间的地位发生倒置，民众对少数民族传统体育传承与发展方式选择的话语权丧失，而部分行政工作人员由于脱离乡土生活，对少数民族传统体育缺乏系统的参与性观察，最终导致少数民族传统体育逐渐异化。21 世纪初期，部分少数民族体育项目成为非物质文化遗产保护等国家文化发展战略的重要内容。进入社会主义新时代，《"健康中国 2030"规划纲要》《关于实施中华优秀传统文化传承发展工程的意见》等再次对体育强国建设与少数民族传统体育发展作出了具体要求与明确指示，给少数民族传统体育的保护与传承带来了新的历史契机。

（2）环境生态：少数民族传统体育生存的物态要素

生存环境决定了人类活动的能动性比例，少数民族传统体育是人类与生态环境和谐统一发展的历史文化产物。"赛马""叼羊""赛骆驼"等具有典型的游牧民族特色，"射弩""吹枪"是狩猎民族的文化标识，"龙舟""游泳"等是人类回归自然、上善若水思维方式的生动呈现。而在具体的实践过程中，人类为了适应特定的生存环境必然对原有的动作结构、器械构造进行有针对性的改造。由于生态环境的变化，清水江流域符合"独木龙舟"原有长度标准的杉树难以寻找，当地民众制造新龙舟时不得已将"独木龙舟"的长度由原来的 30 米缩短至 24 米。与此同时，由于部分少数民族生存环境恶劣，在国家民族政策帮扶下进行易地搬迁，鄂伦春族从狩猎民族转型为农耕民族，宁夏西海固地区的"移民吊庄"工程，贵州荔波瑶族的"易地搬迁工程"等都说明生活环境的变化直接导致部分少数民族传统体育传承面临生存危机，在改善少数民族生活环境的同时如何做好民族文化保护迫在眉睫。

（3）经济发展：少数民族传统体育延续的双重力量

少数民族传统体育原本就是少数民族一种独特的生计方式，"鬼师""东巴""毕摩"等是仪式性体育展演者的职业称谓。少数民族传统体育本身就具有展示族群或区域经济发展实力的隐喻功能，2017 年 8 月 26—28 日，贵州荔波甲良"斗牛"大赛高达 30 万元的牛王奖吸引了全国各地上百头超级牛王角逐与厮杀。苗族"独木龙舟"是具有姻亲关系的村寨之间通过鸡、鸭、鹅、小黄牛、现金等进行礼物互惠的互动过程并由此展示姻亲血缘集团内部的经济实力。市场经济的快速发展更是加速了少数民族传统体育的产业化进程，如贵州的岜沙苗寨、肇兴侗寨，云南的可邑村等通过发展乡村旅游实现了少数民族传统体育的产业升级转型，为民族地区脱贫攻坚作出了卓越的贡献。市场经济是一把看不见的双刃剑，产业发展创新了少数民族传统体育传承路径，也导致部分少数民族传统体育走向了庸俗化、舞台化的发展误区，表演内容非本民族原有的民族文化、演员与游客合影索取费用等现象不断浮现出来。

（4）文化碰撞：少数民族传统体育传承的世界话题

文明是区域与国家认同构建的关键要素，文明内部的文化差异、不同文明之间的力量较量、世界文明力量的动态变化、世界秩序的重建不可避免地引起了人类文明的冲突，并由此形成了不同类型的文化发展格局。从国内来看，迥异的自然环境孕育类型多样的人类文明，不同类型的人类文明都在冲突、碰撞与融合中互动发展，古丝绸之路、藏彝走廊、南岭走廊、茶马古道沿线各民族进行了不同形式的少数民族传统体育交流。进入近代社会以来，西方文明掌握了世界文明的话语权。1840 年以来，东西方文化冲突与碰撞日益激烈，西方国家以传教的方式对我国的少数民族地区进行文化渗透，在接近川滇边缘的贵州威宁石门坎，一百多年前传教士就在那里建立了学校、体育中心，并开展了足球运动。五四运动以来，文化激进主义以全盘否定的态度审视中国传统文化，随着现代科技的发展，西方国家对我国文化输入的途径与方式也在不断变化，尤其是大量农村进城务工人员受"现代文化"的影响对本民族原有的传统文化不再心驰神往，他们的体育价值观发生了翻天覆地的变化，少数民族传统体育传承的生命底线被突破。随着我国综合国力的增强，以"中华民族伟大复兴""中国梦"等为代表的热门关键词向全世界昭示着中国的大国崛起成为现实，"一带一路"等国家倡议加速了东方文明走向世界的步伐，"金砖国家运动会""孔子学院"等赛事与文化传播组织促进了以太极拳、武术等为代表的民族传统体育的国际化传播，为民族传统体育的传承带来了新的机遇与启示。①

第二节　学校教育中传承路径分析

随着西方体育文化的涌入及世界体育文化的融合发展，我国民族传统体育文化的传承与发展遇到了一些困境，因此必须积极探索新的传承与发展路径，这是目前我国民族传统体育发展一项重要任务。学校是民族传统体育文化传承与发展的重要阵地，依托学校教育资源，将民族传统体育文化融入学校体育体系建设中，有助于解决当前我国民族传统体育文化传承与发展的困境，促进民族传统体育文化的顺利传承与繁荣发展。本节重点就民族传统体育文化传承发展的学校路径展开研究。

一、学校体育与民族传统体育传承发展的关系

学校体育与民族传统体育传承是相互联系的。一方面，学校体育教育为民族传统体育发展提供良好的教育条件，让传统体育更好地在青少年群体中传承；另一方面，民族传统体育的良好发展为学校体育教育提供了内容，学校体育教育也被丰富。

（一）学校体育是民族传统体育文化传承发展的重要途径

一直以来，我国民族传统体育的传承与发展都受到了种种不利因素的干扰与制约，这也是其难以整体有序地向全民健身、学校体育、世界体育等领域融入的主要原因。在各种不利因素的影响下，民族传统体育的生存发展面临着严峻的考验，甚至有变异退化的趋势，如果不及时拯救，民族传统体育必然走向灭亡。因此当务之急是要集中解决民族传统体育文化传承发展的困境与问题，将濒临灭绝的民族传统体育拉回到科学的、正确的、可持续的发展轨道上。

学校是体育教育的主阵地，学校体育的作用不仅仅是使学生强身健体，还是传播体育知识、传授体育技能、传承体育文化的重要路径，在促进体育文化传承与发展方面发挥着非常重要的作用。在学校体育中融入民族传统体

---

① 刘轶．我国学校民族传统体育发展路径研究：以文化软实力为视角［M］．武汉：湖北人民出版社，2013：6-7.

育，使之成为学校体育教育的内容之一，能够促进民族传统体育的普及，推动其科学化发展、规范化发展。任何一项体育运动的发展都需要依托学校这个特殊的环境，只有以学校为依托，体育项目才会有更多的爱好者，吸引更多的人参与，并有望成为世界人民共同享有的体育文化。而离开学校这个关键环节，体育项目的发展将难以取得可观的成果。在足篮排等球类运动，跆拳道、柔道等武术类运动的发展中，都将学校作为推广的主要阵地，正因为学校这一推广渠道发挥了重要作用，才使得这些项目成为在世界上具有重要地位与影响力的体育文化。作为中华民族传统文化重要组成部分的民族传统体育千百年来在我国各地广泛流传，产生了深远的影响，而如今其面临着传承与发展的困境，我们必须将其融入学校体育和学校教育中，使其成为其中不可分割的一部分，将学校的各种教育与体育资源充分利用起来加强对民族传统体育文化的传承与弘扬，以推动民族传统体育文化的可持续发展。

（二）民族传统体育促进了学校体育内容的丰富

随着体育课程改革的不断深入，学校越来越注重对体育课程内容的拓展与优化，民族传统体育作为重要的体育资源，自然成为学校拓展体育课程内容的选择对象之一。民族传统体育项目种类多样，在学校体育课程教学中选择民族传统体育项目，必然能够极大地丰富学校体育内容及体育课程教学内容。

面对种类庞杂、项目繁多的民族传统体育该如何选择，该选择哪些项目作为体育课堂教学内容，是需要深思熟虑的。一般来说，在体育课程教学中所选的民族传统体育项目一定要与体育教学原则、教学规律相符，要对学生的健康成长有益，健身价值要突出，文化内涵要丰富，还要有趣味性。将满足这些条件的民族传统体育项目开发成正规的体育教学内容，并灵活呈现于体育教学大纲中，这样能够在一定程度上解决体育教学内容单一枯燥的问题，能促进体育教学内容的丰富与多元，能吸引学生的兴趣，调动学生学习的积极性，且对民族传统体育文化本身的传承与发展也是十分有益的。

二、学校体育中传承民族传统体育出现的问题

培养人才的场所和方式有很多，但最主要的场所是学校，最基本的方式是教育。学校教育资源非常丰富，且具有独特的优势，如设备齐全、教师专业、教学理论成果先进等。学校是传承体育文化的摇篮，民族传统体育文化也要在学校中依托丰富的教育资源来传承，这是民族传统体育文化传承与发展的必经之路。但现阶段，我国学校体育教育内容以西方竞技体育为主，民族传统体育所占的比例很少，甚至在一些学校中完全没有实施或彻底放弃继续实施民族传统体育教育内容，这导致学校体育教育在传承民族传统体育文化方面的作用得不到发挥与彰显，民族传统体育文化的传承出现危机。

具体来说，学校体育中传承民族传统体育文化主要存在以下几个问题。

（一）民族传统体育群体数量减少

传承民族传统体育文化是很多社会群体共同的责任，但从教育视角来看，青少年是主要传承力量。但随着西方竞技体育文化的涌入以及社会民族体育活动的减少，使得本来传播面就窄的民族传统体育现在更是陷入萎靡状态，而且很多方面的制约性因素正在逐步瓦解民族传统体育文化体系，导致现在的青少年更容易接受现代体育文化价值理念，而对传统体育文化基本没有兴趣可言，因此也很难依靠青少年这一群体的力量来传承与弘扬民族传统体育文化。例如，纳西族的民族民间传统体育活动本身是非常丰富的，但因为"无人问津"，所以渐渐没落，而且一些民谣、民歌、民族舞蹈等民族传统体育文化传播的重要载体也渐渐走向衰微。总之在种种不利因素的制约下，民族传统体育文化群体数量大幅度减少，且现在仍有继续减少的趋势。

另外，因为民族传统体育项目在学校开设得较少，学生无法在课堂上了解很多关于民族传统体育的知识，所以也很难对这类运动产生浓厚的兴趣，因而大部分学生更愿意参加喜闻乐见的球类运动、现代休闲运动等，久而久之就完全对民族传统体育运动失去兴趣，民族传统体育渐渐淡出学生的日常学习与生活中，最终导致民族传统体育文化群体数量大不如前。

（二）民族传统体育传承制度缺失

目前来看，学校民族传统体育文化传承的机制还不够稳定，真正开展民族传统体育课程的学校还不够多，中小学教育受应试教育的影响太深，所以对体育教育的重视度不够，民族传统体育在处于边缘地位的体育学科中更是没有一席之地。面对青少年学生体质下降的问题，教育部对体育考试政策大力推行，这不仅在一定程度上解决了学生体质问题，还对学校体育的发展起到了重要的促进作用。但一些学校仅仅是为了应对上级部门的通知而开展体育课的，学生更是为了成绩而参与体育运动，因此违背了开设体育课的初衷，也没有起到传承体育文化的作用，民族传统体育作为中小学体育课中很不起眼的一部分，更不可能达到文化传承的目的。针对这一问题，必须加强对学校民族传统体育文化传承制度的建立与完善，真正在学校体育教育中完成传承民族传统体育文化的任务。

（三）民族传统体育人才流失严重

优秀的民族传统体育人才是传承民族传统体育文化的重要载体，而这方面人才严重流失就直接制约了民族传统体育文化的传承与发展，这个问题主要表现在以下两个方面。

第一，学校民族传统体育授课教师中，能够称得上是专业教师的并不多，很多都是从其体育项目中临时调用的，一名体育教师负责几个项目课程的教学，专业性不突出。

第二，高校虽然有民族传统体育专业，但毕业于这个专业的大学生主要是理论型人才，普遍缺乏实践能力和经验，而要培养他们的实践能力，还需要投入更多的时间、精力、资金，这个过程又是漫长的，导致民族传统体育专业的毕业生无法很快在自己的岗位上发挥作用，以自己的专业知识与能力去为民族传统体育文化的传承与发展作贡献。民族传统体育人才流失的问题不仅在普通学校存在，在一些民族传统体育特色学校也存在，学校体育教育与民族传统体育文化发展之间相互脱节是导致这一问题出现的根本原因，人才的大量流失使得民族传统体育文化传承后继无人，民族传统体育文化处于灭绝的边缘，形势极其严峻。

三、学校教育推动民族传统体育的传承策略

（一）明确民族传统体育的学校地位

要将民族传统体育引进学校体育中，就要先明确要把它放在一个什么样的地位，明确引进这一内容后要使其起到什么样的作用或达到什么样的目的。对于民族传统体育的实际作用是否了解、了解多少，一定程度上与体育观是否正确有关系。

民族传统体育发展历史悠久，在漫长的发展过程中，其多多少少吸收了一些宗教元素，对于这一点，我们应辩证看待，理性对待，也就是说必须要有正确的体育观。在学校体育中引进民族传统体育后，如果能够对其合理运用，充分发挥其作用，就能够提高学生体质健康水平，促进学生民族自豪感与自尊心的提升，促进民族传统体育文化的弘扬与传播。

虽然经过有关方面的共同努力后，武术等民族传统体育项目开始陆陆续续出现在学校体育教育中，但这部分教学内容在整个体育教材中所占的比例远远不及其他流行项目，而且在开展这方面教学的过程中，民族传统体育在学校体育中的地位还是模糊的，其与学校体育的融合并不彻底，这是其作用得不到发挥及其文化在学校中得不到有效传播与弘扬的主要原因之一。

在学校体育中明确与提高民族传统体育的地位，既是传承与弘扬民族传统体育文化的需要，也是新的历史时期社会发展的需要。因此在学校体育中必须重视发挥民族传统体育的作用，借助民族传统体育素材资源来丰富体育教学内容与方式，促进体育教学质量的提高，只有看到了民族传统体育的实际作用，才会真正将其重视起来，并谋求其长远发展。

（二）开发民族传统体育的独立课程

在我国民族传统体育教学中，民族传统体育并不是以课程的形式出现，而是在体育课程中作为教学内容存在。这种形式很难保障足够的课时、场地、师资，对于民族传统体育文化的继承与发展是非常不利的。因此，在新时代发展背景下，学校民族传统体育单独成为一门课程是当前学校民族传统体育发展的重要路径之一。①

1. 加强民族传统体育课程建设

一般来说，体育教学效果的好坏不仅取决于体育教学内容，同时还取决于体育教学的组织方式。因此，在建设民族传统体育教学课程的过程中，必须要采取必要的措施和手段使其向着多样化、生活化、娱乐化的方向发展，从而使民族传统体育教学目标、方法、组织方式等适应学生的身心特点，丰富与提高学生民族传统体育知识和技能。这需要注意以下两个方面。

一方面，在民族传统体育课程建设中，应重视民族传统体育课程设置的合理性，应结合当前教学实际和学生实际水平进行。在课程设置方面，目前主要是基础课和选修课两种形式。基础课是以全面发展学生的身体为主，所采取的一种教学组织形式；选修课就是在体育教学中学生根据自己的兴趣、爱好和特长等自由选择自己喜欢的项目，通过选修课，可以有效培养学生体育锻炼的兴趣和习惯，提升体质和运动能力。

---

① 刘轶. 我国学校民族传统体育发展路径研究：以文化软实力为视角［M］. 武汉：湖北人民出版社，2013：6-7.

另一方面，选择民族传统体育内容时要做到以下两点。

第一，要指导学生学会与掌握运动损伤的预防与处理方法，掌握运动卫生和体育保健技能。

第二，丰富学生的体育知识，提高文化水平。

综上所述，在民族传统体育教学内容的选择上要针对学生认识水平及发展特点，扩大学生的知识面，并注重知识的实际应用性，既要有国家体育方针、政策、法规知识，又要有身体锻炼原理与方法、体育卫生保健、运动处方、体质测量与评价等内容，从而构建一个科学、完善的民族传统体育课程体系。

2. 加强民族传统体育教学的法制化建设

在我国传统应试教育体制下，受传统观念的影响，体育课程长期以来不受重视，民族传统体育在体育教学中的地位并不是很高，因此，这对我国民族传统体育的发展是非常不利的。

发展到现在，必须把民族传统体育纳入正常的体育教学活动中去，各级各类学校在开展民族传统体育教学活动时，应保证其充足的课时，满足学生的民族传统体育学习的需求。这一切活动的顺利进行，都需要通过有关教育法规和制度方面的积极跟进才行，只有将民族传统体育教学纳入法制化建设轨道，才能实现其健康发展。

3. 重视体现课程文化内核价值

独立学科课程体系的设立能很好地凸显民族传统体育内在的文化价值，充分发挥其教育功能，促进学生发展。"伴随着帝国主义加紧进行的文化侵略，一些近代体育运动项目通过教会学校系统地传入中国。教会学校和以传播基督教教义为己任的基督教青年会促进了真正意义上的西方体育在中国的传播和发展。"① 受西方体育思想的影响，人们的体育价值观发生了很大的变化，在当前国际体育一体化的新时期，我国民族传统体育受到西方竞技体育的巨大冲击。因此，强调对民族传统体育课程文化内核价值的重视能在一定程度上改善我国部分学校唯西方现代体育为纲的思想和行为，这对于我国民族传统体育文化的长远发展具有重要的意义。

---

① 王岗，王铁新. 民族传统体育发展的文化审视 [M]. 北京：北京体育大学出版社，2005：45-48.

设立民族传统体育独立学科，是我国体育教学改革和民族传统体育文化传承的必然结果和要求。这主要体现在以下几个方面。

（1）随着素质教育改革的逐步进行，我国学校教育逐渐从应试教育走向素质教育，学校教育开始更加关注学生的身心健康发展和全面能力的培养。而学校民族传统体育蕴含着丰富的教育、文化价值，理应成为学校体育教育的重要内容。

（2）随着我国民族传统体育科学研究的日益深入，民族传统体育这一学科基础日渐丰富，这为其单列为一门课程提供了良好的课程基础。

（3）随着现代社会的不断发展，我国各民族文化的使命不仅局限于自娱自乐，更理应成为文化传承与发展的有效途径。

4. 重视体育课程的文化导向性

一般来说，民族传统体育课程主要分为理论课与技术课两个部分。重视民族传统体育课程的文化导向就是强调民族传统体育课程的人文功能，指在当前知识经济社会背景下，学校民族传统体育要在让学生了解、学习、掌握运动技能基础上，重视培养他们对我国民族传统文化的认知、理解和认同。①

在民族传统体育教学中，不仅要重视技术教学，还要加强学生文化知识的培养。以"拔河"教学为例，这一运动学生从小就有接触，从表面来看它是一种体育游戏，却也是力量对抗性的民族传统体育活动，其最初起源于"训练兵卒在作战时钩拉或强拒的能力"，是战争时代的历史产物。因此，在进行拔河教学时，体育教师要给学生讲述拔河这项运动的人文特色，提高学生学习的积极性和主动性。

5. 全面评价学生的学习情况

在民族传统体育教学中，有很多教师只重视学生运动技能的培养，而忽略了文化素质的教育。一般来说，体育文化素质主要包括学生的体育思想、道德、行为、兴趣与习惯以及体育学习态度等内容。对学生进行全面的体育文化教育是素质教育的基本要求。全面的体育文化教育不仅注重将科学的体育知识与体育技能传授给学生，而且还重视学生身心素质、体育习惯和体育意识的培养与发展，在这些方面对学生进行培养的方法与手段是丰富多样的，

① 刘轶. 我国学校民族传统体育发展路径研究：以文化软实力为视角 [M]. 武汉：湖北人民出版社，2013：126-129.

具体有思维的方法、生活的方法以及行为的方法等。随着体育教学的不断改革与发展，体育教学评价也应随之有所改变与创新，这样才能适应体育课程改革的需要。然而在体育教学评价活动中，体育教师对体育技能的评价表现得过分注重，欠缺对学生文化素质的评价。要改变以往以单一的锻炼为评价标准的情况，应根据民族传统体育课程改革评价精神，重视培养学生的理解能力，增强学生民族传统体育文化的认识水平。

（三）系统构建民族传统体育内容体系

学校开设民族传统体育课程，就要有专门的民族传统体育教材，这是必不可少的资料，是记载民族传统体育知识与文化的载体，是师生学习民族传统体育知识与技能的参考工具，是对民族传统体育文化进行传播与传承的重要媒介，总之，开发民族传统体育专业教材是学校民族传统体育文化传承中必须抓紧落实的一项重要工作。

中华人民共和国成立后，武术作为民族传统体育的典型项目成为学校体育教学的一项重要内容，但最初没有专门的武术教材，它只是出现在体育教材中，而且所占比例很小，一些体育教材中只是简单提到了武术教学的要求，参考价值不大。经过几十年的发展，武术教材建设取得了显著的成果，以理论知识为主的教材及以实践内容为主的教材都逐渐形成了较为完善的体系，这对武术教学的发展起到了重要的促进作用，也推动中华武术作为中华民族传统文化的品牌而走出国门、走向世界。可见，加强对专业教材的建设、构建完整的教材内容体系意义重大。

为了加快建设民族传统体育专业教材，形成科学化、系统化的民族传统体育教学内容体系，最终通过学校民族传统体育教育大力推广与传承民族传统体育文化，各地教育部门要发挥职能优势，带头组织相关人员编写民族传统体育教材，这里的相关人员主要包括民族学专家、教育学专家、高校优秀民族传统体育教师、造诣高深的民间艺人、民族传统体育传承人等，将这些相关人才组织起来，共同对内容丰富的民族传统体育教材进行创编，以明确民族传统体育教学大纲、目标，制订合理的教学计划，编排适当的教学内容，设计有效的教学方法，构建全面的评价体系，以完善民族传统体育教学理论体系，并为教学实践提供指导。

开发民族传统体育教材，选择内容是关键，应将兼具健身性与娱乐性、民族性和时代性以及科学性和实用性的内容作为主要选择对象。所选的教学内容，要有助于学生全面了解民族传统体育知识，掌握民族传统体育技能，认同民族传统体育文化，最后还要有助于促进民族传统体育文化的传承与发展。

（四）开展丰富多彩的表演和竞赛活动

我国大中小学每年都会开展不同规模的运动会，但各级各类院校中开展的运动会都有一个普遍的特点，即设置的项目类似或雷同，主要项目类型是田径类、球类等学生喜闻乐见的项目，民族传统体育项目很少，而且几乎没有开展专门以弘扬民族传统体育文化为主题、以民族传统体育项目为主要内容的运动会。而日本和韩国往往在学校运动会中将民族传统体育放在重要地位，设置民族传统体育项目的表演或比赛，民族传统体育项目在整个运动会项目中占有较大的比例，学生参与热情高涨。不仅如此，在学校运动会民族传统体育比赛项目中取得优异成绩的学生还有机会代表学校参加更大规模与更高水平的比赛，正因为韩国与日本认识到了学校体育在传承与弘扬民族传统体育文化方面的重要性，并积极采取相关措施来向这方面靠拢，所以韩国的跆拳道，日本的相扑、空手道、柔道等传统体育项目才取得了今天的好成绩。因此，我们必须借鉴这些经验，在学校运动会中设置一定比例的民族传统体育项目，打破以田径、球类项目为主的传统模式，使学生有更多的机会接触与了解民族传统体育，并对此产生兴趣。

为了更好地在学校推广与传播民族传统体育运动，还需要开展丰富多彩的民族传统体育表演或竞赛活动，这些活动的开展必须是有组织、有计划的，必须要有明确的目的，活动方案要有可操作性，要能吸引学生参与，要对传播民族传统体育文化起到积极作用，不能为了开展而开展，盲目开展活动，最后的结果可能适得其反。内容丰富、形式新颖的民族传统体育表演和竞赛活动能够使民族传统体育的魅力在学校环境中得到充分的彰显，能够使学生更好地了解民族传统体育，并达成某些共识，在不断接受与认可的基础上产生兴趣，培养习惯，这是一个循序渐进的过程，不可能通过一次的表演或竞赛活动就达到这个目的，所以学校要多举行这样的活动，尤其是在节日中举行，这样在浓厚的节日氛围中更能激发学生的参与热情，并使学生认识到民族传统体育与传统节日之间的关系，理解民族传统体育的节日文化内涵。

（五）培养民族传统体育优秀师资队伍

当前，不管是体育院校的民族传统体育专业，还是普通高校体育学院的民族传统体育专业，其在人才培养上主要还是培养民族传统体育教师，尤其是武术教师。随着体育课程改革的不断深入，在学校开展民族传统体育课程的呼声越来越高，民族传统体育进入学校，开启了学校体育发展的新局面，民族传统体育文化也有了新的传播渠道与弘扬路径。中小学的民族传统体育教师中，比较专业的就是武术教师，其他都是专修其他项目的体育教师，而一般来说只有民间艺人、技艺大师、非物质文化遗产的传承人才能真正掌握民族传统体育技能，这些专业人士并没有被吸纳到学校民族传统体育教师队伍中，这就导致学校民族传统体育专业师资缺乏，严重制约了民族传统体育在学校的发展与传承，制约了民族传统体育作用的发挥。对于这一问题，各地及学校加强对专业民族传统体育教师的培养与引进至关重要。

《完善中华优秀传统文化教育指导纲要》提出："全面提升中华优秀传统文化教育的师资队伍水平。"对优秀民族传统体育师资的培养迫在眉睫、刻不容缓。韩国跆拳道运动之所以能够在学校体育中占有重要地位，发挥重要作用，且通过学校体育教育路径而得到很好的传承与发展，很大一部分原因就是韩国学校的跆拳道教师专业素养高，高校跆拳道教师更是在世界重大跆拳道比赛中取得过好成绩的大师级人物，或者是在跆拳道领域造诣极高的高学历人才。高校跆拳道教师专业素养高，因而也培养出了很多专业的跆拳道人才，这些人才毕业后一部分继续加入跆拳道师资队伍中，形成良性循环，庞大而优秀的师资队伍是韩国跆拳道不断发展的一个重要因素。可见，师资力量对民族传统体育的发展是何等重要。

为了更好地在学校中普及与推广民族传统体育，弘扬民族文化，促进民族传统体育文化的传承发展，我国必须高度重视培养民族传统体育专业人才，尤其是教师人才。我国在培养民族传统体育师资方面，可适当对韩国的成功经验加以借鉴，对优秀师资进行培养，必然需要高水平的教授者来完成这一任务。具体来说，我国可从以下几方面努力来培养优秀师资。

第一，发挥政府职能，积极调动社会力量，对民族传统师资培训机构加以组建，对民族传统体育的优势资源深入挖掘，合理选择与不断完善适合在学校开展的民族传统体育项目，这些项目的技术指导工作可由民间艺人来完成，聘请高校专业的民族传统体育教师完善项目技术，使引入学校体育中的民族传统体育项目更受学生欢迎。

第二，教育部门定期组织培训，使学校民族传统体育教师对专业知识与技能加以学习，提高教师的教学高度，便于通过教学更好地在学校范围内普及与推广民族传统体育。

第三，教育部门和学校领导对在民族传统体育教学中作出杰出贡献的专业教师给予奖励，激励他们继续发挥自己的作用，继续在教育岗位上发光发热。

第三节　家庭教育中传承路径分析

一、民族传统体育家庭教育

（一）民族传统体育家庭教育的含义

家庭教育是在家庭环境下进行的教育活动，既包括家庭成员之间的相互影响，也包括家长对子女的教育。民族传统体育家庭教育指在一定的家庭环境下对家庭成员进行的以民族传统体育为核心内容的教育，从而使家庭成员对民族传统体育的知识、文化及技能等有基本的掌握。

传承民族传统体育，推动民族传统体育发展，教育是一条至关重要的路径，不仅包括学校教育，还包括家庭教育，家庭教育的地位和重要性不可忽视。家庭对每个人来说都很重要，它是伴随人一生的，家庭教育也是终身教育，在家庭环境下长期坚持开展民族传统体育教育，能够使家庭成员接受并喜爱民族传统体育，民族传统体育家庭教育的效果甚至比民族传统体育学校教育和民族传统体育社会教育还要显著。

（二）民族传统体育家庭教育的特点

以家庭教育的方式传承民族传统体育、促进民族传统体育发展是具有一定优势的，这是相对于学校教育、社会教育等其他民族传统体育教育形式而言的。家庭教育的特点及其在传承民族传统体育方面的优势主要表现如下。

1. 全面性

第一，家庭教育的对象不局限于子女，包括所有家庭成员，他们之间是密切联系、相互影响的。民族传统体育家庭教育要求每个家庭成员都参与其中，共同学习与进步。家庭中的青少年儿童、中老年人都是家庭教育的主要对象，这是民族传统体育家庭教育全面性特征的表现之一。

第二，在家庭环境下开展民族传统体育家庭教育，不仅能够使家庭成员掌握民族传统体育技能，提高其身体素质，还能对其意志品质、团结精神等进行培养。此外，在道德培育方面也有积极的影响。可见民族传统体育家庭教育可促进家庭成员各方面素质的全面提升。

2. 广泛性

每个人都有自己的家庭，家庭教育在每个家庭中都存在，众多家庭构成了大的社会环境，每个人都是某个家庭中的一员，都会接受其所在家庭的教育，不仅教育面广，而且对家庭成员具有深远的影响，因此，民族传统体育家庭教育也具有广泛性。家庭教育的教育对象非常广泛，这是其和学校教育、社会教育相比所具有的优势，广泛的家庭教育对传承民族传统体育更有利。

3. 灵活性

在社会组成中，以个体形式存在的个人是最小组成单位，其次就是家庭，可以说民族传统体育家庭教育是特定范围内的小群体活动形式。开展民族传统体育家庭教育活动，不需要专门的组织，也不必一定要有相应的运动场地，时间、地点等因素不会对这项活动的开展造成太大的影响与制约，活动方式相对来说是比较灵活的，可根据实际条件而变通。

4. 针对性

作为子女们最亲近与信任的人，父母在家庭教育中扮演着重要的角色，他们可以说是最了解子女真实状态的人，子女面对自己的父母，不需要有丝毫的伪装，更不需要防范，因为父母能够带给他们最大的安全感。正因为父母与子女之间彼此信任、了解，所以在家庭中可以有针对性地开展民族传统体育教育，父母可以从子女的身心特点、兴趣爱好等实际情况出发而对民族传统体育教育内容进行适当的选择，使子女比较轻松地接受教育，并对民族传统体育产生兴趣。父母一般都是基于对子女的了解而选择相应的教育方式，这就避免了因教育方法不当而产生的分歧与冲突。

在民族传统体育家庭教育中，父母也能及时掌握子女的学习动态与成果，获得真实的反馈信息，从而发现教育中存在哪些问题，及时总结与反思，将现实问题一一处理好，以提高民族传统体育家庭教育的效果，使子女真正学有所获。

5. 情感交流性

血脉相连的家庭成员之间的情感非常特殊，这种亲情是伴随人一生的，是无法割舍的，所以在家庭成员之间开展的民族传统体育也融入了浓浓的情感。在教育过程中，教育双方密切沟通、交流，不会出现尴尬的局面，教育对象对于教育者所传授的教育内容是比较容易接受的，教育对象可以在无阻碍的沟通中掌握民族传统体育知识与技能。家庭教育也是情感教育的重要形式，在家庭环境中进行民族传统体育教育，能够增进家庭成员的感情，营造和谐的家庭氛围，强化家庭成员的幸福感，这反过来又能够为民族传统体育家庭教育的实施提供良好的环境。

6. 长期性

家庭教育具有长期性。每个人从出生开始就在其所在的家庭中接受各种形式的家庭教育，这是家庭教育的早期性特征。家庭教育与人的生活如影随形，从未停止，可见其具有持久性、连续性。每个家庭成员在家庭教育中扮演的角色是变化的，有时是教育者，有时是教育对象，有时这两种角色会同时出现在一个人身上。因为家庭教育是长期、连续且不间断的，所以家庭成员也始终都在扮演着教育者或被教育者的角色。

在家庭教育中长期进行民族传统体育方面的教育，可使家庭成员养成长期参与民族传统体育锻炼的好习惯，使家庭成员学习和掌握丰富的民族传统体育知识，并不断巩固知识与技能，甚至可以在生活中将这方面的学习所获运用其中，达到学以致用的效果，这对于民族传统体育的持久传承及可持续发展具有重要意义。

7. 继承性

家庭教育对每个家庭成员的影响都是深远的，每一代人都深受家庭教育的影响，正因为这种影响是持久而深远的，所以才能在无形之中将家庭传统、家庭文化甚至是家庭氛围流传下来，"家风""家训""家教"等就是由此而来的。当家庭成员作为被教育者接受家庭教育后，其不仅会学到教育者传授的知识，还会记住教育者的教育方式，当其转变角色成为教育者后，会无意识地将这些教育内容与方式运用到教育中，传授给其他被教育者，这充分说明家庭教育是具有继承性的。正因为家庭教育具有这个特点，所以在家庭教育中开展民族传统体育教育活动，更有利于长久地保护民族传统体育项目，传承民族传统体育文化，使民族传统体育精神影响一代又一代人。

8. 渗透性

对于子女来说，父母是他们最好的老师，这和父母的学历、教育方式没有直接的关系，主要是因为父母的教育能够产生渗透性的影响，子女容易接受父母的教育，也会模仿父母的言行举止，他们会被家庭成员关系、家庭生活习惯以及家庭文化氛围等深深影响，这种影响是潜移默化的，是渗透式的，而且一旦产生影响，就具有持久性。我们应利用家庭教育的渗透性来将民族传统体育的内容融入家庭教育中，使家庭成员接受民族传统体育教育，长期坚持参与民族传统体育运动，并将自己的所学所获传给下一代，以发挥家庭教育在传承民族传统体育文化方面的积极作用。

二、家庭教育推动民族传统体育的传承对策

（一）使民族传统体育成为家庭教育的一部分

许多家长认为，他们对子女的教育责任仅仅是在孩子进入学校之前这个阶段，也就是学前阶段，而且他们在学前阶段对孩子进行教育，也只是将焦点放在孩子的成长上，而对于孩子的运动锻炼极少关注。当孩子到了学龄阶段，家长就摆脱了教育者的角色，将孩子的教育完全交给学校教师，并认为学校教育应以文化教育为主，体育教育可有可无。思想上存在这种错误认识的家长很难在家庭环境中对孩子进行体育教育，更何况是古老的民族传统体育教育。受应试教育的影响，现在的学生依然没有完全摆脱作为"考试机器"的命运，家长和学校还是会把分数作为判断学生优劣的主要标准甚至是唯一标准，而对于他们的身心健康、道德健康、社会适应能力等不是很重视，这使得青少年一代的全面发展受到限制。

因此，要真正使民族传统体育成为家庭教育的一部分，发挥家庭教育传承民族传统体育的积极作用，首先要转变家长的落后教育观念，提高家长对家庭体育教育的重要性的认识，使其将子女的身心健康、文化成绩同步重视起来。在家庭教育中融入民族传统体育的相关内容，不仅能够使子女掌握民族传统体育技能，为其参加民族传统体育锻炼奠定基础，还能进行民族传统体育的文化教育、道德教育，提高子女的道德修养和文化素养。此外，这也是传承民族传统体育文化、发扬民族传统体育精神的重要举措。

（二）以家庭为单位参加民族传统体育活动

第一，在一个家庭或家族中，年长者往往是主要的教育者，也是家庭单位中传承传统文化的主要力量。由家族的年长者在整个家族范围内组织包含民族传统体育在内的传统文化活动，或由家庭长辈组织小规模的家庭民族传统体育赛事，能够利用长辈的权威性来调动家族及家庭成员参与的积极性，使年青一代通过参与这样的活动来认识与了解民族传统体育，并对民族传统

体育产生兴趣，自觉树立传承民族传统体育文化的意识。

第二，现在一些地区的传统节日中还是有和民族传统体育相关的活动，家长应该多带子女参加这样的活动，使子女近距离接触民族传统体育，在浓厚的节日氛围中激发其参与其中的兴趣与积极性。学校也可以开展以弘扬民族传统体育文化为主题的亲子活动，要求学生家长和学生一起参与，也就是以家庭为单位参与，在参与过程中，家长要给子女做一个好榜样，积极影响子女。

（三）提升民族传统体育家庭教育社会关注

现代社会中，随着西方体育文化的不断传播与渗透，我国传统体育项目受到严重的冲击，其受关注度远远不及健美操、瑜伽、跆拳道等项目。我国家庭体育教育的内容也大都以流行体育项目为主，开展民族传统体育教育活动的家庭很少。为了扭转这一局面，发挥家庭教育对民族传统体育文化传承与发展的推动作用，必须先使国家和社会关注与重视民族传统体育家庭教育。

第一，由政府部门牵头建立民族传统体育家庭教育相关机构，明确相关机构的运作方案，健全机构的工作制度，使机构能够按照明确的方案与制度来开展工作，使民族传统体育教育活动真正在家庭环境中落实。

第二，系统整理民族传统体育项目，将适合在家庭教育中开展的民族传统体育教育内容确定下来，制作一个简易手册，为家长提供参考，以免在家庭中盲目开展民族传统体育活动。

（四）民族传统体育家庭教育与文化精神结合

为了使家庭成员更好地接受民族传统体育项目，在这方面的教育中有更多的收获，应在民族传统体育家庭教育中有意识地将民族传统体育项目与中华民族文化精神有机结合起来。民族传统体育项目有很多种类，每个大类中又包含很多小项，每个具体的项目都凝聚了人民的智慧与汗水。面对庞杂的民族传统体育项目，家长可以从子女的实际情况出发有针对性地加以选择，并在传授项目知识与技能的过程中将传统文化与民族精神融入其中，使子女多了解一些中华民族传统文化和民族精神，认识到民族传统体育与传统文化之间存在着密切的关系，从而在一定程度上理解民族传统体育的文化内涵，对民族传统体育产生更浓厚的兴趣，最终养成良好的运动锻炼习惯，以达到增强体质、磨炼意志、增强民族自信以及提升文化素养的目的。总之，结合传统文化精神来进行民族传统体育家庭教育，更有助于受教育者的全面发展。

（五）采用多元民族传统体育家庭教育方式

不同的教育方式对受教育者会产生不同的作用，将各种有效的教育方式结合起来使用，可以达到更好的效果。具体来说，在民族传统体育家庭教育中，家长可采取以下丰富的教育方式来达到预期的教育目的。

1. 言传身教

家长言传身教是民族传统体育家庭教育中非常重要的一种教育方式，这种方式能够给子女带来极为深刻的教育影响。家长首先自己要了解民族传统体育的基本知识、文化内涵等，并掌握一些项目的技能动作，甚至要养成经常参与的好习惯，这样才能对子女进行言传身教，积极影响子女，使子女在良好的家庭环境与浓厚的家庭体育氛围中自觉向父母学习，主动参与民族传统体育运动。

2. 周期性重复教育

家长在开展民族传统体育教育的开始阶段，应根据子女的兴趣、需求制订一个初步的计划，刚开始不宜一次传授太多项目，应选择一两个项目重点传授，并使子女在计划期内进行重复练习，养成习惯，最终熟练掌握项目技能。家长要善于对民族传统体育项目进行归类，将同类型的项目放在一个计划周期内传授，这样能够节约时间成本，并取得更好的教育效果。

3. 全面系统教育

在民族传统体育家庭教育中，家长给子女全面传授某个民族传统体育项目的基本知识、技能、文化内涵等，能够使子女获得对该项目的整体认识，并系统学习该项目的相关内容，养成长期参与该项目的好习惯。家长也可以先让子女选择自己感兴趣的民族传统体育项目，然后系统传授知识，以提高子女学习民族传统体育的积极性。

（六）构建家庭教育、学校教育、社会教育联合机制

随着素质教育改革的不断推进以及终身体育思想在体育教育领域的不断渗透，我国开始了新一轮的体育课程改革。在民族传统体育教育中，学校教育、家庭教育以及社会教育都很重要，缺一不可。而且这三种教育之间是密切联系的，正确认识并妥善处理它们的关系，构建包含三者在内的联合教育机制，对于提高民族传统体育教育水平、改善教育效果具有重要意义。

第一，在学校体育教学中开展民族传统体育课程，加强对民族传统体育知识与技能的传授以及对民族传统体育文化的传承。民族传统体育课程的授

课教师应是经过专门培训的教育工作者或在民族传统体育方面专业素养高的传承者与研究者，由专业教师制订民族传统体育课程教学计划，避免在课程实施过程中出现盲目教学的情况，优化学校民族传统体育教育成果。

第二，学校增加经费投入，建设民族传统体育场地设施，完善教学条件，从而为学生参与民族传统体育课堂教学与课外活动提供良好的环境。

第三，在民族传统体育教学评价中，不仅要看学生对运动技能的掌握情况，还要看学生对民族传统体育文化的理解情况及其对理论知识的掌握情况，要进行全面评价，从而通过民族传统体育教育来促进学生全面发展。

第四，为学校教育、家庭教育、社会教育之间的联系搭建平台，鼓励学生积极参与社区民族传统体育活动，家长也要带子女多参加社会上举行的一些民族传统体育相关活动。此外，家长和社区应全面支持学校举办以传承中华民族体育文化为主题的具有教育意义的活动。

总之，要通过教育路径来传承民族传统体育文化，就要构建对以家庭教育为基础、以学校教育为主导以及以社会教育为核心的联合教育机制，从而全面普及民族传统体育项目，弘扬民族传统体育文化，传承民族精神，并使学生在民族传统体育教育中获得全面的发展，提高其传承民族传统体育文化的责任感。

第四节　民俗礼仪中传承路径分析

一、民俗体育文化的传承与发展

（一）加强理论研究与学科体系建设

首先，加强民俗体育理论研究，健全民俗体育发展理论内容，优化民俗体育的锻炼项目、内容结构、组织形式，从而使广大人民群众能从总体上了解民俗体育的本质，进而促进民俗体育文化的科学传播。

其次，建立民俗体育的学科体系，研究民俗体育学科与其他学科体系的交叉，有利于促进对民俗体育文化的本质特征、价值功能、发展规律的科学研究。

（二）做好民俗体育挖掘与整理工作

挖掘和整理民俗体育相关资料需要科研工作者的无私奉献，需要政府在人力、物力、财力等方面进行长期投入。在对民俗体育及其文化的挖掘整理过程中，应积极采取各种有效的技术手段，真正做到保护工作的科学化、系统化。

（三）加大政府民俗体育保护力度

政府机构在民俗体育及其文化的发展进程中发挥着不可或缺的作用。政府部门应加大对民间体育组织的扶持力度，并从政策法规上予以科学引导。各级体育行政主管部门应主动、积极协助政府有关部门和联合社会各界力量，促进民俗体育文化的传承和发展。

（四）提高民众民俗体育认识水平

民俗体育文化起源于民间，发展于民间，具有广泛的群众基础。如果离开了当地人民群众的支持，民俗体育文化就很难继续生存和发展下去。人民群众是民俗体育文化的行为主体，保护民俗体育根本措施就在于强化民众的民族自觉意识，提高他们对民俗体育文化的认识。

二、民族传统节日体育文化的传承与发展

（一）将民族传统体育节庆文化纳入精神文明建设

以人为本，制订周密合理的全民健身计划，调动民众参与发展传统节日体育。建好群众健身场地、健全群众体育组织、开展群众体育活动、实施国民体质监测，进一步调动人民参与的积极性和主动性。[①]

（二）培植优秀"体育节日"文化产业

少数民族节日体育文化产业不仅可成为文化产业的重要组成部分，还可带动其他产业的发展。把发展民族节日体育和发展本民族的经济有机结合起来，着眼于当地经济社会的发展，使民族经济与民族传统节日体育互相促进发展。

（三）促进民族传统体育节庆文化的多元化发展

少数民族地区丰富的文化资源具有很大的开发潜能，为了更好地继承传播和开发利用，以少数民族体育节日为载体，以体育旅游、文化产业的形式大力开展民族传统体育活动，能有效地促进社会主义文明建设和民族传统节日体育文化的多元化发展。

---

① 田祖国. 少数民族节日体育发展研究［J］. 民族论坛，2009（6）：31-32.

三、民族传统体育礼仪文化的传承与发展

(一) 紧抓内涵，注重思想建设

在现实中对待传统体育文化礼仪始终要把握一个观念，即思想是实质，形式是躯壳。礼仪的价值在于主体的文明程度得到不断提高，使社会主体的整体和谐度得到彻底改善。在实践中，我们无论是在研究还是在学习过程中，都要注重传统体育礼仪文化思想内涵的继承。把以德服人、诚信等精神内涵继承下来，使传统体育礼仪文化能够真正地起到"化"人的作用。

(二) 打破禁锢，拓宽转化路径

传播民族传统体育文化，方式不能守旧。由于社会经济的不断发展，民族传统体育所依存的大环境发生了很大变化，因此要重视传播方式的创新，不能只局限于科学研究、相关赛事组织等传播路径上，还要合理运用学校教育和大众传媒。此外，体育礼仪文化长期进步、繁荣离不开科学技术，科学技术的发展也是为文化的繁荣而服务的。所以现在我们不仅要注重与其他各国文化进行融合，更要借助现代科学技术进行形式创新。[①]

第五节　体育比赛中传承路径分析

当前，我国少数民族运动会的影响力逐步加大，吸引着社会大众的目光，这对于我国民族传统体育文化的可持续发展是非常有利的，因此举办运动会也是促进我国民族传统体育发展的一个良好的途径。在发展少数民族传统体育运动会的过程中要注意以下几点。

一、促进民族传统体育的跨区域交融

有必要对各代表团参赛项目数作出详细的规定，地方政府部门要采取必要的措施和手段扶持少数民族传统体育的发展，进而促进少数民族传统体育跨地域、跨民族的传播与发展。这对于民族传统体育运动会的持续举办具有深远的影响和意义。

---

① 周萍. 论民族传统体育礼仪文化的当代继承 [J]. 成都体育学院学报, 2009 (11): 36-38.

二、确保民族传统体育运动会和谐发展

在组织与管理少数民族体育运动会的过程中，可对各代表团参赛运动员资格作适当调整。建议允许少数汉族运动员参赛，限定汉族运动员参赛规模，如各代表团每个参赛项目汉族运动员不超过 20%~30%。[①] 这能保证少数民族运动会的和谐发展。

三、民族传统体育运动会参赛去职业化

虽然职业运动员能提高比赛成绩，对于运动会运动水平的提升具有一定的帮助，但是参赛队员的职业化则不利于广大参赛运动员参与民运会的积极性，也有可能误导民运会的比赛向绝对"锦标化""功利化""戏曲化"方向发展。因此，为了保证广大参赛运动员的权利，建议应限制专业运动员参赛、专业演职人员参加表演项目的表演。

第六节　文化传承人继承路径分析

传承人在民族传统体育传承与发展的过程中扮演着非常重要的角色，因此加强民族传统体育传承人的保护与培养是非常重要的。

一、加强民族传统体育传承人的保护

（一）法规和政策保障

2019 年 11 月 12 日，文化和旅游部审议通过了《国家级非物质文化遗产代表性传承人认定与管理办法》，具体规定了文化传承人的认定标准、权利义务及管理。

（二）资金和扶持措施

目前，我国有一部分民族传统体育项目面临着失传的局面，传承人保护不够是一个非常重要的原因。目前国家各级财政部门对已被认定的国家级、省级传承人给予津贴补助，除了补贴资金，国家还制定了相应的扶持举措，

---

① 蒋东升，王利春. 全国少数民族传统体育运动会发展研究 [J]. 体育文化导刊，2016（2）：5-10.

以加强民族传统体育传承人的保护。

二、民族传统体育传承人保护与培养机制

（一）传承人的保护机制

1. 统一规划，加强组织机构建设

各级体育行政部门应设立专门机构，配备专业工作人员，统一规划，成立专门的管理和保护部门，切实保护好民族传统体育传承人。

2. 科学认定，广泛开展普查工作

各级体育行政部门应组织专人进行专门调查，可以委托民俗学、文化学等多学科专家共同参与调查和评定。

3. 建立档案，面向社会广泛宣传

传承人建立档案，档案内容主要涉及传承项目的名称、技艺、内容、流传区域、传承谱系等。传承人用文字、图像、影像等方式完整记录项目，建立民族体育项目数据库。国家体育总局可联合教育部、文化和旅游部共同编印相关资料，通过媒体报道进行广泛宣传。

（二）传承人的培养机制

在非物质文化遗产保护中，既重视抢救传承人，更要加强培养传习人，这样才能使民族传统体育文化得到可持续发展，代代相传。在民族传统体育传习人流失严重的情况下，教育及体育行政部门应采取有效措施，帮助传承人有计划地选拔年轻的传习人，以老带新。传承人应鼓励和支持传习人在继承传统的基础上不断创新。

全国各类民族院校、体育院系主动加强民族传统体育学科建设，利用高校的资源优势培养知识结构合理、训练能力强、管理能力出众的高素质人才，为我国民族传统体育传承与发展培养有效的人才。

第七节　非遗中心建设的路径分析

建立非物质文化遗产保护中心也是传承我国民族传统体育文化的重要途径，在建立保护中心的过程中需要采取以下手段。

一、建设科学规范的标准化体系

采取数字化保护技术传承民族传统体育非物质文化遗产是一项系统工程，要想保证这项工作的顺利开展，就必须要具备良好的数字化技术。目前，受各方面因素的影响，我国仍未建立起一个规范的民族文化遗产数字化标准体系，因此今后必须要加快步伐，加快建设，将基础、技术、行业和管理等不同标准尽快建立起来，构建不同层面的标准化体系；同时，还必须要了解这方面的国际动态，借鉴其他国家的先进经验以促进我国民族传统体育的保护与发展。

二、建立科研平台和数据共享中心

（1）在民族传统体育发展的过程中，要将文化、教育、旅游、信息等行业资源充分整合起来，成立体育非物质文化遗产数字化建设研究院，做好民族传统体育非物质文化遗产数字化建设规划，完善认定程序、评估标准等程序。

（2）尽快实施非物质文化遗产数字化基础工程，建立一个科学、有效的体育非物质文化遗产资源信息库和数据共享平台。

（3）加强对各国体育非物质文化遗产的调查研究，构建一个完善的民族传统体育发展的评价体系，为政府决策提供重要信息。

三、资金保障体系的建设与完善

（1）在民族传统体育非物质文化遗产数字化建设方面，财政部门要加大资金投入，鼓励和扶持民族传统体育建设事业。

（2）对于带动性很强，具有创新性和前瞻性的民族传统体育项目，政府要加大政策与资金的扶持力度。

（3）加强多元化资金保障体系的建立，该体系以政府投入为主导、以社会力量参与为辅。

（4）通过优惠政策积极鼓励社会资金对民族传统体育非物质文化遗产数字化建设的投资。

（5）设立民族传统体育非物质文化遗产保护专项经费，并将其纳入政府年度计划之中，长期进行监督与评估，保证其健康运行。

四、设立示范基地及实施精品战略

（1）建立民族传统体育文化产业园区，加强对示范工程基地的组织建设，创造品牌形象，加强精品战略的实施。

（2）建立民族传统体育文化遗产示范工程基地，改善我国民族传统体育文化保护不利的局面。另外还要加强民族传统体育文化创意产业的研究，促进民族传统体育的产业化发展。

（3）充分利用好社会、人文、科研等综合资源，推动非物质文化遗产数字化发展中的产业化和社会化建设。

（4）结合各地区实际对示范工程基地进行针对性的实施，避免重复建设和浪费；发挥地区特色和优势，打造民族传统体育文化品牌。

（5）创造民族传统体育文化精品，开发出具有艺术性、娱乐性和观赏性的产品，向全国乃至全世界加以推广与宣传。

五、进行跨领域的创新系统研究

在民族传统体育非物质文化遗产的传承与发展中，必须开展跨学科、跨行业的多层研究，建立与民族传统体育非物质文化遗产保护现状与传承规律相符的管理体制及运行机制，通过严格的立项程序逐步将体育文化遗产数字化的新学科建立起来。

此外，针对民族传统体育非物质文化遗产研究中涉及的关键技术，对数字化研究中的基础项目和保护与利用价值高的应用开发专项应优先启动，力争突破关键的数字化核心技术，加强自主创新，对自主知识产权的产品进行创造。

六、培养高素质复合型人才

民族传统体育非物质文化遗产的保护工作具有很强的技术性、系统性和持续性，在学科体系建设中有必要纳入文化遗产数字化教育，从而使各高校、科研机构深入研究文化遗产保护数字化技术，并大力培养专业人才队伍，这里所指的专业人才既要懂文化、通管理，又要精通数字技术，这是现代社会发展中急需的复合型人才，是非物质文化遗产数字化建设的重要力量。充分利用和发挥这些人才的作用，能有效促进我国民族传统体育文化的可持续发展。

在高素质复合型人才队伍的建设与培养中，具体须从以下几方面努力。

（1）科学建立复合型人才培养机制（多渠道培养、多方式激励、多层次使用、多方位服务、多元化评价），对人才培养所需的专项资金进行必要性的安排，在培养本地化人才的同时不断引进外来人才。对于文化艺术人才、文化科技人才、文化经营管理人才等新型人才的培养要特别重视。

（2）高校充分利用相关学科资源（民族、人文、艺术、信息、工程等），将培养复合型高层次人才的重任承担起来，发挥自身的人才培养作用。

（3）加强对外合作与交流，体育非物质文化遗产保护的专家、人才信息库要不断充实，促进有层次、有特色的专业人才队伍的建设与发展。

第八节　其他途径的民族传统体育传承路径

除了以上促进民族传统体育文化传承与发展的途径，还有其他一些有效的途径，如建立民族传统体育训练基地，利用数字化技术传承民族传统体育文化。本章就对这两种有效的途径作重点研究与分析。

一、建立民族传统体育训练基地

（一）民族传统体育训练基地的定位

民族传统体育训练基地的建立对我国民族传统体育文化的发展具有重要的影响和意义，一般来说，建立民族传统体育训练基地的定位及功能如下所述。

（1）能有效推广和普及民族传统体育项目。

（2）能有效提高人们的民族传统体育锻炼水平。

（3）能培养大批优秀的民族传统体育人才。

（4）大力挖掘和整理民间民族传统体育项目。

（5）能培养出优秀的民族传统体育教练员和裁判员。

（6）能加强民族传统体育项目规则和裁判法建设。

（二）民族传统体育训练基地的建立

为了建立一个符合我国民族传统体育发展水平的训练基地，可结合当地条件，采取以下措施和手段建立一个科学完善的民族传统体育训练基地。

（1）制定合理而有效的民族传统体育训练制度，事先约定好双方的责任和权利，避免双重领导带来的弊端。

（2）加强人力、物力、财力的建设，为民族传统体育运动水平的提高奠定良好的基础和保障。

（3）拓宽经费来源。当前我国民族传统体育训练基地的建设还是以政府拨款为主。在发展的初期，可采用体育彩票、社会资助和社会融资的形式进行。在发展的远期，可注重出版书籍及音像制品，走训练基地品牌道路等，这样才能促进我国民族传统体育训练基地的快速发展。

二、利用数字化技术传承民族传统体育

（一）采用数字化技术传承民族传统体育的必要性

民族传统体育是各民族人民在漫长的历史中创造的伟大成果，是人民群众集体智慧的结晶，因此民族传统体育的价值与意义对各民族人民来说不言自明。但随着时代的变迁与社会经济发展水平的提高，现代文明占领主导地位，其对在古代文明中孕育而生的民族传统体育造成了一定的冲击，从而使民族传统体育在现代社会中很难生存，这就需要人为采取措施来对民族传统体育加以保护，保证民族传统体育能够继续传承下去。现阶段，我国在传承与保护民族传统体育中还是以传统手段为主，如文字、口头、音像等，传承工作也很简单，以对民族传统物质文化的收藏与记录为主。虽然我国采取这些传统手段及做了这些工作后确实将大量的民族传统体育文化保存并传承下来，但这些传统的传承与保护手段本身就存在缺陷，如记录文字的书籍时间久了会发霉、图片的色彩也会随着时间的流逝而渐渐模糊、录像带也会在历史的长河中逐渐老化等，这就导致人们无法通过这些手段获取民族传统体育的真实信息，可见传统传承与保护手段在长期保存与传承民族传统体育方面是不具备优势的。

近年来，针对民族传统体育传承与保护中所存在的信息失真的问题，一些学者建议对民族传统体育的原生环境进行模拟性创设，也就是尽可能将民族传统体育的原生文化空间还原，具体采取的方式是对民俗保护区进行构建，以尽可能保留最本真的民族传统体育文化遗产。我国实施这些举措后，确实有所收获，但问题也不少，如无法全面保护与传承内容丰富、形式多样的民族传统体育，只有个别项目可以得到完好的保护与传承，而且这项工程需要

投入大量的经费才能顺利运作，综合而言可行性不大，因此还需要探索其他新的传承路径来解决民族传统体育传承中信息不完整及失真的问题。

随着互联网技术的快速发展及其在社会各领域的广泛应用，人们逐渐探索出新的民族传统体育传承与保护路径——数字化保护与传承，这一路径在民族传统体育众多传承路径中有着绝对的优势，其发挥的作用也是有目共睹的。2008年12月，中美文化论坛在北京举办，此次论坛的主题是"数字化时代的文化遗产保护和展现"，参与活动的中美代表分别对"以数字化技术保护非物质文化遗产"的经验进行了总结说明，指出数字化保护手段未来发展前景广阔，并作了进一步的规划，这为我们采用数字化技术传承与保护民族传统体育文化提供了重要的思路。2011年5月，有关部门要求用文字、图片及影像等方式来记录国家级代表性项目及其代表性传承人，并针对记录的各项目建立数据库，为记录的每位传承人建立档案，这又为我国采取数字化技术传承民族传统体育文化指明了重要的方向。从此，我国正式开启以数字化技术保护民族传统体育文化遗产的工作计划，具体工作包括挖掘整理、数字建档、建设数据库等，成果非常显著。

数字化技术在民族传统体育传承与保护中的运用让民族传统体育传承人重新看到了希望。建立在先进科学技术基础上而形成的这一传承路径可操作性极大，而且成本也不高，具有很强的增值性，它的优势在于物理空间占用小、信息传输快、管理成本低廉等，这些都是传统传承手段所无法企及的。

在民族传统体育传承与保护中采用数字化技术，其价值和作用主要体现在以下几方面。

第一，更好地保存民族传统体育的相关文献资料、文物以及文化习俗等。

第二，利用计算机模拟民族传统体育活动，形象、逼真、生动。

第三，利用互联网技术虚拟性地修复民族传统体育文物。

第四，占用较小的物理空间展示更多的民族传统体育文化遗产。

第五，实现历史信息的真实再现，使人们对民族传统体育的民族特色和文化特色有更真切的感受与深刻的体会。

（二）利用数字化技术传承民族传统体育的要求

1. 保持民族传统体育文化遗产真实性

在数字化保护过程中，在挖掘民族传统体育的过程中，不能盲目地进行，要注意保持民族传统体育文化遗产的真实风貌，防止出现扭曲民族传统体育文化的现象。在具体的操作过程中，一定要注意数字技术的合理利用，将其与民族传统体育文化特征相契合，以防出现曲解的现象，否则就会严重影响民族传统体育文化的健康发展。目前来看，数字化保护技术大多是出于商业开发的目的，没有重视文化多样性的价值，这非常不利于民族传统体育文化历史风貌的还原。因此在利用数字化保护技术时要本着还原文化遗产的真实性原则进行。

2. 保持民族传统体育文化遗产的完整性

民族传统体育文化遗产体系非常复杂，在利用数字化保护技术的过程中，要收集或再现民族传统体育文化遗产的全貌，以防止出现保护的片面性。以武术为例，目前对武术套路的数字化保护，数据库中对武术的套路、基本动作等都进行了一定的采集，但由于武术流派众多，体系庞大，很难记录下这些武术流派的全貌，这就容易导致人们对武术的认识出现偏差，严重影响武术文化遗产传承与保护的完整性。

3. 与现实保护相结合

在民族传统体育文化遗产数字化保护的过程中，不仅要在虚拟世界中做好保护，还要在现实世界中进行必要的保护。目前，随着科学技术的日益发达，人们不仅可以虚拟访问民族传统体育文化遗产，而且还可以进行现实体验，虚拟与现实相结合能很好地传承与保护我国的民族传统体育文化。

第九节　民族体育的发展路径重构

一、重新定位责任主体

文化的创造与发展是在多种力量的参与下进行的，而随着社会文明的快速发展，不同行业、不同群体之间的联系日益密切并共同参与社会公共事务的管理。需要全面协调平衡不同责任主体之间的位置关系才能促进少数民族传统体育的可持续发展。国家民族事务委员会、国家体育总局、教育部、农业农村部、文化和旅游部共同构成了我国少数民族传统体育的管理责任主体，具体负责少数民族传统体育竞赛、训练基地建设、非物质文化遗产保护。上述职能部门往往以主导方式管理少数民族传统体育的一切事务，导致职能部门与少数民族群众之间主体地位的倒置，而相关职能部门之间由于工作性质差异缺乏有效的沟通机制，对少数民族传统体育的管理经常出现相互打架或无人管理的尴尬局面。少数民族传统体育作为乡土文化而存在，与农业生产、农村人居环境等共同构成了美丽乡村建设的文化景观，属于农业农村部管辖范围，但目前农业农村部对少数民族传统体育事务管理职责并不明确。与此同时，各县区由于教育、文化、体育、旅游、广电等行业机构重组方式各不相同，难以保证对少数民族传统体育发展指导与管理的实效。因此，应当对少数民族传统体育发展的责任主体进行适当调整。国家层面可以考虑在国家体育总局设立少数民族体育管理中心，国家民族事务委员会单独设置民族体育司，使少数民族传统体育在行政级别上获得相应的政治地位。国家体育总局、国家民族事务委员会、文化和旅游部、中宣部、教育部、农业农村部、财政部协同合作、总体规划，对少数民族传统体育发展进行政策性的宏观调控与经费保障。如国家民族事务委员会具体负责落实"少数民族体育特色村寨"建设，农业农村部具体组织少数民族传统体育"一村一品"工程建设，国家体育总局具体负责少数民族传统体育单项协会管理、运动员注册等，民政部具体负责少数民族体育社团注册与管理工作。地方各级人民政府和相关职能部门、少数民族传统体育单项协会、各级各类学校具体负责各类赛事组织管理，少数民族传统体育教学与基地建设、少数民族传统体育产业开发等业务指导与管理工作。而村级行政部门、宗族组织与农村少数民族群众、城市少数民族、少数民族学生是少数民族传统体育传承的具体执行者，他们主要参与少数民族村寨体育竞赛与产业开发、少数民族传统体育教学与竞赛、城市社区少数民族传统体育活动。行政部门应当尊重少数民族习俗，不能对少数民族传统体育活动内容、仪式过程等过度干预，避免职能部门与少数民族群众之间的观念冲突。

二、综合创新传播媒介

传播工具是决定文化传承质量的核心要素。历史表明，口传身授的方式已经不能满足少数民族传统体育发展的需要。因此，应当对少数民族传统体育传播工具进行综合创新。（1）国家体育总局、国家民族事务委员会、文化和旅游部、非物质文化遗产保护中心组织相关人员对现有少数民族传统体育进行普查，记录少数民族传统体育的展演方式，收集少数民族传统体育相关器物、图谱、文献，建设少数民族传统体育数字资源库与博物馆。（2）积极建设少数民族传统体育微信公众号和微博，构建少数民族体育活动项目简介、少数民族传统体育赛事、少数民族传统体育文化、少数民族传统体育明星人物、少数民族传统体育产业等栏目，对少数民族传统体育进行实时播报。（3）中央电视台等主流媒体积极调整对少数民族传统体育播报的时段与时长，促进社会对少数民族传统体育的了解。（4）发挥建筑独特的权威性与神圣性媒介符号价值，建设具有民族特色的体育场馆或公共服务设施，以固化民众对少数民族传统体育的文化记忆，铸造少数民族体育文化地理标志。①

三、深入拓展传承方式

（1）通过市场机制杠杆作用，对少数民族传统体育进行适度产业开发。如"芦笙舞""上刀山""下火海"等表演类项目结合全域旅游、休闲农业等产业在节庆活动与民族集会时进行少数民族传统体育展演，非节庆与集会时间少数民族群众从事农业生产等经济活动，以保证少数民族传统体育的异质性，在提升少数民族群众的人均收入水平的同时稳定乡村精英人才队伍。"射箭""陀螺"等器械具有较强象征意义，少数民族传统体育可以开展体育器械制造销售业促进民族体育器械的制作工艺传承。在国务院划定的 14 个集中连片贫困地区可以借助精准扶贫政策优势，通过政府经费支持以及改善基础设施建设等方式，引导当地居民成立少数民族体育产业发展合作社，开展少数民族传统体育旅游业、少数民族传统体育用品制造业、少数民族传统体育文化创意产业，实现群众脱贫致富与民族文化传承的共生共赢。（2）在少数民族聚居区根据当地实际情况将部分易于开展的少数民族传统体育项目引进校园，如湖南洞口罗溪中学的射弩、贵州荔波瑶山中学的陀螺已经完全替代了竞技体育，成为学校体育教学的主要内容。（3）通过少数民族传统体育运动会、民族体育单项赛、邀请赛、民间赛等竞赛方式推动少数民族传统体育的传承，但少数民族传统体育竞赛应当去竞技化，逐步实现表演项目取代竞技项目，表演项目应当以少数民族群众为表演者，表演内容不能因人为改变而丧失民族特色。（4）少数民族地区通过体育特色小镇建设传承少数民族传统体育项目，如万达集团投资 5 亿元在贵州丹寨打造的万达小镇通过建设创客基地、传习基地等方式整体性地对民族医药、民族体育、民族艺术进行了产

---

① 田祖国. 少数民族节日体育发展研究 [J]. 民族论坛，2009（6）：31-32.

业开发，每天在不同时间段聘请当地少数民族群众免费向游客展演"锦鸡舞""跳芦笙"等，以眼球经济吸引外来游客游览观光，每年从小镇收入中提取5000 万元作为扶贫专项资金帮扶当地困难群体与少数民族贫困群众。

四、积极构建品牌形象

少数民族传统体育是一种文化产品，产品就应当打造品牌、形成特色。

（1）少数民族聚居地应当积极申报农业农村部"一村一品"工程、国家民委"少数民族特色村寨"等文化保护项目，通过项目建设获得经费支持，并打造村寨少数民族体育文化国家品牌，通过国家品牌影响力带动少数民族传统体育传承与发展，并推动相关产业链的发展，黔东南通过精心组织，其少数民族特色村寨项目数量已经走在全国前列。岜沙苗寨以"世界上最后一个枪手部落"为卖点，以农户集体经营轮流展演的方式吸引了大量国内外游客，发挥了少数民族传统体育在民族地区脱贫攻坚战略中的造血功能。

（2）以非物质文化遗产保护为阵地，鼓励少数民族传统体育重要传人打破原有的传承模式进行技艺传承，如贵州省贵定县通过解决国家级非物质文化遗产苗族"长衫龙"传人人事编制的方式，促进了民族体育教育传承模式的推广。

（3）以"孔子学院""一带一路"建设为契机、以跨境民族为重点积极推动少数民族传统体育在"一带一路"沿线国家互动发展并引领少数民族传统体育国际形象构建，提升少数民族传统体育的国际影响力，推动少数民族传统体育的国际化传播。

五、不断优化监管机制

（1）通过政策引领促进少数民族传统体育的可持续发展，国家层面对《全民健身条例》等法律条文进行相应修改，地方各级政府应当制定相应的配套制度，便于基层行政部门的实践操作、充分发挥乡村精英在传承少数民族传统体育中的积极作用。

（2）辩证看待传统，组织相关力量对族规乡约、少数民族习惯法进行适当修正，通过"寨老""油锅组织"等乡村社会组织对少数民族传统体育进行合理社会控制，一方面可以缓解民众与村级行政力量之间的对立情绪；另一方面可以节约行政管理的人力资本、充分发挥熟人社会便于开展各项社会活动的积极作用。

（3）建设少数民族传统体育智库联盟，搭建少数民族传统体育参与公共体育服务平台、少数民族传统体育合作交流平台，通过智库建设参与少数民族传统体育的发展决策，会聚少数民族传统体育高端人才。

（4）采用第三方评价方式对少数民族传统体育传承质量进行评价，重点从参与人员数量、活动内容、活动时间、展演形式、文化认同、经济价值、社会效益、政策机制、风险管控等方面对少数民族传统体育传承质量进行总体评估。

第七章 单一到多元：
民族传统体育发展的趋势问题

中华民族传统体育是由中华民族创造并传承下来的，作为一种综合的文化现象，包含了一个民族的伦理价值、国民性格、审美情趣等，是中华民族传统文化构成的认同要素。"健康中国"新理念的提出，体现了以人为本的人文精神和促进人的全面发展的人文情怀，是民族昌盛和国家富强的重要标志。伴随着世界经济和文化全球化以及城镇化、都市化进程的快速推进，民族文化元素相互流通速度不断加快，推动民族关系和谐的持续性流动，民族传统体育传承向多元化方向发展。中华民族传统体育文化发挥着自身的文化特性，通过认同机制实现继承和发扬中国传统文化、提高各族人民健康水平、维系民族关系和谐发展的重要作用。为此，本章深入研究了民族传统体育在现代化、产业化、国际化、网络化、城市化和本土化的发展情况，为民族传统体育传承发展研究提供参考。

第一节 民族传统体育的现代化发展

一、生活化发展——借鉴瑜伽发展经验

东方最古老的强身术之一就是印度瑜伽术，产生于公元前，是印度先贤在最深沉的冥想和静定状态下，从直觉感悟生命的认知，它是人类聪明才智的结晶。

瑜伽强调修行者在大自然中观察万物，强调身、心、灵整合的概念，帮助肢体伸展、放松，每个缓和动作搭配呼吸训练，按摩不同部位的内脏器官。瑜伽对于练习者的呼吸是较为看重的，瑜伽要求练习者能够控制呼吸，并使之与动作相协调，如此才能使身体处于真正的平衡状态，并且能够抚平情绪，

平静心灵。

如今的瑜伽术，是印度人民几千年来从实践中总结出的人体的科学的修炼法。自瑜伽传入我国后，成为大众普遍喜爱的健身项目之一，国内很多健身中心都开设了瑜伽术课程。现如今，全世界很多国家都开展了瑜伽运动，伴随这项运动而来的还有很多著名瑜伽师的奇特经历，人们对这些瑜伽师在修炼瑜伽后对自身体热、身体机能的控制和在自然环境中抵御严寒的能力无不叹为观止。

瑜伽在今天已经来到了我们的身边。在生活中，我们不难找到练习瑜伽的地方，体育健身俱乐部中有瑜伽课程，还有专门练习瑜伽的瑜伽馆，甚至还建立了瑜伽学院，将其作为一门学科进行系统的研究。在书店中也很容易找到多种类别的瑜伽主题书籍，在这些书籍中也不难发现瑜伽在不同领域中的运用方法。

我国的气功在很多方面与瑜伽术有着共同点，两者间最大的共同点就是都是一种追求自我心身锻炼的方法。在练习中不光追求动作的准确和协调，还要求用调身、调息、调心的方法与动作进行结合，以此追求一种入静的状态，这会让练习者获得涵养道德、祛病健身、陶冶性情等良好效益。如此渗入生命内涵的运动注定将成为人们健身养生的新选择。

从现代广义的气功而言，瑜伽和禅修中都包含类似气功的内容，它们之间有很多一致性，但是气功又具有自身的独特性。气功研究的目的，在各阶段始终立足于现实人生，以使人类得到现实利益为宗旨，气功锻炼的目的在于养生益智、健身治病、陶冶性情等。

佛教徒习练瑜伽术、禅修的主要目的是获得大智慧、摆脱烦恼，强健身体只是习练中获得的附属品，两者意守之境即"观"不同，气功中意守大多是有利于健康的"景"，瑜伽、禅修所意守的都是带有一定宗教性的内容，虽然从外表、方法上看起来没有差别，但是主观信念却有质的不同。

我国地处东亚，印度地处南亚，两者皆属于东方文明的范畴，文化上有着非常多的相似之处，如重精神而轻物质、重和谐而轻竞争、重集体而轻个人等。当然，不同点也是显而易见的，如以我国为代表的东亚文化属于儒家文化圈，而印度则属于印度教文化圈，文化圈的不同决定了在文化领域中也是存在差异的。东亚民族崇尚儒家文化，其中也存在一些与佛教文化相合的部分，然宗教成分并不占主导地位，是真正的世俗国家。印度教文化的特点是宗教学说与理念贯穿在印度人的心灵与行动中，印度人对于传统的种姓制度始终乐于维护，他们热衷追求灵魂的净化，倡导非暴力，并相信因果轮回说。

印度文化的重心是宗教，与现代文明有着本质的差异和冲突，印度新宗教民族主义的崛起与复兴，加强了印度浓厚的宗教色彩，与现代化发生碰撞和冲突，虽然两者有整合的部分，但是其中的对立面很难融合。印度传统文化的包袱太重，加上受到的冲击较小，制约了现代化和新文化的产生。

二、竞赛化发展——借鉴相扑和柔道的发展

对于文化传播的过程来说，几乎都不是通过简单的对外来文化的模仿就可以实现的，而是一种有选择的包容，存在着移植与在本土文化中的适应及再生的问题。亚洲国家近代体育的发展就是非常好的例子，尽管一些项目对西方竞技体育有所借鉴，但东方体育的特色却并没有完全消失殆尽。这里重点对日本的相扑和柔道进行分析。

相扑与柔道是日本非常有代表性的两项体育运动。在日本近代，虽然也有大量的西方体育传入，但这两项运动的开展依旧良好，并没有被西方体育完全取代，甚至还发展出了一条适配性极强的道路，使其一直传承到今天，并依旧保持着最纯粹、最古朴的日本风貌，进而被日本人认为是日本的"国粹"运动。

日本在近代彻底一改过去封建的幕府统治，奋发图强成为现代国家是始于明治维新。当时的明治维新全盘接受了西方思想，起初人们并没有意识到这里的问题，然而很快大部分国民就意识到不论怎样维新，都不能放弃本民族的优秀文化传统，于是在后来提出了"和魂洋才"的口号。同一时间，一些具有野心的政界人士推行军国主义的扩张政策，把"富国强兵"实施为"强兵富国"，词语的顺序一换，意义则大不同。新渡户稻造的"武士道"，成为日本人的宗教被广为推崇。

在亚洲，除了日本之外，还有许多国家在"向西方学"的同时注重保留本民族的文化，甚至这种理念在年青一代中更有生长的土壤。于是，更多致力于追求民族文化复兴和延续的活动涌现出来，如在民族节日庆典中穿着传统服饰，进行祭祀仪式，建立传统与现代的联系，培养社会民众的民族认同感等。

相扑在日本被称为"国技"，具有悠久的历史传统，经过数百年的传播推广，到圣武天皇时期已普及全国范围内，每年7月7日被设立为"相扑节"，尽管后来多次更改日期，但是从来没有取消过节日。中世纪后，日本民众渴望民族发展的愿望越来越强，在祭祀活动中出现了相扑比赛，政府将比赛的组织管理逐渐移交神社，自镰仓时代以后统称"神事相扑"。

贺茂神社、住吉神社等是日本古都京都经常举办相扑比赛的地方。除相扑外，这些神社还经常举行日本传统的乐舞表演。庆长年间日本兴起新型的相扑比赛，称为劝进相扑，就是鼓励人们积极进取的含义。在过去，能够参加相扑赛的都是职业相扑力士，而想成为职业相扑力士的门槛并不高，只要是那些力量出众、技艺超群的人都有资格成为职业相扑力士，这足以说明相扑在日本是有群众基础的。

相扑的推广过程，展现了其大众化的发展过程，最终为全体日本国民所共有。在这个过程中，相扑运动成为国民精神的承载体。日本民众通过相扑这项运动抒发自己的民族感情，体现他们共同维护民族尊严，展示他们共同的审美情趣以及价值倾向，如此一来则非常便于他们产生大和民族的民族自豪感。

对于日本人来说，相扑运动的意义早已超出了体育运动的范畴，可以说是集古往今来之大成的民族运动，因此称其为"大相扑"。时至今日，相扑运动依旧保持着原始的风貌、文化和习俗，继续震撼着日本人的心灵。在日本，相扑是力量、技巧与智慧的象征，每一位相扑力士都拥有非常崇高的社会地位，而相扑中的横纲级选手更是成为民众心目中的英雄。

对于日本体育来说，很多都是从西方而来的项目，这一点与中国非常类似。1964年，日本东京举办了奥运会，这标志着日本基本完成了国家体育价值观念的转型，使日本成为大众体育运动蓬勃发展的国家，"体育为民"理念深入人心。能够带来这种变化的原因在于日本国内体育管理体制的变化，在那个时代，日本社会休闲娱乐风行，青少年参与体育运动的热情大减。大众体育理念的出现，也是为了扭转这种不利于大众体质健康的情况继续蔓延。

柔道也是日本的"国技"之一。这项运动现如今已经成为世界主流体育运动竞技项目。其从东方体坛步入西方运动项群的经验是非常值得我国学习借鉴的。柔道选择了交流与融合的道路，在形式上融入西方体育竞赛方式，但与此同时，其本来的民族文化的核心内容仍然完好保留着。

从武技类项目的推广来说，柔道只是其中最有代表性的一项，此外还有许多武技项目并没有完成"西化"，它们则继续依照自身内在发展规律发展着，近些年来，日本还希望将空手道沿着柔道成功的道路推向世界，进入奥运会。

对于中、日两国来说，武术都在各自文化构成中占有重要地位。甚至我国的先哲的思想在日本武术的发展中产生了巨大的影响，然而回顾近代可知，两国武术在发展方向和表现形式上出现了不小差异。

对于相关事物的研究，很多学者认为，日本发展的宝贵经验在于其非常注重他们尊崇的尚武精神的传播，这绝对是不能忽视的一点。其结果就是这种尚武精神在欧洲、美国等地的普及与传播的影响力大大超过我国的传统武术。以武立国的日本人，将武技用于精神的铸造，把练习武技作为青少年培养的途径。在武技类项目的发展中，成为现代体育项目的只是其中一小部分，绝大部分的项目仍旧保留着民族传统。日本国民对于传统体育社会调节功能有着较为深刻的理解，他们也更加重视对传统体育的利用和保护，而这正是我国传统体育文化传承和弘扬过程中所缺乏的。

三、表演化发展——借鉴民族传统运动会的发展

全国少数民族传统体育运动会弘扬民族文化，展示出我国多民族团结奋斗的精神风貌、各民族传统体育特色和运动水平，培养了我国优秀民族体育人才，是促进各民族大团结的盛会。各民族传统体育项目集竞赛、表演、音乐、舞蹈于一体，通过民族性、竞技性、趣味性的运动，展示了各民族的智慧和追求，以及在自娱自乐、沟通情感、美化生活中的生活状态。

全国少数民族传统体育运动会可以促进当地民族地区旅游、贸易的发展，促进民族地区经济的繁荣，是向世界展示我国民族团结和进步事业取得巨大成就的窗口和渠道。

少数民族传统体育运动会被认为是一项重要的民族体育盛会，是传承民族文化、提高民族健康水平、提升民族活力、展示民族风采、振奋民族精神的有效载体。我国的民运会不只是民族传统体育的竞技比赛展示平台，它在进行期间还包含有众多优秀民族传统体育项目的表演。这类表演囊括的民族众多，项目丰富，无疑是对民族传统体育的一次重要宣传，同时也促进了各民族对自身体育项目的整理、改善和推广。

在项目推广过程中，发现有些项目文艺歌舞色彩较浓、舞蹈技巧性过强，缺乏竞技性。为此，在第6届全国少数民族传统体育运动会中的表演项目尝试以竞技、技巧和综合三个类别对项目进行分类，如此使比赛更加朝着规范化的方向发展，如此不仅继续保留了项目的民族性，同时还对体育性有所加强。在第7届全国少数民族运动会中，出现了具有鲜明民族特点和便于普及的韵律操类项目，还有一些偏重文艺性的综合类表演项目的体育性也加强了不少。

在2015年举办的鄂尔多斯全国少数民族传统体育运动会上，正式的竞技比赛项目共有17项、表演项目有178项，有6240名来自全国各地的运动员参加了本次赛事。无论从规模和办赛质量上，都能感受到我国的民族传统体育发展的积极变化，能真切地感受到它在逐渐与现代体育接轨，在积极探索与奥运精神、全民健身、体育科学等理念的结合。

这里以贵州挖掘整理的表演项目"莲花十八响"为例对增强传统体育项目的体育性进行说明。"莲花十八响"本是贵州土家族的一种民间舞蹈，舞蹈中人们会拍打身体发出声响，而为了加强这个活动的体育性，编排人员将原本没有规律的随意拍打规定为拍打人体十八个穴位，由此给这项活动增加了体育性和健身性，并命名为"莲花十八响"。这种改变一下子就让这种民间活动成为富有体育性和健身性的健身运动。像这种事例比比皆是，这些项目在改编之后仍旧彰显出民族传统体育繁花似锦的绚丽光彩，调动了人们对其了解、发扬和继承的积极性。

事实上，每届民运会中的表演项目的规则都还在变化中，为的是让规则更加完善且坚持保留项目中所包含的民族传统文化，让项目展现出民族性、体育性和观赏性。如此一来，也更有利于民族传统体育项目转化为大众体育健身项目，这才是进一步推广和传承民族传统体育文化的根基。

对包括我国在内的众多国家的民族传统体育运动来说，其是体育大家庭中的一员，许多现代体育竞赛项目的起源都是民族传统体育。而这些项目的前身很有可能就是某种表演项目，如现代奥林匹克运动会就是在古希腊民族宗教祭典上演化而来的。项目本身也许是从狩猎、生活或祭祀行为中演变而来的，人们对其并不会有很大的陌生感，就像能歌善舞的少数民族习惯用歌舞表现生活那样正常。

民运会的表演项目一方面避免过分偏重舞台歌舞成分，忽略其体育性和健身性；另一方面，防止过分强调竞技性而忽略了其娱乐性和观赏性。

综观我国的民族传统体育，可以发现其中有很多非常值得进行竞技化改造的项目，对这些项目进行有序挖掘和整理并将其发扬光大是非常有价值的工作。不过，在对其进行竞技化改造时要注意继续扎根于中国民族传统体育文化，不能脱离民族传统之根本，否则其改造出来的结果必定有悖于民族传统体育发展的方向，而这并不是我们改造它的初衷。

我们面对不只是针对某一个单独的项目进行改造和创新，需要创新发展的是中国传统文化和各式各样的民风习俗。为此，在改造过程中应充分尊重少数民族群众的风俗习惯、审美心理和改造意愿，减少过多的强制性行政命令。改造的本质是为了让项目更能展现民族风情和地方特色，其成果应该是民族群众能够普遍接受的，只有这样，才能称其为合格的改造。

第二节　民族传统体育的产业化发展

一、民族传统体育产业化发展选择

随着我国社会经济的蓬勃发展以及市场经济体制越发完善，使得加入这个市场中的经济体都得以呈现出多元化的发展模式，而这能影响其经营方式，使其也展现出多元化的特点和良好的发展趋势。

民族体育朝着产业化的方向发展，就必定要加入市场经济中，同时也必然带有多元化的结构特点。为此，在发展民族传统体育产业的过程中，应特别注意对其在现代社会中的功能方面的研究，这是最能深层次挖掘民族传统体育项目及其文化的内在特质和价值的方式。当然，这种发展尝试一定不能脱离市场的需求。

民族传统体育朝着产业化发展的趋势与人类体育运动在各方面的延展是相互呼应的，由此可以认定其不难找到恰当的发展理论线索。所以，在民族体育文化的产业化发展过程中，还要力求将民族体育物质文化、精神文化与制度文化等方面相互结合起来。

（一）物质文化建设与民族传统体育产业化

民族体育在我国有着悠久的历史，是我国众多民族群众智慧的结晶。民族传统体育来源于民族大众的生活，并在长期实践中不断完善和传承，最终形成了独具特色的民族体育文化。民族传统体育文化之所以能够从活动项目升华到带有系统性和沿袭性文化的层面，这是与人们生活的物质环境有紧密关联的。

物质环境的因素会对民族体育物质文化发展构成一定影响，反过来，该文化也会作用到人们的体育活动之中。对民族体育物质文化要从广义和狭义两个层面来理解，广义上理解为包括民族体育物质生产力水平即创造财富的能力，而从狭义上则理解为能够供开展民族体育的运动场所或其他公共设施等物质基础。

产业化道路的形成对民族体育物质文化建设来说会起到无法替代的效能，其重要作用日益彰显出来。实际上，鉴于民族传统体育项目的起源决定了其并不会对场地和设施有很高的要求，但这并不代表它的开展完全不需要硬件设施的保障，缺乏这一基础注定也很难顺利开展，更难的还有推广。

政府在包括民族传统体育在内的体育物质建设工作中充当着主导者的角色。在相关建设工作中，政府通过统筹协调来配给资源，但受限于许多因素，仅靠政府一家对建设的投入是远远不够的，而这也就使其功能的发挥受限。如此使得能够供大众使用的民族体育活动场地等资源相对匮乏，远远不能满足人们的日常锻炼和参与需求。随着我国大众对生活质量和健康意识的进一步提升，这种供需之间的矛盾只会越来越大。

对上述矛盾的解决需要民族体育的产业化发展，这是促进相应硬件设施快速建设和建设完全的关键方式。在建设的过程中，要特别重视对资源的合理配置，尽量让本就不充裕的资源得到高效利用，避免浪费。与此同时，对民族体育的发展方式和策略也要有明确的方向，即确保其集约化和规模化的双向发展。

现阶段是体育文化快速发展的阶段，此时对人才的需求是大量的，并且要求质量过硬，这对民族传统体育产业化的发展来说所起到的促进作用是巨大的。

体育人口对任何形式的体育活动来说都非常关键，这是体育活动得以开展和延续的基础。体育人口是体育文化的物质主体和精神主体，在发展民族传统体育的过程中，要重视对体育人口进行研究和分析，重要的是确立"以人为本"的现代体育发展指导方针。提升体育人口也是不容忽视的民族传统体育物质基础，这与建设体育场馆与设施硬件是居于同等地位的。只有大量的体育人口，才能为体育文化的发展注入活力和创造力，才能高效利用体育物质文化资源。

（二）精神文化建设与民族传统体育产业化

对于体育人来说，其心中必定蕴含着一定的体育精神文化，这是他们的精神支柱，是人类在长期体育实践过程中形成和确立的价值观念和道德准则。正因如此，在民族传统体育产业化中也应将研究的目光投向精神层面的文化建设，这对民族传统体育产业化的发展来说意义非凡。精神文化建设之于民族传统体育产业化发展的重要作用具体体现在如下3点上。

1. 时代性和世界性特点

民族体育文化在现代的发展要兼容本体所具有的民族性特点和现代体育的基因，如此就使得其具有了或多或少的时代性和世界性的特点，这两个特点刚好统一于民族传统体育产业的国际化发展。在民族传统体育产业发展过程中，有多种体育文化互相渗透和交融，最终才形成了人们看到的民族体育文化的整合状态。通过对当前民族传统体育产业的发展状况的研究可知，我国民族传统体育产业的文化和科技含量正在逐步增长，带来的良好的传播效应对民族传统体育产业的发展具有积极的促进作用，这在现代这种多领域衔接紧密的历史时代中，以如此形式发展是非常重要的。

2. 现代体育精神的普及

现代体育精神以各种形式的体育运动为载体向广大群众传播，这其中当然也包括我国的民族传统体育。在民族传统体育产业发展的今天，现代体育精神和文化也融入其中，体育精神中公平、公正、合理竞争等理念也与民族传统体育有了很好结合。这不仅是体育精神传播的成功，也是民族体育运动和文化的一种需求。正是因为这种理念的存在，才使得人们通过参与体育活动而获得教化。从根本上说，人们对体育运动中的本体精神已经越发看重了，在这种精神的指导下，掺杂进体育中的许多不良价值观得以去除，公平、公正、公开的正确体育价值观得到弘扬，这种体育文化的道德准则已经成为体育运动的重要组成部分，而这对民族传统体育来说同样受用。随着体育产业的不断发展，体育道德教化民心的作用将会更加彰显，人们也会更加关注这一价值的创造与利用。

3. 民族体育文化的交流

目前，我国越发重视民族体育文化的弘扬以及鼓励其与其他体育文化的交流，这从侧面来说也是对体育产业化发展的一种带动。民族体育价值观念是民族体育精神文化的核心内容，它一般借助于与之匹配的体育符号为载体呈现给世人。民族体育相关产业和外延产业的发展是人们体育价值观念的重要表现形式，体育精神文化的交流和传播无疑对呈现体育价值的相关产业的发展有促进作用。这种民族体育文化产业化的深入发展，注定会让人们对民族体育文化有更深、更新、更全面的认识，而这需要必要的体育文化交流才能实现。

（三）制度文化建设与民族传统体育产业化

中华人民共和国成立以后，我国根据自身体育领域的现实情况和发展需要，确立了相应的体育制度文化。体育制度文化对所有体育相关活动都会带来一定的影响，特别是对包括民族传统体育产业在内的多项体育事业的发展有重要的助推或限制作用。事实上，尽管我国越发重视对各方面的体育体制和规则进行与时俱进的改革，但对于民族传统体育产业的发展的总体趋向来说，起到的影响仍旧是制约大于促进的。

要想面对和扭转这种局面，第一要务就是应与我国现代化建设的趋向同行，探索适应我国国情的民族体育制度文化和运行机制，并为完善相应的体育制度文化以及为体育文化的产业化发展提供支持。

这里需要特别说明的是，民族体育制度文化的确立和发展不是随机制定的，而是在长期的实践中形成并总结而成的，是最符合该事物的发展规律的，这个过程中也借鉴了不少其他国家的成功经验。另外，在民族体育制度文化的建设过程中，政府有关部门要对此予以重视，力求在落实各种促发展的举措过程中遵循相应的规律和规则，这一方面包括要符合社会经济的发展规律；另一方面还包括对其各种活动起到一定的规范和制约作用。

二、民族传统体育产业化发展问题

（一）面临失传困境

在文化全球化的趋势下，西方竞技体育文化传入我国，大众在进行运动健身的项目选择上也更加偏向主流运动项目，甚至新型时尚体育项目、极限体育项目在进入我国体育市场后也占去了大众体育产业的一定份额，民族体育的发展遭遇更为艰难的局面。

民族体育文化多为世代相传，但是缺乏系统的文字资料留存，传承人是延续文化的最核心环节。民族体育多源于农村和偏远地区，随着我国城镇化发展水平加快，农村人口快速下降，很多民族体育文化的传承人由于缺乏固定的收入来源，不得不进入城市打工，由此民族体育文化的传承出现断裂，后继无人的状况严重威胁到民族体育文化的传承。

（二）发展功利化

在市场经济条件下，那些受到大众欢迎，能够为当地居民带来巨大经济效益的民族体育文化得到了快速发展，而不受欢迎、经济利益较差的民族体育文化却遭遇冷淡对待，逐渐被人们遗忘。

在当地政府的大力支持和人民群众的配合下，受欢迎的民族体育文化得到大力推广，尽管这些项目在帮扶下快速发展，但是仍然需要面对过于功利化发展的偏差问题，并不利于民族体育的健康发展。

民族体育文化的发展过程中，可以促进当地经济的发展，也会促进人们思想意识的转变，是单纯的民俗传统体育文化增加了其他社会元素，减弱了其文化特质，最终流于形式。

民族体育文化的产业化发展本身就具有一定的功利性和商业性，这并不是缺点，但是如果在发展过程中过于看重经济效益，就会使原本健康的民族体育文化变味，弱化了它的文化内涵，使得民族体育文化逐渐衰退消失。

民族体育活动如果只是以营利为目的，那么就会丧失其内含的深厚文化价值，使人们缺乏精神上的契合，粗制滥造、低俗的民族体育活动表现出媚俗的特点，更是会误导大众对民族体育文化的认知，降低大众的审美标准。

（三）发展环境破坏

民族体育文化的生存和传承需要一定的环境空间，这个空间必须具备特定的地理环境、生产方式和宗教信仰，但是由于全球一体化趋势的影响，民族体育文化赖以生存的环境受到了冲击，严重威胁其发展和延续。这种威胁表现在以下三个方面。

1. 地理环境

民族体育文化萌发的土壤是地理环境，我国地域辽阔，地理环境复杂多样，为形成丰富多彩的民族体育文化奠定了自然基础。不同的地理环境孕育出不同的民俗文化，随着现代通信技术和交通的快速进步，地理环境对民族体育文化的天然保护屏障消失，从而使得民族体育文化面临着外来文化的冲击。

2. 思想意识

民族体育文化具有浓郁的民族特色，还会受到民族群体价值观念的影响。

随着外来文化的入侵，人们的生活方式发生了巨大变化，思想意识形态也会随之发生改变，大众对民族体育文化的认同感下降，制约了民族体育文化的传承。

3. 生产方式

民族体育文化来源于人们的生产生活过程，与人们的生活密切相关，骑马、斗牛等民族体育活动都来源于人们的生产过程，并逐渐兴盛发展。然而，随着科学技术的进步，生产力得到快速发展，传统的生产方式逐渐被现代化的高效生产方式取代，这些民族体育活动也仅仅只是作为一种体育活动而存在，不会运用在生产生活中，如果不注意保护传承，必然面临消失的风险。

三、民族传统体育产业化发展方向

（一）完善产业化管理机制

加快建立民族体育文化产业的管理机制，完善我国整体体育市场管理体制。探索新型的民族体育文化管理模式，改革民族体育活动竞赛体制，发展适应我国国情的体育竞赛管理模式。注重发挥市场在资源配置中的主导作用，进行多样化的赛制创新。

政府对民族传统体育的发展在开展实际工作的过程中，要注重突出其宏观管理职能，用一定的行政权力促进各方对民族传统体育管理的投入，激活民族传统体育产业市场实体切实发展，把这个市场做强、做大、做好，实现市场份额的提升。同时政府还应发挥其在基层民族传统体育组织建设方面的作用，调动社会各方面的力量，整合各方面的资源，促进基层民族体育的发展。

1. 加强体育行政管理体制的改革

促进民族传统体育产业的各市场实体的发展需要充分发挥政府对体育工作的宏观管理职能。与此同时，政府也要始终关注自身管理队伍人员素质的提升工作。

2. 加强运动项目管理体制的改革

对运动项目管理体制的改革的重点在建设相应的运动项目协会上，以及建立和完善相应的管理体系。

3. 加强基层体育组织的改革

对基层体育组织的改革的重点体现在以下三方面。

第一，突出政府的指导引领作用。

第二，突出政府的协调作用。

第三，对各类体育俱乐部予以扶持。

4. 加强体育竞赛体制的改革

体育竞赛体制的改革应注重以新型管理模式来探索，力求探寻到与我国国情相适应的体育竞赛管理模式。在这一过程中还要注重发挥市场对资源的配置作用，将体育竞赛市场全面放开。除上述这些之外，还应尝试对体育竞赛制度进行改革，以求使体育赛事的赛制不断推陈出新，由此实现对体育竞赛市场的活跃。

（二）加强培养体育人才

现代社会中各领域发展的关键因素就是人才，当今世界几乎都将优质人才看作发展的原动力。基于此，对于民族传统体育文化来说，要想实现其产业化发展，也要注重吸收和培养优质人才，最终构建起一套完整的人才体系。

目前，我国培养民族传统体育产业人才的主要方式为利用高等院校的教育优势，特别是体育专科院校的领域优势设立专门的民族传统体育专业，由此对相关专业的学生进行更加专业化的培养，以使他们在毕业之后能够立刻为民族传统体育产业的发展贡献力量。

制度是维系一项事物保持稳定运转的根本规则。在确定了推动民族传统体育产业发展的重要驱动因素是人才之后，对人才进行培养和建立完善的人才体系就是发展的重要内容和手段。因此，应注重体育人才的培养和使用等方面的制度建设，以此来确保人才在民族传统体育产业化发展过程中中坚力量的地位和发挥应有的作用。

（三）构建产业化市场体系

我国要形成区域间民族传统体育产业联盟，整合各省、区、市的民族体育文化资源，西部地区要善于利用自身民族体育文化资源丰富的优势，借助东部地区的资金、技术和人才力量，共建双赢的产业体系构架。建立民族体育文化经营市场，形成专营民族体育项目的大型经营公司，以市场为导向，以社会为依托，推进民族体育文化产业的发展。使民族体育文化产品走向世界，融合国际经济、文化的大发展，民族体育文化产业成为我国地区经济发展中的重要部分。

我国民族体育文化产品的种类可以根据这个项目的功能和形态结构进行

分类，共分为六大类（见图 7-1）。

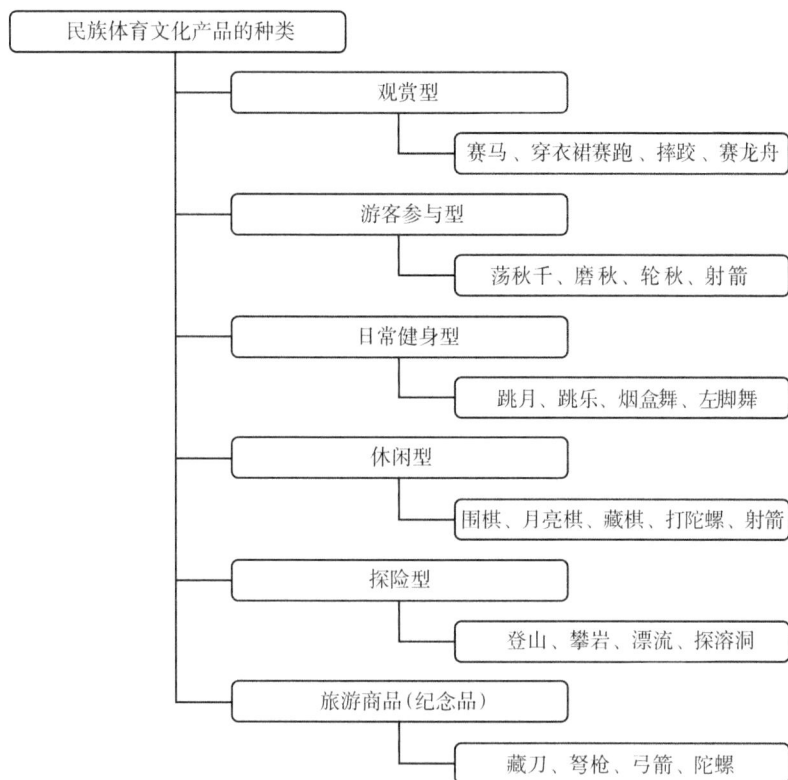

```
民族体育文化产品的种类
        ├── 观赏型
        │      └── 赛马、穿衣裙赛跑、摔跤、赛龙舟
        ├── 游客参与型
        │      └── 荡秋千、磨秋、轮秋、射箭
        ├── 日常健身型
        │      └── 跳月、跳乐、烟盒舞、左脚舞
        ├── 休闲型
        │      └── 围棋、月亮棋、藏棋、打陀螺、射箭
        ├── 探险型
        │      └── 登山、攀岩、漂流、探溶洞
        └── 旅游商品(纪念品)
               └── 藏刀、弩枪、弓箭、陀螺
```

图　7-1

民族体育文化产品可以根据其发展状况逐批推向市场，第一批拥有完善的竞技与游戏规则，具有竞技性、娱乐性，包括摔跤、赛马、赛龙舟、打陀螺等可直接商品化的项目。第二批是需要对民族体育文化产品进行整理和创新包装才可上市的项目，如爬刀杆、丢包、磨秋、跳竹竿等。第三批属于民族体育文化产品上市的条件不够成熟，还需要进一步培育发展的项目。

第三节　民族传统体育的国际化发展

一、武术国际化发展

2008 年北京奥运会开幕式、G20 峰会宏大的武术表演，中国武术开始走向国际舞台，向全世界展示了中国武术深厚的传统文化及底蕴内涵，国家体育总局武术运动管理中心还多次组织武术表演团、武术教学组，走出国门，向世界传播武术文化。

国家体育总局已提出《中国武术发展五年规划（2016—2020 年）》，这为新时期我国传统武术运动走向世界指明了前行的方向。目前，国际武术联合会中的会员已有 140 余个，这对于武术在全世界的传播有极大帮助。该联合会在举办的许多赛事中都能看到中国武术的身影，再加上我国一些著名的武术题材的电影在世界范围内的上映，这些都为那些想要了解中国传统武术的国际友人提供了一个窗口。

每个国家都有自身的文化元素和习俗，这使得我国的传统武术在国际化传播过程中要对这些事宜给予足够的尊重，这是加强文化的国际交流的基本原则。在此基础上，通过出版不同国家语言的武术书籍、教材、文字资料以及利用网络进行武术文化、健身推介和技术视频演示，逐步将我国传统武术与其他国家的文化进行对接。

现代社会是信息时代，是互联网的时代。在现代社会要想传播信息，网络是最佳的通道。为此，我国传统武术的传播也要借助好互联网这一优质平台，营造和谐友好的文化生态和舆论环境，大范围推广和传播武术。

武术是我国众多民族传统体育的代表，被誉为我国的"国术"。传统武术中镌刻有显著的中华民族传统文化烙印，而其作为一项体育运动，则带有特定的民族性和文化性内涵。为此，传统武术自然就成为最为理想的与国外友人进行交流的媒介，力求以武会友，以武促交流，以此借鉴不同国际文化和我国武术传统文化相融合，其优势主要体现在如下几点。

（一）互利共赢

传统西方竞技体育文化是个人能力决定一切，这与我国传统体育更加强调修身养性的理念有着本质上的不同。总的来说，中西方体育理念没有孰好孰坏之分，只是有不同的侧重。如果能将中西方体育文化观念相结合，对其中的优点予以充分吸收和整合，是有希望形成一种良性的竞争文化的，这种合理的竞争会将体育的发展带向一个新的高度。

我国传统文化历来讲究"和而不同"的文化理念。我国武术在跨文化交流和传播过程中秉承这种理念，积极地博取众家之所长，求同存异、取长补短、大胆创新，如此才能真正使传统武术文化成为国际性文化的一种。

（二）强调国家意识

我国传统武术文化的国际化发展不应也不能是一味向西方体育形式靠拢，而是应该借鉴西方体育的有益形式，并且保留自己的文化传统，注重对中国武术内在精神的传播，体现中国意识。也就是说，传统武术的国际化发展的核心目的还是为了传承和发展我国的优秀传统文化，而不是创造出新的竞技体育项目。

（三）整合资源

我国的传统武术是我国传统文化中的一个重要组成部分，武术与其他中华文化可谓是一脉相承。为此，其在传播和交流过程中也要注重与其文化相融合，如将武术与电影、艺术、教育、医学等文化的融合，由此形成对我国传统文化的整合。通过这种资源的整合，有利于更好促进我国武术的传播和交流。

二、健身气功国际化发展

在中华民族特有的传统体育运动项目和优秀文化遗产中，健身气功占有重要的地位，具有深厚的文化底蕴。从古至今，我国劳动人民都通过健身气功来强身健体，陶冶情操，丰富情感。

健身气功是一种具有自身特点的养生手段，在民族传统体育项目中具有重要的地位，集合中国传统哲学、伦理学、中医学、美学、养生学等多种文化思想和观念，融合形成了独特而精深的养生、健身理法，随着社会现代化的发展，以及健身气功本身所具有的形式多样、动作简单、功效显著等优点，其在今日有着越来越广泛的群众基础。

作为国家体育总局大力推广的体育项目，时至今日，健身气功已经成为全民健身运动中群众参与最为集中、发展最为快速的运动项目之一。与此同时，健身气功的国际化传播也得到了积极的发展，健身气功具有非常强的国际影响力，广泛地传播了中国传统体育文化，成为让世界了解中国的优秀民族传统体育项目。

三、散打国际化发展

散打项目是我国改革开放以后，历史与现实、继承与发展、改革与创新的产物，是优秀民族传统体育项目之一，是徒手格斗对抗的现代竞技体育项目，是中国武术的重要组成部分。

现代散打作为体育的竞技项目走过了 30 年的风雨历程，已经成为一个独立的技术体系，是现代体育科学与理念力量共同作用的结果，散打是对传统武术的系统整合，是理念和思想超越传统的结果。我们要用更加先进、前沿的眼光去看待散打的现代化发展，以更加拓展的思路规划散打，推动散打走向辉煌。

散打最初是与搏击文化相融合的产物，是中西方文化的结合体，中国传统文化在新时期需要不断创新发展，冲破固有的思维模式，积极融合世界文化，为传统文化的发展铺设新的道路。中国文化的特点就是具有广泛的包容性，促进民族的大融合、大统一，人们可以从中国文化的发展中发现民族文化相互作用的影响。

散打未来的发展，需要发扬相互融合的优点，吸纳搏击文化的特长，散打的发展并不是人为的结果，是世界范围内文化交流的结果，与中国武术结合的一种形式。

我国武术发展被计划经济的固有思维模式禁锢，一元化理念比较突出，很长一段时间都处于计划经济下，导致发展过于单一、模式化。很多传统武术的支持者认为竞技武术是武术的异化，并不是真正意义上的武术，丢失了武术的传统文化精髓，这种固化思想将武术放在自认为是正确的道路中。

在散打的多元化发展过程中，要树立尊重和理解的思想观念。多元化发展是以尊重不同文化、不同见解为出发点的，只有在尊重和理解他人的观点与意见的基础上，才能形成平等的竞争格局，使多元化得以真正发展，武术才能真正具备竞争力。

四、太极拳国际化发展

太极拳在我国大众心目中早已是耳熟能详般的存在，其是我国传统武术中的精华，蕴含着丰富的中华文化，具有深刻的哲学思想和文化内涵，是公认的文化拳和哲理拳，是最能体现中国传统思想文化的拳术。作为我国优秀的民族传统体育项目之一，太极拳已有 300 多年的历史。

如此与众不同的太极拳对习练者具有特殊修身、娱乐、技击等功能。为此，其群众基础坚实，参与面广泛，甚至吸引着世界其他国家的武术爱好者学习。文化底蕴深厚的太极拳早已超出了一项武术运动的意义，进而成为促进经济发展、提高人民生活质量的一大推动力量。

在太极拳的国际化传播中，传播者需要熟练掌握太极拳的拳法套路，具有良好的跨文化交际能力，熟练的外语更是基本条件。如果在跨文化交流的过程中出现了语言障碍或是因为缺乏跨文化技能出现了交流障碍，会对太极拳文化的对外传播产生非常大的负面影响。

受到各种因素的限制，具有跨文化能力的高素质人才并不多，目前海外的太极拳传播者在技法上的造诣比较深，传播技艺肯定没有问题，但是，还没有较好的能力传播太极拳文化，这需要更高能力和素质的人才。因此，我国要高度重视对太极拳海外传播者的培养，不要让非专业人士的非专业传播而误导了海外学习者对太极拳的了解，从而影响了太极拳在世界上的良好形象。

体育赛事的对抗性逐渐加强，卖点也越来越高，太极拳成为高水平的体育赛事。为此，很有必要建立起一个以太极拳为主的"人才市场"，这个"市场"的作用在于培训各主要流派的太极拳教练员和优秀的传承人，聚拢人才，不断优化太极拳市场发展所需的人力资源，使太极拳的传播与发展更加科学合理，并且具备坚实的群众基础。

第四节 民族传统体育的网络化发展

我国众多的民族传统体育项目都是从各民族富有特色的地域和人文环境中衍生而来的，这些项目大多源自民族群众的日常生活和风俗习惯。民族传统体育已经成为各民族群众一种普遍认同的精神符号，他们对这些项目有着深厚的感情，也注重对这些项目进行悉心传承与保护。

在实际保护和传播工作中，传统的保护方式已然显得落伍，其关键在于难以真正还原真实、生动、形象的民族传统体育活动，如此则不能将其特殊性完整地展现在大众面前。现如今，随着信息技术的不断完善，计算机引领的互联网技术为实现民族传统体育的完整保护提供了更具有优势的方案。通过系统全面的记录方式，为民族传统体育项目建档，利用网络平台进行传播，无疑是传播民族传统体育最为有效的方式。

一、网络化传播的途径

目前，对民族传统体育进行网络化传播的途径主要有如下三种。

（一）竞技传播

竞技，是体育运动的重要形式。民族传统体育的传播也需要有竞技的形式，为此，我国举办有全国少数民族传统体育运动会，这可以称得上是我国民族传统体育的盛会，是展示传统体育项目的大舞台。民运会项目的设置将传统体育项目竞技化，各省市也举办相应的运动会或单项竞技赛，这些竞技活动为传统体育项目的传承传播提供了平台，将具有民族特色的体育项目展现出来。但需要认识到的是，能够成为民运会比赛项目的运动毕竟是少数的，此外还有大量项目没能进入其中，也就失去了竞技传播的机会。对于这类项目的保护还是要从内容和文化上着手，力求提高项目的民族性和竞技性，然后立足于大众健身娱乐之中，以此推动民族传统体育事业的传播和网络化发展。

（二）教育传播

学校是重要的知识和技能的传授场所，文化的传承必定离不开学校教育这一重要途径。对于民族传统体育文化的传承来说，学校是最容易实现推广、增强其影响力的地方。文化传播的重要受众是广大社会民众，但学生群体是最为重要的传播对象，作为社会建设事业的接班人，他们的思想及其对民族传统体育传承的看法决定了未来社会对这项事业的看法。为此，务必要建立起针对民族传统体育及其文化的完善体系，并以学校教育传播为重要传承模式，持续推进民族传统体育的传播与发展。

（三）旅游传播

民族传统体育广泛存在于各民族地区之中，这些民族地区中有很多拥有丰富的旅游资源，是游客青睐的旅游目的地。由此也为民族传统体育的传播创建了另一条渠道，那就是旅游传播。通过挖掘和开发民族传统体育旅游资源，一方面是对民族传统体育的传播；另一方面还是丰富地区旅游内容的良好举措，可谓是一举多得的行为。通过具有体育特色的旅游活动，让游客在休闲体育活动中体验到民族传统体育活动的魅力，这种旅游活动已经成为当下体育旅游产业的亮点，让游客在强身健体的同时还可以建立民族情感、塑造心灵。

二、网络化传播中遇到的阻碍

（一）缺乏专业人员

尽管目前我国大众大力支持弘扬民族传统体育运动的倡议，但对这些宝贵民族文化的保护意识和传播意识仍旧稍显不足，再加上有关部门对队伍的建设不够完善，使得民族传统体育的网络化传播工作难以正常开展。现如今，网络化体育传播的主战场在竞技体育领域，而对民族传统体育的网络化传播力量薄弱，人才更是稀有。在民族传统体育文化保护与传承过程中显现出数字与网络技术不够先进、运用不够灵活等问题。这些问题直接指向了缺少了解与尊重民族传统体育文化的专业人才这个困局，为此，使得现有人员所制作出的内容过分娱乐化和趣味化，这是对民族传统体育文化价值的损害，非常值得人们警惕。而要想解决这个问题，还是要从挖掘和培养专业人才入手，这才是解决问题的根本。

（二）网络资源匮乏

网络是由文字、图片、GIF 动画、音频和视频等多媒体组成的综合体。就我国目前有关民族传统体育网站的情况来看，图文仍旧是信息的主体，信息形式略显单一，更重要的还在于内容不足，采编水平低。尽管一些网站提供了音频、视频等资料，但数量不足，内容不成体系，给人一种"东一下、西一下"的零碎感。无米下锅的局面是困扰目前我国民族传统体育网络传播的关键问题，这也使得相关数字化工作处境不佳，如此下去自然不容易吸引广大受众对民族传统体育的兴趣。

（三）缺少资金支持

我国拥有近千项民族传统体育项目，这一数量可谓惊人，如果妄图将这些项目全部进行数字化和网络化处理，无疑需要不菲的资金。如果将其中一些代表性较强的项目进行精心包装和制作，则需要更多的资金。现阶段各级政府已经对民族传统体育文化的保护与传承工作给予了很大重视，并为此进行了不少实质性的资金投入。与过去相比，现在对此投入的资金已经有了较大幅度的提升，但目前的投入和需求相比仍旧不够，资金缺口仍旧较大，数字和网络技术的最大优势还难以在地域性强、分散性特点突出的民族传统体育文化保护与传承中发挥应有作用。由此也就决定了对民族传统体育文化的保护与传承工作的资金投入需要长期进行。

三、构建民族传统体育的网络化平台

现代网络将世界各地的信息连接到了一起。正是这种信息传递的快速性，提高了人们的生活效率，也让人们对外界事物的了解更快、更多、更广。网络化可以称得上是一种革命，要想实现网络化资源共享，就需要建立起一个可供展示的平台，即网络化平台。如果是为民族传统体育的传播发展构建一个专门的网络化平台，首先就要挖掘出丰富的内容，这样才能吸引对民族传统体育感兴趣的受众前来浏览。

考虑到我国民族传统体育发展的紧迫性和重要性，对相关网络化平台的建设工作要加紧开展。政府在建设过程中要突出发挥组织作用，特别是在信息内容收集阶段要派专业人员深入广大的民族地区考察调研，以使其收集到的内容确实能让受众通过浏览后对民族传统体育风情有所了解，进而促生他们逐渐形成自发保护和传播民族传统体育的意识与行为。

第五节　民族传统体育的城市化发展

我国民族传统体育历史悠久，是我国几千年历史文明的产物，具有浓厚的民族文化特色，不仅是我国宝贵的民族文化遗产，而且也是经过历代人们验证的具有强身健体功效的体育运动。

随着改革开放进程的加快，我们和世界的联系越加紧密，西方文化快速发展起来，与此同时，伴随西方商业浪潮的到来，具有浓厚商业性质的西方体育运动迅速占领了我国大部分体育市场。这无疑在一定程度上压制了我国民族传统体育的发展，加强民族传统体育理论研究，探寻我国民族传统体育城市化的发展道路就显得十分迫切和重要。

一、城市化对民族传统体育的影响

城市化严谨性的特点决定了城市生活更为规范，对民族传统体育文化也是这样，凡是进入城市中的民族传统体育活动会受到城市化的限制，被迫有一定程度的修改，这导致民族传统体育活动的随意性降低，缺少了技巧性、艺术性、娱乐性、趣味性。但随着新型城市社区、公园、绿地等的出现，一些民族传统体育活动的开展有了必要的场所，得以传承与发展。逐渐地，一

些民族传统体育项目在现代体育的冲击下，脱离了民族传统体育的范畴，成为城镇居民日常健身锻炼的体育项目和休闲娱乐方式。

（一）受众减少

城市化使得民族传统体育文化的受众逐步减少，改变了人们传统的生活方式。众所周知，少数民族地区生活方式相对落后，日出而作、日落而息，但随着城市现代化进程加快，人们不断调整和改变这种传统的生活方式，城市中开展的民族传统体育活动变得越来越少，参加民族传统体育活动的人数逐渐下降。

改革开放以来，随着我国经济大发展和西部大开发战略的实施，过去偏远的西部少数民族地区的经济、文化得到了很大发展，各少数民族的生活环境和生活方式都发生了很大的改变，少数民族的生活城镇化程度越来越高。

城镇化发展逐渐打破了少数民族过去赖以生存的民族文化生态环境和生活习惯，随着物质文化生活水平的不断提升，人们潜意识里的价值观也发生了变化。同时，外来文化的传播，对少数民族传统体育的发展造成了一定的冲击，其生存和民族发展空间逐步被压缩，而现代化的生活方式也在很大程度上制约了少数民族传统体育项目的发展和传承。

（二）失去组织依托

民族向心力和凝聚力在城市化的进程中逐渐减弱。社会节奏的加快和生活压力的增大使得民族性体育活动难以举办，久而久之导致各民族成员间的向心力和凝聚力不断减弱，使得少数民族传统体育文化的传播失去了组织依托。

民族传统体育的发展在很大程度上取决于传统体育运动会的举办，运动会是民族传统体育整体水平的体现，也是加强民族融合、大范围推广民族传统体育的一个大舞台。通过举办民族传统体育运动会，加强各民族之间体育文化的相互交流、相互借鉴。尽管当前各地也会举办民族传统体育运动会，民族传统体育运动的开展却比较缓慢和滞后，和现代竞技体育运动开展的数量、范围和频率相比，民族传统体育运动开展的规模小、数量少、影响力小。

很多地方组织的民族传统体育赛事不成规模，围绕其开展的各类基础性赛事就更少，少数民族传统体育项目的创新性不够，缺乏足够的吸引力，传统体育项目不能很好体现出体育竞赛项目的激烈、刺激等特点，项目的观赏性不够。

绝大多数少数民族传统体育项目都缺乏理论基础的支撑，相关理论研究体系薄弱，无法正确指导实践，严重影响了民族传统体育的持续发展。

（三）缺乏物质资源支撑

由于缺乏对民族传统体育文化的重视，传承机制不够健全，以及缺乏民族体育活动传承人等问题的存在，我国各地区经济发展不平衡，有的地区经济发展落后，建设经费匮乏，对地区体育事业的经费投入比例少，相关场地建设、人才培养、项目推广等方面的物力支持显得捉襟见肘。

各地区政府将大部分精力和时间都投入经济建设，忽略了处于发展边缘的民族传统体育，在缺乏政府的人力、物力支持的情况下，其发展必然受到极其严重的制约。

（四）学校教育缺失

城市化的进程影响学校教育，很多学校不重视与民族传统体育相关的体育活动，不开设相关课程，以西藏民族大学为例，藏族学生热爱踢足球、打篮球，但是很少有学生参加具有藏族特色的体育活动，民族体育文化缺乏重视，严重影响其未来的发展。

在昆明，各类学校的体育课程中所开设的民族传统体育项目非常少，大多数学校的体育课程都比较偏重现代体育项目，在比较常见的传统体育项目中，只有武术等被纳入学校体育教学之中，大多数的民族传统体育项目没有出现在学校教育中，直接影响学生对民族传统体育的认识和了解，不利于其普及和传播。

较受广大青少年学生喜爱和追捧的现代体育项目主要是篮球、足球、排球等，随着跑酷、瑜伽、健美操等新式体育项目的发展和流行，我国本土的民族传统体育被忽视，很多学生并不清楚我国都有哪些民族传统体育项目，学生在追求西方体育项目的热潮中逐渐丧失了发扬本民族传统体育的观念。彝族的摔跤是过去最常见的民族传统体育项目，但是现在熟悉摔跤技巧和习俗的人越来越少，民族传统体育传承面临着巨大的危机。

二、民族传统体育城市化路径

（一）整合民族传统体育资源

我国是历史悠久的多民族融合的国家，众多的少数民族在几千年的发展历史中创造了丰富多彩的传统体育文化，对这些资源要进行全面彻底的调查和整理，挖掘其中珍贵且濒于消失的传统体育文化，做好档案记录工作，侧重对体育文化传承人的培养，让濒临消失的传统体育文化得以继续流传。

加强对民族传统体育文化资源的整合，对各民族、各地区的传统体育文化现状及分布情况进行调查整理，根据不同民族、不同地域、不同发展程度的民族传统体育文化进行分类，采取国家级和省级两层保护制度，运用科学手段保护重要的体育文化资源。

（二）结合城市旅游发展

民族传统体育较为丰富的地区都是风景秀丽的少数民族聚居区，拥有丰富的旅游资源，可以将传统体育与该区的旅游资源结合起来，优化资源配置，借助区域旅游的巨大优势来发展民族传统体育，促进二者共同发展。

选择一些旅游景点，设置具有民族特性和较强观赏性的传统体育项目作为旅游项目的一部分，为地区特色旅游增添文化氛围，是推广民族传统体育的绝佳时机，如跳花棚、赛龙舟、藤球等体育项目。很多人对这些项目都比较陌生，可以把它们作为旅游体验项目的重点，让游客能亲自观赏甚至去体验。

这样不仅可以活跃景区的氛围，使游客充分感受到民俗文化的乐趣，也能通过发展传统体育项目为景区增加更多的旅游经济收入，将民族传统体育项目纳入城市旅游规划之中；不仅能有效提升城市的特色旅游品质，也有助于城市经济建设的发展。

（三）结合学校教育

学校教育是人类有意识的文化与文明传递的最优形式之一，加强学校体育中的民族传统体育教育对促进民俗体育文化的发展具有重要的战略性意义。

学校教育对于文化的传承具有至关重要的作用和影响，将民族传统体育纳入学校体育体系之中，让传统体育进入课堂，成为现代教育的一部分，是发展和传承我国民族传统体育的重要途径之一。很多在校生对民族传统体育的认识很少，观念十分淡薄，针对这一现象，各级政府和相关教育部门为发展传统体育课程创造条件。

民族传统体育项目进入日常的教学体系中，将会使学生深化对地区少数民族传统体育的认识，有条件的地方可以建立以学校为中心的传统体育项目人才培养基地，积极开展民族传统体育活动和培训班，有计划、有目的地培养一批优秀的传统体育人才。

应有计划地把民族传统体育项目纳入学校的公共体育课教材中，推动民族传统体育在学校的积极开展。加强对少数民族传统体育的理论建设，完善教学方法和理论体系，使民族传统体育建设走上规范发展之路。在高等体育院校，特别是在少数民族地区的高校中推广民族传统体育。将民族传统体育列入正式的教学计划，使学生系统地学习与掌握民族传统体育项目。

（四）纳入全民健身体系

近年来，在全民健身影响下，一部分民族传统体育项目成为人们参加健身的重要手段，受到广大人民群众的欢迎和喜爱，由此可见，民族传统体育的发展有着良好的群众基础。民族传统体育与中华传统文化有着很深的渊源。其内含的中国哲学与传统中医对现代人追求健康、关爱生命的健身追求有着重要的指导作用，将民族传统体育纳入全民健身体系是促进民族传统体育文化发展的重要策略之一。

一方面，在体育实践活动中，民族传统体育形式灵活，受场地、器材的限制较少，人们可以在街头巷尾、林间草地、室内室外的任何一个地方从事民族传统体育活动，在一定程度上能解决我国社区公共体育设施匮乏的困境。另一方面，我国的民族传统体育在健身保健方面有着现代体育所不具备的天然优势。在大力提倡全民健身的今天，开发民族传统体育项目，将民族传统体育引入群众体育领域是目前民族传统体育城市化的重要体现。

第六节　民族传统体育的本土化发展

随着现代科技及市场经济的快速发展，世界格局进入了全球化的时代，同经济、文化的全球化一样，体育全球化作为一种客观存在，已经成为历史发展的必然产物。在体育全球化发展的浪潮中，西方体育文化借助强势文化的发展，已经渗透世界各国民众生活之中。受各方面因素的影响，民族传统体育文化在发展过程中或多或少地面临着一定的危机，尤其是一些特点并不是特别鲜明、与现代社会发展不相符的民族传统体育项目已濒临灭绝的边缘。

以西方价值观念为主导的体育全球化构成了对民族传统体育文化的挤压，

出现了"本土化"与"西方化"以及"民族化"与"全球化"的对峙局面，我国本土的民族传统体育也无法摆脱这种困境。

一、本土化与民族传统体育发展

本土化最早是社会学与人类学常用的概念，具有在本地原有某种物质基础上生长的含义，随着本土化理论的深入研究，20世纪后期，本土化开始成为世界范围内的运动。

本土化主要包括两个方面，第一个方面指外域文化的本土化，他国文化在本国的传播过程中，吸收本国文化进行适度的本土性改造，逐步形成具有本民族特色，适应本国、本地或本民族的某种性质或状态。

第二个方面指的是本国文化的本土化，土生土长于本国或本地的、具有本民族鲜明特色的文化，经过长期转变后，达到广泛适应本国、本地、本民族的某种性质或状态。

从本土化的两个方面可以看到，文化的本土化发展是文化赖以生存的基础，无论是本国文化还是他国文化，都需要本土化作为基础，否则就会失去赖以生存的环境，最终消亡。在文化本土化的过程中，文化的发展和本国或他国的文化传统、生活方式、价值追求等有密切联系。

中国土生土长的体育活动进一步在全国普及，成为大众体育的形式和内容，外来体育在中国的同化，进一步融入中国文化，成为中国本土体育。我国民族传统体育本土化，是指作为我国土生土长的民族文化在中国本国的发展。

在农业社会发展过程中，民族传统体育本土化问题并不明显，因为各国之间的文化交往还相对落后，不同文化之间也不会构成威胁，民族传统体育的本土文化不需要刻意维护就可以自然存在。随着全球化步伐的日渐加速，不同文化之间的联系更加广泛，彼此影响也日益严重，所以各民族国家和地区的文化都把维护自身的存在看作神圣的职责。

二、民族传统体育本土化发展路径

（一）本土化是民族传统体育发展的基本道路

民族传统体育的发扬与传承离不开本民族百姓的了解、学习、参与和继承，我国一部分少数民族同胞的青少年一代甚至中年一代已经不会自己本民族的语言，作为基本文化要素的语言不能传承意味着生活经验传承的最基本方法出现了断层，更不用说接下来的口传身授了。

语言是思维的工具，失去本民族语言就是失去了本民族传统的思维习惯与意识形态，失去了本民族的特色文化。目前，我国一些由政府机构直接支持的民族传统体育项目，在国内和国际上都具有较大的影响力，民族传统体育本土化发展的作用开始显现。

（二）提高民众对民族传统体育的认识

民族传统体育文化起源于民间，发展于民间，具有广泛的群众基础。如果离开当地人民群众的支持，民族传统体育文化就很难继续生存和发展下去。

民族代表着某一区域的民众的风俗习惯，体现着当地民众的思维模式、生活模式、行为模式等。随着时代的发展和变迁，人民群众的思想观念、生产和生活方式必然会发生变化，而民族文化也必然会随之发生变异，甚至消失。

民族传统体育文化作为民俗文化的一种，其发展离不开人民群众的保护和传承，人民群众是民俗体育文化的行为主体。保护民族传统体育，促进民族传统体育的可持续发展的根本措施就在于强化民众的民族自觉意识，提高他们对民族传统体育文化的认识。只有民众的民族传统体育意识提高了，民族传统体育才能传承下去。

（三）引导民族传统体育文化向良性发展

随着现代社会的不断发展，民族传统体育赖以生存的环境遭到一定程度的破坏，在传承与发展的过程中发生了一定的变异。但这种变异可以是良性的，只有适应人民群众和社会发展需求的、与时俱进的良性变异才能保证民族传统体育继续生存和发展下去。

因此，在民族传统体育发展的过程中，引导民族传统体育的良性变异是其生存和发展的正确途径。引导良性变异应建立在追求健康的、为大众所喜爱的、积极向上的文化品位的基础上，决不能片面地追求商品价值，甚至把糟粕当成精华来加以宣扬。为确保我国民族传统体育的本土化发展，就必须鼓励和正确引导民族传统体育文化向良性变异，对民族传统体育的发展作出科学的引导。

在奥林匹克文化全球化的浪潮中，各民族传统体育文化不可避免地要受到不同程度的影响，随着社会的开放、人们健康意识的深层次觉醒以及体育和人们生活质量联系的越来越紧密，这种碰撞将会越来越尖锐。

21 世纪的中国社会进入一个休闲娱乐社会，物质文化生活水平提高，人们对精神文化生活的渴望日益强烈，中国传统体育文化独具的修身养性、顺应自然、休闲娱乐的价值理念契合当今时代对健康的理解与要求。后工业时代人类对人文精神的呼唤，对休闲娱乐生活方式的强烈渴求，使重视养生、顺应自然、休闲娱乐的中国民族传统体育文化向理性回归。

第八章　典型案例：
民族传统体育发展的策略探寻

我国幅员辽阔，不同的地区具有不同风格与类型的民族传统体育文化，这些丰富多彩的民族传统体育文化对于我国各地区的民族文化发展具有重要促进作用，共同构成我国庞大的民族体育文化体系。本章以东北地区、西北地区、西南地区、华东地区、华北地区、华南地区、闽台地区的民族传统体育为研究对象，分别对各地区典型民族传统体育项目及文化进行阐析。

第一节　东北地区民族传统体育

一、东北地区典型民族传统体育项目

（一）打布鲁

1. 打布鲁概述

打布鲁，为蒙古语音译，是"投掷布鲁"的意思，"布鲁"是蒙古族人狩猎时投掷猎物的工具。

在蒙古族人们的早期游牧生活中，布鲁是一种重要的游牧工具，俗称"撒拉棒子"。通常，布鲁的形状为一根坚硬的二尺木棍，头弯如镰刀，头钻孔，穿皮绳，绳端拴心状铁器。外出狩猎时，遇狼、獐、兔、鹿等，驰马摇转布鲁，运足气力，让飞转的心状铁器狠击猎物使其毙命。

发展到现在，打布鲁已经成为一种重要的民族传统体育运动项目，在蒙古族的重要节日中，打布鲁是一种非常受欢迎的娱乐休闲项目，通常作为表演项目开展，游戏活动过程中，表演者在15米外对着一个形如兔子的目标，做马上飞驰动作，同时，摇动手中的布鲁对准目标投出，击中目标获胜。

打布鲁运动是蒙古族人民自小就练习的民族传统体育运动项目，在蒙古

族人民群众中已经发展成为一项锻炼身体、活跃群众文化生活的重要民族体育运动项目，现在打布鲁运动更是蒙古族每年那达慕大会必不可少的体育比赛项目，同时还被列入了内蒙古自治区民族传统体育教材当中。

打布鲁运动能有效锻炼运动者的投掷准确性与臂力，打布鲁和射箭一样是"男儿三艺"之一，发展到现在，打布鲁比赛有投远和投准两种。

1953 年，打布鲁表演在天津举行的全国民族形式体育表演大会上出现，吸引了很多人的关注。

1982 年，在呼和浩特举行的全国第 2 届少数民族传统体育运动会上，打布鲁再次向公众表演展示。

1985 年，哲里木盟（现通辽市）举行全区第 1 届少数民族传统体育运动会，打布鲁的成绩再次刷新以往历史纪录，成绩为 142.10 米。

进入 21 世纪以后，我国的民族传统体育事业发展备受重视，近年来，我国非常重视民族传统体育的发展，打布鲁作为蒙古族人民日常和节日必不可少的体育运动项目，其发展备受重视。

2014 年 11 月 11 日，布鲁经国务院批准列入第四批国家级非物质文化遗产名录。

2019 年 9 月，通辽市第 2 届科尔沁运动大会布鲁比赛成功举办，助推了打布鲁这一民族传统项目的传承，进一步激发了群众对打布鲁的参与热情。

2. 打布鲁的传承与发展

（1）布鲁的传承

布鲁作为一项民族传统体育运动项目，其产生可以追溯到远古时期人类早期以狩猎为生的年代，布鲁作为一种重要的狩猎工具在当时发挥了十分重要的作用。

布鲁运动这一体育活动产生于蒙古民族长期的生产、生活和生存实践之中。

在日常生活中，打布鲁运动始终是蒙古族人民重要的生活内容，作为一种重要的狩猎工具与技巧，能够帮助蒙古族人民获得充足的生产生活资料，这种狩猎方式和方法也充分展现了蒙古族人民的生活方式和居住地域的自然特点，也正是在草原以游牧为生的独特的自然环境下，才形成了打布鲁这一独特的历史文化形态。

蒙古族体育文化以民族文化为背景，在丰收和收获猎物时都要进行各种庆祝活动。打布鲁表演中，具有高超打布鲁技能的牧民往往能给观众带来一场精彩绝伦的视觉盛宴。

打布鲁表演和比赛中，优秀的打布鲁猎手，从来不打窝兔，他们故意打草惊蛇，让兔子逃跑后再把它打倒；猎野鸡时，也一般等到野鸡飞起后才打落下来；有的牧民专门用猎狗追逐兔子，在猎狗将要咬到兔子时，用布鲁精准地把兔子从狗嘴边打飞出去，以示高超的打布鲁技巧。

游牧生活中诞生打布鲁游戏是由于地域性差异所导致的民族文化差异，这种民族独特体育运动是蒙古族人民所特有的，在蒙古族人民居住的广袤的草原上流传。

在近现代以来，随着人们的生产生活水平的不断提高而逐渐脱离生产生活范畴，打布鲁运动演变成一种健身娱乐体育运动项目，经近百年传承至今，打布鲁运动不仅保全了其本有的民族特征，而且还有了新的发展和创新。

1982 年，第 2 届全国少数民族传统体育运动会在呼和浩特举行，打布鲁作为表演项目出现，在这次打布鲁比赛上，运动员成功将布鲁掷远突破百米大关，该次表演吸引了中外的许多体育运动爱好者的关注，在中外记者和媒体的关注和报道下，打布鲁运动的影响力与范围得到扩大。

用布鲁狩猎打准比赛又是牧民在生产劳动休息之余进行的游戏活动。打布鲁体育项目具有鲜明的民众娱乐性质，具有广泛而深厚的群众基础。在蒙古族人的日常休闲娱乐活动中也经常出现，无论是大人还是儿童，三五人聚集在一起就可以开展一场精彩有趣的打布鲁游戏或比赛，正是打布鲁这种深入人民群众生活的运动形式和特点使得打布鲁运动能获得持久的流传与发展。

（2）布鲁的发展

布鲁运动是蒙古族的体育项目之一，能增进民族情感和促进不同民族的文化交流，也能促进民族团结。

新时期，在全民健身背景下，要做好打布鲁运动项目的传承，应做好以下几方面的工作。

①政府方面，为推广打布鲁这一少数民族传统运动提供政策支持，进行官方宣传与推广。

②体育相关部门，应在市场经济条件下积极深刻探讨出一条适应市场经济发展的有效之路，促进打布鲁运动项目的市场化可持续发展，建立科学的市场化运营管理机制。

③文化部门，应加大对布鲁运动项目的保护、保持民族风格的独特性，同时，在现代社会文化发展中引导打布鲁运动适应新时代的文化娱乐观念，梳理发展路径。

④注重布鲁运动的技术、理论研究和创新，提高布鲁运动的技术水平和观赏性，开发其经济价值。

⑤重视打布鲁运动的优秀的民族传统体育运动人才的培养，重视培养打布鲁运动文化传承人。

⑥重视在广大人民群众的日常健身过程中推广打布鲁运动项目，让其成为百姓日常健身活动经常参与的项目，使其在人民群众中始终保持较高的关注度、参与度。

⑦重视推动体育行政管理部门与当地民委、教育、文化部门等密切沟通与协作，开办形式各异的培训班、学习班，有计划地培养一批体育人才，为发展包括打布鲁运动在内的民族传统体育项目与文化奠定人才基础。

3. 打布鲁的基本技术

（1）原地投掷

以右手握布鲁为例。

站姿：左脚在前，右脚在后，分腿站立在投掷线后一步左右的距离。

转腰：后转体，向右下弯，右腿半屈，重心在右脚，身体左侧对投掷方向，右脚尖右转，左脚点地。

投掷：右手握布鲁下举接近地面，左手侧上举，左脚离地，两脚尖快速转体向投掷方向，右手往左腰间隙带出，右脚跟进往前一步，左脚后举，布鲁以45°掷出。

（2）助跑投掷

打布鲁的助跑投掷有两种方法，一种是垫步式，一种是交叉步式。这里介绍后者。

助跑时，右手握布鲁后下部，助跑的最后几步，右脚落地，交叉步时，左脚前踏一步，同时身体右转后倾，左侧朝向投掷方向，左臂微屈上举，上体后倾倒。

左臂用力后摆，右脚在左脚前或后交叉一步，左脚再前踏一步，急速转体，利用转体和转腰理论将布鲁从肩上投出，投掷动作与原地投掷基本相同。

（二）珍珠球

1. 珍珠球概述

珍珠球是我国满族的一项民族传统体育运动项目。

珍珠球是满族人民早期在采珍珠的生产劳动的基础上发展而来的一项民族传统体育项目。满族的先世女真人曾在松花江采珍珠，珍珠是光明和幸福的象征，在民间也有模仿采珍珠的活动内容的儿童游戏与体育活动。之后从生产劳动范畴中逐渐分离出来，发展成一项民族体育运动。

1991 年第 4 届全国少数民族传统体育运动会上，珍珠球运动被列为正式比赛项目。

1991 年 5 月，我国重编珍珠球竞赛规则，珍珠球运动竞赛得以规范化，珍珠球开启竞技化发展之路。

由于珍珠球运动充分融合了体育运动的矫健之美与生活劳动智慧之美，因此，随着珍珠球运动范围不断扩大，珍珠球运动进入学校教育体系，在全国大、中、小学陆续开展，珍珠球运动在全国范围内得以蓬勃发展。

为丰富学校体育运动项目内容，我国北方一些高校还将珍珠球运动列为必修课和选修课。

2001 年，为进一步推广珍珠球运动，国家体育总局、国家民委进一步完善了珍珠球规则，并在沈阳举办比赛，比赛中实施了新修订的珍珠球比赛规则。

2002 年，我国正式出台了珍珠球全国统一竞赛规则。

珍珠球比赛时，运动员可在"水区"内按照规则规范地传、投、拍或滚动"珍珠"（球），通过同伴配合，让站在得分区内持抄网的队友采到"珍珠"得分。比赛结束，采到"珍珠"次数多的队会以多分获胜。

珍珠球比赛具有较高的观赏性，比赛中，呈现出攻守往复、银球穿梭飞舞、4 只"蛤蚌"忽张忽合的精彩情景，因此是一项非常受关注的体育项目。

2. 珍珠球的传承与发展

（1）珍珠球的传承

珍珠球作为一种民族特色体育运动，在传承与发展上存在地域局限性。

珍珠球运动诞生于我国北方，为推动珍珠球运动的发展，东三省、河北、北京相继举办了规模不一、届数不一的民族体育运动会，珍珠球是其中的比赛项目。虽然在推动珍珠球运动的普及方面发挥了一定的作用，但是效果有限，尤其是在少数民族传统体育运动会上，观看珍珠球比赛的人寥寥无几，珍珠球运动更多是在满族民间以游戏形式开展，活动形式与方法都比较随意，珍珠球运动的系统化传承令人担忧。

（2）珍珠球运动的发展

当前，就珍珠球运动的竞技化发展来说，珍珠球比赛规模小、次数少。

珍珠球作为一项比较激烈的体育项目，它的技术动作由各种跑、跳、运、传、投和接球等基本技能组成，比赛中，需要积极争取球权，以投篮得分为目的，攻守交错，观赏性非常强，但是并没有得到广泛发展。珍珠球比赛更多的是作为四年一次的全国少数民族传统体育运动会或是区域性的民运会的一个比赛项目出现，没有自己的单独的竞赛，缺少资金、观众、市场。

近几年，我国举办过全国性珍珠球邀请赛，但次数不多，规模不大，珍珠球运动的竞技发展任重道远。

在我国非常重视大众健身的今天，民族传统体育作为我国人民群众非常喜闻乐见的体育运动内容与形式，具有进一步广泛普及与推广的可能性与必要性。珍珠球作为一个观赏性、娱乐性、丰富有趣的民族传统体育项目有良好的发展前景。

不仅在大众体育中珍珠球具有发展优势，在高校体育教学中，珍珠球运动及游戏场地设施简单，非常受学生欢迎。在我国很多高校，珍珠球都是重要的体育运动课程，尤其是在我国的一些民族院校和部分体育院校中，不仅开设珍珠球课，还积极组织了校级、院级的珍珠球比赛，极大地普及和宣传了珍珠球。

学校开设珍珠球课程，开展珍珠球活动、竞赛，不仅丰富了学校体育教学内容，同时，也发挥了珍珠球的教育传承作用。珍珠球作为满族传统体育项目，融入学校丰富多彩的校园文化生活中，为当代大学生营造良好的学习和锻炼空间，有助于促进学校体育文化与民族传统体育文化的和谐发展。

但也必须充分认识到，当前，在全国范围内，绝大多数的高等院校还是没有发挥作为珍珠球运动项目发展载体的作用，这些学校缺少民族传统体育项目教学，也没有开设珍珠球课程，这充分说明了珍珠球运动的传承和发展还需要进一步完善。

3. 珍珠球的基本技术

（1）持球技术

以单手持球为例，五指分开，掌心空出，用五指的合力拿住球。手腕放松。

（2）运球技术

目平视，五指自然分开，以肘为轴，手心向下，用力向前下方拍按，向前直线运球时拍球的后上方；向左或右变向时拍球的右或左侧后方。

（3）传球技术

珍珠球的比赛中，传球技术主要用于组织进攻和调动防守。以单手肩上传球为例，前后开立，屈膝，重心落在右（后）脚上，右手将球由下向后引至肩上，掌心对传球方向；传球时，右（后）脚蹬地，以肩带肘前挥，球离手瞬间屈腕，用食指、中指、无名指的力量将球传出。

（4）接球技术

单手接球时，五指分开呈勺形，球触手后，手臂顺势回收，然后挥臂射球或单手持球。

（5）射球技术

高抛球时，球通过封锁区的高度必须在 4.5 米以上，落点在端线，进线的距离在 2~3 米处；中平快球用手指和腕控球，射球时对准抄网手肩前的网位。

（6）抄球技术

移动错位和时差错位，前进抄球入网。

（7）防守技术

运用各种防守动作，积极抢位，阻挠和破坏对手进攻，争夺控制球权。

（三）射箭

1. 射箭概述

射箭历史悠久，是我国蒙古族的传统民族体育项目，是蒙古族传统的"男儿三艺"之一，据史料记载，早在 13 世纪时就已经开展得十分普遍。

13 世纪时，成吉思汗一统蒙古诸部落，射箭活动普遍，蒙古军队也以骑射技艺闻名于世。

弓箭是蒙古族群众生活中不可缺少的武器，也是那达慕大会最早的一项活动内容。

由于射箭是蒙古族人游牧狩猎以及战争中非常重要的一项技能，因此蒙古族人都非常重视射箭技能的掌握，蒙古族人大都自幼开始练习射箭，他们非常敬重优秀射手，射手也乐于当众表演或比赛射箭技艺。

蒙古族射箭活动形式多样。

通常，蒙古族射箭活动用牛角弓、皮筋弦、木制箭，其射程只有 20 米远。箭靶为 5 种不同颜色涂成的"毡片靶"，靶中心是活的，箭射到中心就会掉下来。

此外，不设箭靶的射箭游戏和比赛也是蒙古族人非常乐于参与的，具体射箭方法为：从几十米远处射击地面上堆砌起来的实物目标，目标呈塔形，射中目标为胜。

蒙古族射箭比赛活动分骑射和静射两种。

骑射时，背弓，背箭袋，骑马到骑马线签到；裁判员发令后起跑，弯弓射箭。

静射时，裁判员下令后射手盘弓搭箭，一齐射向靶心，凡是射中的，靶心自行脱落。

大型的骑射比赛常有数百人参加，跑道为 4 米宽、8 米长、0.66 米深的一条沟，设 3 个靶位，靶位与靶位相距 25 米。1 马 3 箭，共射 9 支箭。

2. 射箭的传承与发展

（1）蒙古族射礼传承

考古发现，早在旧石器时代的晚期，古人就已经制作和使用箭这一工具。山西朔州市朔城区峙峪遗址发现石箭链，是目前所发现的最早的人类使用箭的迹象。

西周时，射箭技术是一门非常重要的武艺，人们重视后代的射箭技艺的学习。射箭不仅是狩猎攻敌的武艺，而且是用以培养和考察品德修养的重要项目，为射箭赋予了人文教化的内涵。

我国古人很早就视射箭为一门重要的学问，称之为射艺或射学。围绕着蒙古族射箭，古代产生了礼射、兵射和博射等不同属性的射箭活动，还从中衍生出了诸如投壶、弹弓以及后来的射柳、射网等各种形式的竞技游艺活动，从而形成了一个以射为中心的古代弓箭文化系列。

（2）蒙古族射箭的继承与发展

射箭文化是蒙古族传统体育文化中的一个重要内容，在推动蒙古族的文化发展中发挥了重要作用。在当前和未来挖掘蒙古族射箭文化对促进蒙古族人民的体育文化生活的丰富、促进蒙古族人民的民族团结与发展，均具有重要意义。

1959 年，为庆祝新中国成立十周年在北京举办全国第 1 届全运会，中国完全按国际射箭规则进行了射箭比赛。

随着射箭运动的广泛传播，全国很多省、自治区、直辖市也先后开展了射箭运动，成立了专业射箭队。

近年来，随着人们生活水平的提高，人们的体育参与热情不断高涨，但就内蒙古自治区来说，射箭更多以其他射击游戏替代，真正的传统规范的蒙古射箭，民众很少参与，就竞技化的射箭比赛来说，巴林右旗和翁牛特旗保留有传统角弓，因此有使用传统角弓开展的射箭比赛。

3. 射箭的基本技术

（1）准备姿势

射箭站姿有正站位、斜站位和侧站位。

正站位时，两脚并立，右手持弓箭，身体正对前方（见图 8-1）。

图 8-1

斜站位时，两脚前后开立，左肩一侧对射箭方向，重心放在后脚，目视左前方。

侧站位时，左肩向着目标靶位，左手持弓，两脚开立，身体微前倾。

（2）搭箭技术

将箭搭在箭台上，单色主羽毛向自己，箭尾槽扣在弓弦箭扣上。

推弓：左臂内旋前撑，手腕伸直，桡腕撑点一线，手触弓面积尽量小，施力集中。

（3）勾弦技术

三指勾弦，中指力量稍大，箭放置于食指和中指的缝间。勾弦用力在手指，小臂手腕放松平伸。

（4）举弓、开弓、靠弦

三直——弓垂直于地面，持弓臂直，躯干直。

一屈——勾弦臂弯曲。

一靠——拉弦时手靠下颌。

（5）瞄准技术

正头，右视眼瞄准，准星和靶上黄心吻合，三点一线（见图8-2）。瞄准在弓的平面进行。

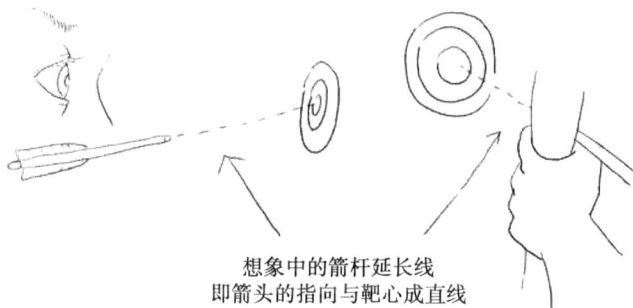

想象中的箭杆延长线
即箭头的指向与靶心成直线

图　8-2

（6）撒放、暂留、收势

满弓后继续加力，深勾弦手指滑弦撒开，勾弦手和拉弓臂不动，只弦滑离三指。

箭射出后，保留姿势约2秒，收弓，还原。

二、东北地区民族传统体育的发展对策

（一）加强政府组织管理

（1）政府部门应该出台相关的扶持和保护政策，并给予一定的经费支持。

（2）挖掘和整理相关的民族传统体育项目，并开展相关的保护工作。

（3）成立由政府主导、社会参与的组织管理机构，开展相关的组织管理工作。

（4）如果条件允许，成立省级民族传统体育社团协会，管理和发展地区

民族传统体育文化。

（二）加强文化理论研究

成立专门的学术研究机构和组织，加强东北地区民族传统体育文化的理论研究，通过理论指导与指引，推动民族传统体育文化发展实践的向前发展。

（三）加强学校民族传统体育教育

积极在中小学及高校开展民族传统体育项目教学，利用课堂教授学生民族传统体育文化知识，让学生从小了解、宣传、参与、传承民族传统体育文化。

（四）加强民族体育的产业化发展

民族传统体育文化作为少数民族特有的文化，其发展应该走上产业化发展的道路。东北地区的民族传统体育项目众多，具有产业化发展的基础，建议采取的具体策略如下。

1. 打造民族传统体育旅游品牌

东北地区的民族传统体育项目多样，旅游业也很发达，应该不断打造和开发相应的民族传统体育旅游项目和线路，从而不断形成品牌，吸引更多的人前来旅游。

此外，充分利用东北地区的自然资源来开展具有地域特色的民族传统体育文化旅游。

2. 开拓少数民族传统体育的发展模式

（1）农家乐生态旅游的发展模式，利用农家乐生态旅游的品牌来发展民族传统体育。

（2）城市公园和景区的发展模式，在城市公园和景区开展相应的民族传统体育活动，经营相应的少数民族传统体育产品，吸引大众关注。

（3）少数民族节庆文化的发展模式，利用少数民族节庆日开展相应的少数民族传统活动，开发民族传统体育市场，让其他民族了解和参与，并逐渐向社会渗透。

3. 举办和开展民族传统体育竞赛

借助民族体育竞赛这一杠杆，逐步优化本地区的经济结构，体现民族精神、宣传民族传统体育文化。

第二节 西北地区民族传统体育

一、西北地区典型民族传统体育项目

（一）木球

1. 木球概述

木球运动是宁夏、北京等地一项具有民族特色和别具风格的民族传统体育项目，宁夏回族称之为"大吉子""打毛球"；湖南称"木球""木棒球"；北京称"木球"。

木球运动在1991年的第4届全国少数民族传统体育运动会上被列为正式比赛项目。

据记载，木球在宁夏已有100多年的历史，由回族青少年放牧时"打篮子……赶毛球"活动演变而来。也有资料记载，木球由清朝民间盛行的"打印球"发展而来。

木球运动具有身体接触多、对抗性强、激烈程度高等特点，比赛形式变化多端、胜负难测，增添了戏剧性和趣味性色彩，具有一定的观赏性。

木球竞赛属于集体分队对抗项目，良好的技术、技能、实战经验以及合理的阵容配备和对技战术的灵活运用，是球员取得比赛胜利的保证。

2. 木球的传承发展概况

中华人民共和国成立以前，木球运动一直在我国民间广泛流传，是回族人民群众喜欢的体育活动。

中华人民共和国成立以后，木球运动在少数民族体育文化交流中缓慢发展，木球的参与人数不断增多，但主要在少数民族中流传，在全国体育人口中，木球参与人数较少。

当前，木球的发展主要集中在高校和公司的木球俱乐部，人们对于木球的认识局限在每年国内的一些小规模比赛，参与比赛的运动员较少，健身参与人数也较少，木球运动的商业化发展几乎没有。木球的普及与发展程度还远远不够。

3. 木球的基本技术

（1）传球技术

木球运动常见传球技术包括正手传球、反手传球以及传腾空球三种。

以正手传球为例，从持握板练习徒手击球开始，持球向传球方向转身甩臂发力，注意持握击球板击球的挥摆动作、击球的发力及击球板弯头的良好发挥。

（2）接球技术

将运行中的球停挡在控制范围内，触球瞬间注意缓冲，并做好停球，养成主动迎球习惯，接球后迅速衔接下一动作。

（3）运球技术

木球运球技术包括拨球运球、推球运球两种形式。运球时，应注意手臂与手腕力量控制击球板的推、拨动作，将球正确击出向既定的目标方向飞行。

（4）抢截球技术

抢截球是指在木球比赛中，防守队员把对手控制的球或对方传出的球抢截住或破坏掉的技术动作。其主要包括截球抢截和勾球抢截两种。

（5）射门技术

在木球竞赛中，射门技术主要分为扫射、击射等。初学者应先学原地射球。

（6）守门员技术

木球运动中的守门员的任务是不让球射入本方球门，守门员应积极运动，用板挡球、半分腿挡球或双腿侧躺挡球。

（二）叼羊

1. 叼羊概述

叼羊是我国新疆地区各少数民族的牧民中流传的一种传统游戏和体育活动，起源于中世纪。

羊在我国古代是吉祥与美好的象征。有学者认为，古时牧民在大草原上放牧，经常需要与恶劣的天气、猛兽做斗争，有时遇上暴风雨或野兽来袭，牧民会将草地上的羊提上马背，驱赶和驮回羊群；也有人认为，游牧部落十分痛恨狼，一旦捕获了狼，便将狼驮于马上奔跑，争相抢夺，以示庆贺。后来，叼狼改为叼羊，大家骑马争夺一只割去头的小羊或羊皮。

叼羊运动是牧区游牧民族集勇猛、顽强和机智于一体的马背体育竞赛，最后谁把羊抢到手谁获胜。优秀的叼羊手被称为"草原上的雄鹰"。

2. 叼羊项目发展概况

（1）新疆民运会上的叼羊项目

2004 年 5 月，新疆维吾尔自治区人民政府办公厅下发了《关于开展全区少数民族传统体育普查工作的通知》，各相关部门联合普查，发掘整理少数民族传统体育项目，最终确定 28 项新疆少数民族传统体育项目，叼羊就是其中一项。

1985 年，新疆举行了第 1 届民运会，1990 年到 2019 年每 4 年举办一届。新疆民运会中，叼羊项目一直都是正式竞赛项目，叼羊在新疆有广泛的群众基础。

（2）有叼羊项目的节庆活动

新疆各少数民族所喜爱的叼羊运动，往往会在大型的节庆活动中开展，如国庆节、诺鲁孜节、古尔邦节等节日。此外，在旅游景点也常举办叼羊表演活动，展现和宣传了这一极具民族特色的民族传统体育运动，对于叼羊运动的现代化传播传承来说起到了非常好的推动作用。

3. 叼羊运动的基本技术

（1）速度技术

速度是叼羊成功进而持羊骑乘避免被抢夺的关键，骑马快跑时，骑马者身体前倾，臀部略微离开马鞍，减轻马背负重，骑马者身体随马的前进节奏移动。

（2）抓羊技术

抓羊时，由于速度很快，要抓准，避免失手，最好抓羊的腿，并要注意下手时机，抢在对手前面抓住羊腿持羊离开（见图 8-3）。

图　8-3

（3）抢夺技术

将对方手中的羊抢下，要准确判断持羊者及同伴意图，大胆抢羊，追赶时要不断调整位置，寻找抢羊时机。要观察持羊者的运动方向，积极抢占有利位置，看准目标，果断、准确出手，最好抢夺羊的腿、脖子等部位（见图 8-4）。

图　8-4

（4）持羊技术

抢到羊后，把羊搭在马鞍前放稳，用身体半压掩护；避免用手提羊露出羊腿被对手抢走。

此外，持羊骑马奔跑过程中，可通过各种变向、假传、虚晃来诱骗对方，以更好地保护自己和羊。

（5）队友配合

在集体叼羊比赛中，队友之间的密切协调配合是取胜的关键。为躲避对方抢夺，会在同伴之间传接羊，选好时机，判断及时，动作果断，扔羊与接羊都要准确无误。

（三）且里西

1. 且里西概述

且里西，是新疆维吾尔族对摔跤的称呼，且里西是新疆人民喜闻乐见的一项民族传统体育活动。

且里西历史悠久，独具民族特色，据相关资料考证，其约从公元 7 世纪就已经广泛流行。

据 1983 年新疆考古工作者在喀什地区巴楚县乔提木废墟中挖掘的史料证明："在公元 7—10 世纪，且里西已相当普遍，其技术动作也达到了较高水平。"

元代时，西域曾设立"校署"，管理各民族部落的摔跤活动。

《新疆图志》记载：幼儿四五岁行割礼，诸戚友相率馈物致贺，为赛马斗跤之乐。

清代，维吾尔族的摔跤活动日渐经常，成为人们喜闻乐见的趣事活动。

且里西具有浓郁的草原生活气息和民族风情，充分表现出新疆少数民族的民族传统体育粗犷、豪放、热烈的民族性格，是新疆少数民族纯朴的草原文化的写照。

且里西活动多在维吾尔族传统节日古尔邦节、肉孜节时举行。婚礼、割礼、农闲和赶集时也常用于助兴。

2. 且里西项目发展现状

且里西在新疆民间开展比较普及，广泛盛行于南疆地区的县、乡级巴扎（集市），群众基础好。

作为新疆地区的一种重要民族传统体育项目，新疆地区每年都有大大小小的且里西比赛举办。

1989 年，且里西第一次被纳入全国少数民族运动会，新疆地区运动员获得了良好的运动成绩，可惜的是之后几届表现平平。

当前，且里西运动在新疆存在着各地区之间发展的不均衡性；运动项目的不规范性；缺少专业系统的训练，运动技术水平参差不齐等问题。

3. 且里西的基本技术

且里西手上动作较少，双方较量主要在脚上。

且西里比赛中，两者对抗，用脚进行内勾、外勾腿，以及用自身力量把对手进行背、抱、扛、卷等技术动作，与国际摔跤、柔道技术有许多相似之处。

二、西北地区民族传统体育的发展特征

（一）地域性特征

我国西北少数民族传统体育在黄土高原、大漠、戈壁、绿洲、高山等地理环境中产生，地域环境可以对民族传统体育产生很大的影响，西北地区海拔高、气候寒冷、自然条件差的地理环境造就了农牧民性格豪爽、粗犷、尚武、崇力的气质和个性。

西北草原牧场广，这里的少数民族以畜牧业为生，骑马、射箭、狩猎都

是重要的生产生存技能。在这样的自然和生存条件下，就逐渐形成了这些地区的马上运动，包括哈萨克族的赛马、叼羊、姑娘追等项目。

（二）节庆性特征

西北地区的民族传统体育多数是基于各民族传统庆典活动演变而来的，并且逐步形成了特色鲜明的文化表现形式。一些少数民族会在其本民族的特色节日里进行民族传统体育活动。举例来说，维吾尔族、哈萨克族、回族等会进行赛马和叼羊等活动；藏族人民会进行赛马和射箭等欢庆活动，以此表达对丰收的喜悦之情。这些特色鲜明的民族传统体育项目不但使节庆的氛围更加浓厚，而且有效激发了人们参与节庆活动的情绪。

（三）竞技性特征

西北民族传统体育项目本身具有较强的竞技性。为了求得生存，必须掌握赛马、摔跤、射箭等技能，如锡伯族的射箭、藏族的射碧秀、东乡族的一马三箭，此类民族传统体育项目判定胜负的标准是箭数、弓数、发数的多少，都充分反映了这一地区少数民族艰难的生存环境和不屈的民族性格。

（四）休闲娱乐性特征

西北少数民族传统体育项目与这里所居住的少数民族的生产生活联系紧密，是生产生活之余可以轻松开展的体育活动，对场地、规则要求不十分严格，具有一定的嬉戏和娱乐性，为当地少数民族的生活增添了乐趣。

（五）与宗教的关联性特征

我国西北地区的民族传统体育项目和宗教有很大的关联，原因在于西北少数民族开展的宗教祭祀活动的类型多样，具体包括祖先祭拜、图腾祭拜和宗教信仰等，开展宗教节庆活动时常常会组织和参与很多种民族传统体育项目。青海藏族的居民们信仰藏传佛教，藏族中的一些传统体育运动与宗教有着密切的关系；维吾尔族的萨满舞也是起源于宗教祭祀活动。西北地区各少数民族在漫长的历史发展过程中，逐步形成了宗教色彩鲜明的西北民族传统体育项目。

三、西北地区民族传统体育的发展规律

（一）民族性是西北地区民族传统体育发展的核心

民族性特征是少数民族文化的突出反映，少数民族传统体育文化蕴含的民族性特征能够通过不同于其他民族的体育文化反映出来。就西北民族传统

体育来说，在历经数千年的承袭、发展、演变之后，已经成为生理、心理、形态、神态等特殊标志，涵盖在民族体育活动方式之中，这些特殊的动态是由不同的地域环境、历史因素、宗教信仰所形成的。从事畜牧业生产的蒙古、塔吉克、哈萨克等民族平日里体育活动多离不开草原与马，其自然环境和生产方式孕育出赛马、叼羊、骑射、马球等许多项目。一个民族能够屹立于世界上，最重要的原因是其民族文化的体现，而民族传统体育是少数民族民族性体现的重要标志，所以在发展民族传统体育文化的过程中必须保持民族性，这是发展的重中之重。

（二）传承性是西北地区民族传统体育发展的特征

西北地区民族体育文化在持续的传承、融合以及发展的过程中逐步演变成西北少数民族传统体育项目，在整个过程中持续保留着原有的其他一些民族特色，此外一直处于创造与创新的过程中。但受传承性特点的影响，一旦形成一种民族传统体育，就会使其内涵发生不可忽视的变化，此外传承性有助于增强民族的凝聚力量。

（三）凝聚力是西北地区民族传统体育发展的保障

中华民族在长期的历史发展过程中，形成了以汉族文化为主体，与其他各民族文化相互交融发展的优秀文化，在这个过程中，形成了各民族平等团结、和谐发展的良好局面，体现出强大的凝聚力。

西北地区民族传统体育文化是构成中华民族文化的重要部分，充分反映了巨大的凝聚力。在举行西北地区民族传统体育活动的过程中，往往能利用赛马比赛、摔跤比赛以及射箭比赛等把人们聚集在一起，可以充分反映强烈的民族荣誉感，参与各类竞赛的人们往往能在参与过程中获得强烈的民族认同感，并在此基础上形成更加深刻的民族力量。西北民族传统体育也恰恰是利用这些活动来彰显各少数民族的独特文化以及中华民族的整体利益。

四、西北地区民族传统体育的发展对策

（一）搭建西北地区民族传统体育文化发展的整体框架

要想从根本上推动西北地区民族传统体育文化的发展，就一定要立足于整体，设计一个切实可行的框架，同时高质量完成顶层设计，具体可以从以下几个方面实施。

第一，加大对西北地区民族传统体育文化的保护力度和扶持力度，将其视作一个文化产业来运行，促使各地区人民更加全面地认识西北地区民族传统体育文化。

第二，组织力量对西北地区民族体育文化资源进行全面调查和价值评估。对调查到的西北地区民族体育项目进行评估、筛选、分类，建立少数民族传统体育项目评价指标体系；探讨西北地区民族传统体育项目的健身机理和锻炼价值；在保留民族特色的基础上，统一一些典型项目的场地和器材，促使相关规则更加完善，最终有组织、有计划、有步骤地推行到全国。

第三，根据国家"十三五"时期文化产业发展规划，制定民族传统体育文化产业发展的总体战略，出台民族传统体育产业发展的相关政策，发挥政府的宏观指导作用。

第四，建立适应社会主义市场经济的民族传统体育文化产业组织和企业，培育民族传统体育相关消费市场。

第五，针对民族传统体育文化领域，引进和开发新项目，提高民族传统体育的科技含量。

第六，建立民族传统体育文化产业管理体系，通过调查研究、统筹规划、政策引导、组织协调等方式进行科学管理。

（二）将西北地区民族传统体育的发展纳入法治轨道

随着依法治国伟大战略在我国的不断推行，依法治体也必将是必由之路。在这种背景下，西北地区民族传统体育的可持续发展策略如下。

1. 成立专门的法治监督机构

各级体育部门应该成立专门的法治监督机构，对民族传统体育文化的发展作出指导和建议，配专人负责民族传统体育文化的工作。

2. 制定发展民族传统体育的地方性规章

在西部大开发和"一带一路"倡议的发展背景下，地方应该出台更多相关的行政法规和地方性规章，从而慢慢形成有效发展西北地区民族传统体育文化的法规体系。

3. 加大对法制观念的宣传力度

通过积极宣传法制观念和思想，让更多的人和社会组织了解保护和发展民族传统体育文化的深远意义，同时利用法治手段为其发展的有效性提供保障。

（三）将西北地区民族传统体育纳入学校体育课程

学校是青少年接受各种文化知识以及学会为人处世的场所，其中体育学科发挥着重要的育人功能。为了进一步发挥体育的重要功能，推进西北地区民族传统体育文化的发展，可以将西北地区民族传统体育纳入学校体育课程，具体策略如下。

第一，改变对民族传统体育的认识，吸收现代体育课程的特点和内容，将民族传统体育项目融入体育课程。

第二，科学改革西北地区民族传统体育文化的内容，凭借科学有趣的方式呈现给学生，充分调动学生学习和参与这些运动项目的主观能动性。

第三，加强对西北地区民族传统体育项目的理论研究，挖掘和整理这些项目的健身方法，编写相应的体育教材，补充教学大纲，完善教学内容。

第四，开展相应的民族传统体育竞赛项目。

（四）促进西北地区民族传统体育的产业化发展

要想高效发展西北地区民族传统体育项目，就一定要积极踏上产业化发展的道路，通过开发民族传统体育的旅游资源，选取一些娱乐性和观赏性较强的项目，在一些旅游景区进行展演，也可以邀请游客亲身体验民族传统体育运动，从而让人们体验到西北少数民族的独特风情，带动西北地区少数民族传统体育的发展。与此同时，可以开发民族传统体育的相关商品，通过在景区销售，促进其产业效益的增长。除此之外，还可以通过举办西北地区民族传统体育运动会以及相关运动项目的赛事，从而加快民族传统体育产业化发展的速度。

第三节　西南地区民族传统体育

一、西南地区典型民族传统体育项目

（一）押加

1. 押加概述

在藏语里，押是"拉"的意思，加是"脖子"的意思，押加就是"用脖子拔河"。

押加起源于藏族的民间，广泛流传于西藏、云南等地。

押加不仅能使人们的生活更加充实，也能使人们的身体素质得到大幅度提高，还是一项适合不同年龄阶段、不同性别人群参与的民族传统体育项目。

2. 押加的传播与发展

押加在藏区具有深厚的群众基础。押加作为娱乐与休闲的传统体育运动，长期以来，它的传播对象一直集中在藏族群众中，更多的社会大众只知道押加是藏族的一种特色民族活动，除了名字之外再无更多的了解。

在第 6 届全国民族运动会上，押加运动被定为正式竞赛项目。此后，押加运动才真正走出藏区，被更多人了解。

目前，押加作为藏族人民的一项重要的民族传统体育运动主要在少数民族运动会、藏族重大节庆日，以及藏族的一些旅游景点中进行表演和比赛。我国一些高校开设有押加选修课，但是这类高校非常少，教学内容与课时都较少。

3. 押加的基本技术

押加运动没有复杂的技术动作，根据对抗中的姿势不同，可分为以下两种。

（1）跪卧式押加

模拟大象动作，双方背向而立，绳子打结套入脖子，经胸腹部从裆下穿过，两手、两膝、前脚掌着地，拉直赛绳，运动员利用颈部、肩部、腰部、腿部及手臂的力量向前用力爬拉，将标志物拉过河界者获胜。

（2）站立式押加

双方面对而立或背对而立，把绳环套在双方的腰部，面对而立时，不可用手抓绳，背对时手的位置和下肢的动作不限。双方用腰部和下肢的力量拉拖，将标志物拉过河界者获胜。

（二）抢花炮

1. 抢花炮概述

抢花炮，被誉为东方"橄榄球"，广泛流行于侗族和仡佬族等民族。

据考证，抢花炮活动已有 500 年的历史。光绪《贵县志·卷五·纪人节令》中描述壮族抢花炮情景："城厢初二日，众会社前放花炮，……次年及期，亦照样另备屏镜、大炮、金猪，鼓乐送至社前，谓之还炮。"

2. 抢花炮发展情况

花炮，被视为吉祥、如意的化身，在封建神权统治时代受到热烈欢迎。

党的十一届三中全会后，抢花炮活动被确认为少数民族传统的体育活动，重新受到重视并获得了一定的发展。

1982 年，抢花炮被列入第 2 届全国少数民族传统体育运动会的表演项目。

1986 年，抢花炮被列入第 3 届全国少数民族传统体育运动会正式比赛项目。

当前，抢花炮活动在全国范围内得到普及与推广，许多侗族、壮族聚居地的政府设立花炮节，每逢节日到来，都会为当地民众和远来的游客奉上一场文化盛宴。

3. 抢花炮的基本技术

（1）持炮技术

单手握炮时，五指自然张开，花炮贴于掌心，拇指紧贴外侧，其余四指内扣握炮下沿。

双手握炮时，五指自然张开，交叉将花炮压在手心内。

（2）传炮技术

肩上传炮时，前后开立，屈膝，右手掌心紧贴花炮。传炮时，头正直，后脚蹬地，转体，以肩带动手臂前挥，重心前移，屈腕，扣指将炮传出。

体侧传炮时，后脚蹬地，重心前移，转腰、送胯、摆臂，右臂前挥引肘，挑腕外旋将炮传出。

低手传炮时，先后预摆，再向接炮队员方向挥臂、拨腕、挑指将炮传出。

（3）接炮技术

单手接炮时，前上方伸右手，以虎口迎炮，炮接触虎口时，手指扣握，屈臂收至腹前。

双手接炮时，两手自然张开，炮触及手掌时，两手迅速向内扣握，屈臂收至腹前。

（4）抱摔技术

搂抱时，一手握成拳，另一手扣在握拳手的腕关节处，搂抱进攻队员肩以下、膝以上部位。

摔法时，只能采用自己先倒地的方法。

（三）霸王鞭

1. 霸王鞭概述

霸王鞭又名“连厢棍”“花棍”“金钱棍”，用于舞蹈伴奏。

2. 霸王鞭的传承方式与传播

（1）霸王鞭的传承方式

①家庭及师徒传承

家庭传承是指在家庭或家族范围内进行的技术的传授和学习，来达到技术和文化的传承。中国人重视血缘关系、注重家庭和家族的凝聚力。张岱年先生说："中国文化以家族为本位，注意个人的职责与义务，西方文化以个人为本位，注重个人的自由和权利。这是东西方文化之间很重要的一个差异。"众所周知，家族传承是霸王鞭传承的一种重要形式。由于全国各地的霸王鞭形式较多样，在各地区打法套路也不尽相同，擦棘成员相互五传打及"代代相传"的方式是霸王鞭得以保存和传播的有效途径。

自古以来，霸王鞭的主要传承方式除家庭传承之外还包括师徒之间的传承，霸王鞭的大量表演特别是一些技型的形式对打法和技术具有一定的要求。要求表演者要掌握丰富的表演功夫，这就必须集中采取一对一的传授。

②环境传承

霸王鞭一般在农历"三月三"、春节前后、婚嫁等重大节庆日举办，是重要的表演项目。

（2）霸王鞭的大众传播

大众传播是指利用专业化的传播技术和产业化手段，在各个场所为宣传对象进行的大规模的传播活动。随着社会的发展，大众传媒已经成为影响社会意识形态及民众价值判断和认知的主要手段，现代化的大众传播对于人类和民族生活方式的变化与进步、社会的稳定与发展都具有深刻的意义。霸王鞭也通过一些大型活动和相关书籍、杂志、网络等渠道，使人们逐步得以了解，同时也增加了人们学习霸王鞭的兴趣。

二、西南地区民族传统体育的发展问题

（一）经济实力和消费能力还有待增强

随着我国改革开放的不断推进，我国的经济实力和综合国力在不断增强，但是东西部经济水平发展差异较大。具体来说，东南沿海地区的经济实力雄厚，发展水平高；西南地区的经济实力较弱，发展水平较低，人们的消费能力也较低。西南地区的发展状况无疑会在一定程度上制约西南地区民族传统体育文化的发展。

（二）开发民族传统体育资源力度不足

据相关学者统计，我国西南地区少数民族传统体育项目达到 400 多项，项目种类繁多，是我国少数民族传统体育项目最多的区域。但在种种因素的影响下，我国西南地区少数民族传统体育的资源开发严重不足，加大资源开发力度是当务之急。

（三）民族传统体育的产业化进展缓慢

综合分析可以得出，西南地区政府还没有将少数民族传统体育作为一种产业来发展，其产业地位往往不受重视。虽然经过多年的挖掘和整理，各级体育部门对少数民族传统体育有了一定的认识，但是其产业化发展的体系仍然没有形成，少数民族传统体育产业化发展的速度非常缓慢。

（四）人民观念影响民族传统体育发展

与我国其他地区相比，我国西南地区人民的观念有待更新，观念落后问题从某种程度上限制了民族传统体育项目以及民族传统体育文化的发展。

随着我国经济实力的不断增强和人民生活水平的不断提高，休闲逐渐走进人们的生活，特别是城市地区的人们开始利用工作的业余时间享受着休闲的时光，并逐渐形成了一种休闲经济现象，休闲成为一种重要的第三产业。但是在西南少数民族地区，人们还不具备正确的休闲观念，认为休闲就是休息、消遣、游手好闲，不能正确地认识到休闲的产业特色，因此，就不会在休闲时间里去开发和利用少数民族传统体育项目，使之成为一种重要的经济收入来源，从而促进其产业化发展。

（五）民族传统体育的管理比较混乱

目前，西南地区民族传统体育管理目标不清晰、管理体制不健全、组织机构不完善、多头管理、政企不分等问题严重存在，严重地制约了西南地区民族传统体育的发展，具体表现在以下几方面。

1. 管理目标不清晰，管理体制不健全

目前，西南地区民族传统体育管理的体制是按行政隶属关系进行的，管理的目标是将民族传统体育作为社会性事业管理，没有清晰的产业化目标和行为，在制度安排上缺乏对民族传统体育产业的机制保障。

2. 多头管理，政企不分

在民族传统体育的发展过程中，存在多头管理、政企不分的现象，这是因为体育部门、民委、旅游部门都可以对民族传统体育的发展进行管理，一些社会企业也参与民族传统体育的发展过程，有可能会出现"越位""缺位"等多头管理、政企不分的现象，出现事业性质和营利性质矛盾的问题。

（六）民族传统体育的专业人才短缺

目前，我国西南地区非常缺乏民族传统体育开发和管理的专业性人才，虽然在我国一些高等体育院校，如成都体育学院设立了民族传统体育专业，但是由于人才培养模式不健全，不能培养出具有操作能力和实践精神的专业性民族传统体育人才。

（七）民族传统体育品牌与宣传不尽如人意

就现阶段来说，在西南地区民族传统体育的发展过程中缺乏一定的品牌意识，宣传力度明显不够。民族传统体育的发展离不开民族传统体育赛事的支撑，好的赛事就是一种品牌，具有强大的吸引力，通过积极打造民族传统体育的品牌赛事，可以提高西南地区民族传统体育的影响力。为此，西南地区相关部门应当自觉利用多样化的宣传手段，扩大各类民族传统体育文化的影响力，对西南地区民族传统体育文化的发展产生带动作用。

三、西南地区民族传统体育的发展对策

（一）找准定位，合理规划

当前，发展西南地区民族传统体育文化的当务之急是找准定位并对其实施合理规划。西南地区应当高度重视民族传统体育文化，首先从意识上对其进行重视，深入了解和研究西南地区民族传统体育的丰富文化资源，找到其发展的准确定位。在促进西南地区民族传统体育文化的发展时，要进行合理规划，全面整合现有的少数民族传统体育资源，运用战略思维和科学思维进行规划，促使西南地区民族传统体育文化的发展拥有稳固的发展基础。

（二）创新管理，推动发展

在发展西南地区民族传统体育文化时，应该不断创新其管理体制，促进其顺畅发展。具体来说，应该成立西南地区民族传统体育文化领导小组，通过领导小组制定各个政府部门的责任，制定相应的社会企业参与民族传统体育开发与发展的制度，利用统一管理的方式妥善处理好各类发展问题。

（三）树立典型，全面发展

西南地区的民族传统体育项目具有多样化特点，该地区可以优先发展一批具有代表性的民族传统体育项目，在此基础上再带动其他民族传统体育项目的全面发展。与此同时，该地区可以选择一些竞技性特征和观赏性特征显著的民族传统体育项目，并制定适宜的推广策略和发展策略，借助市场营销的方式加快其推广速度与发展速度，进而有效推动西南地区民族传统体育文化的发展。

第四节　华东地区民族传统体育

一、华东地区典型民族传统体育项目

（一）打陀螺

打陀螺，又称"抽陀螺""赶老牛""打猴儿""拉拉牛"等，是我国瑶族的一项特色民族传统体育项目。

据麻国钧等所著《中华传统游戏大全》考证，打陀螺起源于北宋时期，当时儿童嬉戏的"千千车"游戏、宫廷妇女喜欢玩耍的"妆域"之戏，都是陀螺的前身。

打陀螺技术简要分析如下。

1. 放陀技术

（1）缠绕陀螺：持鞭向内缠绕，用鞭压其尾端，缠绕紧密。

（2）持握陀螺：托住陀螺侧下方，无名指和小指握住鞭绳并顶在陀螺侧面。

（3）旋放陀螺：侧对着旋放区，右手持鞭，左脚蹬地，右转体，向前挥摆左臂，力量通过手臂和手指作用于陀螺，使陀螺平头朝上、锥尖朝下飞出。

2. 攻陀技术

瞄准守方陀螺，利用右脚蹬地，左转体，带动右臂向前快速挥摆，至肘关节伸直时将陀螺掷出手，使陀螺平头朝上、锥尖朝下对准守方陀螺飞出。

（二）稳凳

稳凳，原名"问凳"，源于上古宗教祈祷活动，是畲族民间传统体育

项目。

稳凳的活动方法是在三脚架的一条长板凳上，两端各坐一人，上下翘动板凳，同时左右旋转，边问边答，告知除病的消灾方法，故称"问凳"。

1987 年，我国体育工作者在民族传统体育挖掘、整理工作中，将"问凳"更名为"稳凳"。

稳凳技术简析如下。

1. 上凳技术

（1）直接上凳：左手扶凳板，右手抓扶手，左腿蹬地，右腿摆越过后扶手，分腿骑坐凳上。

（2）跑动上凳：左手扶凳，右手抓扶手，逆时针跑动 3~5 步后，左腿蹬地，右腿后摆越过后扶手，分腿骑坐凳上。

2. 凳上动作

（1）转翘板凳

以左脚前掌内侧和右脚外侧，通过双脚不停地蹬踩地面，使板凳沿逆时针方向转翘。

（2）套圈

用右手大拇指、食指、中指握圈，无名指、小指自然卷曲附后，胸前持圈，前伸臂，后屈腕和展指将圈抛出，使圈以平面顺时针转动向前飞行。

3. 下凳技术

（1）依次下凳

后下者上体后仰、双腿微屈撑稳凳；先下者双手握撑扶手，上体前倾，右腿后摆，跨过后扶手着地。

（2）同时下凳

当稳凳将停止时，一人发出口令，双方队员同时下凳。

二、华东地区民族传统体育的发展策略

（一）挖掘特色，进行整合创新

所有种类的文化都是流动的和动态的，在调整和改造以江西省为代表的华东地区民族传统体育文化的过程中必须符合人类文化的一般进程与民族文化特质相统一的规律，通过把握和分析该地区民族传统体育文化，区分精华与糟粕、优点与缺点，破除文化痼疾及其封建迷信、繁文缛节，继承、发扬

民族生命活力。

创新发展民族传统体育文化的过程中不能只局限于让知识分析参与进来，还应调动大众积极参与。

（二）建立民族传统体育文化的研究队伍

收集资料，积累相当丰富的民族传统体育文化的有关资料，有助于民族传统体育文化传承。

但很长时间以来，体育界人士并未深刻认识到发展民族传统体育文化的深远意义，尽管部分学者针对民族传统体育文化进行了研究并获得了研究成果，但发展民族传统体育文化仅仅靠少数人研究是远远不够的。

（三）重视本地民族传统体育人才培养

需结合学校教学进行。当地各高校可开设一些民俗体育文化课，将民俗体育列为一个专业，通过民俗体育专业，同时通过市场发展规律及形势的学习，培养出当前社会经济条件下能促进民俗体育发展的专门性人才。

第五节　华北地区民族传统体育

在漫长的历史发展过程中，华北地区都是政治、经济、文化中心，该地区有孕育我国民族传统文化的沃土，华夏五千年文明史在这片土地上产生和发展。在华北地区得天独厚的环境中，逐步形成了很多具有丰富内涵和深远影响的民族传统体育文化。

一、华北地区典型民族传统体育项目

（一）河北省典型民族传统体育项目

河北省地理范围宽广，内含北京和天津两个直辖市，毗邻山东、山西、河南省，是华北咽喉地带。春秋战国时期，河北地属燕国和赵国，故称"燕赵大地"。

中华武术博大精深，其中很多拳术都根生于河北。据考证，河北各地共有武术门派 60 余个，拳种 90 多个。

（1）唐山：燕青、猿功等。

（2）沧州：六合、燕青、八极、劈挂、通背等。

（3）衡水：六合、翻子、功力、梅花等。

（4）保定：形意、翻子、八卦等。

（5）邢台：通背、梅花、洪拳等。

（6）邯郸：太极、梅花、佛汉等。

除了武术，吴桥杂技、正定常山战鼓、昌黎大秧歌，以及空竹、井陉拉花、木球、珍珠球、键球、高脚马等都是河北优秀的民族传统体育项目。

（二）山西省典型民族传统体育项目

山西省地处黄土高原，地理环境和地理位置都很独特，与北方游牧民族接壤，又位于中原王朝的北部边陲，加上山西人多经商，无论是因其处于地理要塞，还是出于经商运货的安全考虑，山西人都重视习武，因此，山西地区产生了很多拳术拳法和武术大家。

据《山西武术拳械录》记载，山西地区流传至今的武术有形意拳、螳螂拳、通臂拳、八极拳、八卦拳、通背拳、太极拳、轻拳、短拳、醉拳等42个拳种。

除武术外，山西省还有舞狮、抽陀螺、踢键子、滚铁环等民族传统体育项目，这些丰富多彩的民族传统体育项目都蕴含集多样性和趣味性于一体的民族传统体育文化。

二、华北地区民族传统体育的发展对策

（一）挖掘和整理优秀民族传统体育项目

民族传统体育文化是中华民族弥足珍贵的精神财富，所以当地政府和学术界应当高度重视民族传统体育文化的发展现状，自觉调动各方力量深入发掘、复原、记录、保存、研究、提炼这些珍贵的文化遗产。由于民族传统体育文化源于特色鲜明的民族传统体育活动中，因而挖掘和整理民族传统体育项目具有显著的重要性和必要性，一方面需要科研工作者的无私奉献；另一方面需要政府的长期投入，当地政府应当在资金、人力、法律法规等方面提供保障。

（二）提高大众民族传统体育文化认知深度和广度

民族传统体育项目的起源与发展离不开人们日常生产生活活动内容、行为与思维，民族传统体育与民众是联系最密切的，也需要依靠民众去传承与发展，要实现民族传统体育文化的传承，就必须强化当地群众的民族自觉意识，只有民众的民族传统体育文化认识提高了，他们才能主动自觉地参与民

族传统体育活动，主动将本地民族传统体育文化发扬光大。

（三）探索民族传统体育文化的产业化发展道路

市场经济背景下，只有积极探索和培育民族传统体育产业化的途径，走市场化道路，才能使其在现代社会得以生存、发展。

华北地区的民族传统体育文化是建立在该地区深厚的历史文化基础之上的，应积极探索一条文化与经济协同发展的道路，促进本地民族传统体育文化的经济效益与文化效益的互生共赢。

（四）构建以学校教育为主的传承体制

建立以学校教育为中心的民族传统体育传承机制，通过教育培养民族传统体育方面的师资力量和科研人员，借助基础教育把民族传统体育的传承链条紧密衔接在一起。

第六节　华南地区民族传统体育

一、华南地区典型民族传统体育项目

在华南地区，气候温和，江河众多，水源充足，多数民族都善于游泳、潜水，龙舟竞渡活动历久不衰。聚居在华南地区的少数民族所进行的绝大部分传统体育活动，如赛龙舟、游泳、跳水、踩独木滑水、抢鸭子等水上活动，都深受当地人的欢迎和青睐。在华南地区开展最普遍、历史最悠久、规模最大的当数龙舟竞渡。除赛龙舟外，华南地区民族传统体育项目还有瑶族、土家族的"踩独木滑水"，京族的"驳脚"，侗族的"多能达"，侗族的"潜水捉鱼"比赛，广西苗族的"闹鱼"等。

二、华南地区民族传统体育的发展对策

（一）注重民族传统体育人才培养

与其他地区相比，华南地区传统体育人才短缺，在很大程度上限制了该地区民族传统体育文化的可持续发展。因此，华南地区应采取多渠道、多形式的方法培养民族传统体育人才，这需要政府、体育部门、教育部门、民间体育团体的通力合作。

（二）优化重点项目推进体育课程体系

华南地区各类高校的相关人员应当结合学生的生理发展特征和心理发展特征，选择趣味性强、娱乐性强、可以对大学生形成巨大吸引力的一批优先项目进入高校体育课程，如放风筝、赛龙舟等项目。

第七节　闽台地区民族传统体育

一、闽台地区民族传统体育的发展环境

（一）外部环境

（1）现代化生产方式正取代人们传统的劳动方式。闽台地区的传统农耕劳作和日常生活方式发生了较大变革，很多民族传统体育活动失去了文化生存土壤。

（2）受西方现代体育文化的冲击，闽台地区民族传统体育的生存空间被不断地压缩。

（3）闽台地区民族传统体育组织的管理不善，倘若不能有效改善这种环境，将会对闽台地区民族传统体育文化的发展带来很大的负面作用。

（二）内部环境

内部环境对闽台地区民族传统体育文化产生的影响体现在以下几个方面。

（1）民族传统体育文化传承方式单一化，闽台地区民族传统体育主要是人力传播——"言传身教"，这种文化传承投入精力多，但传承人培养缓慢。

（2）随着我国精神文明建设及对地方民族体育文化发展的重视和支持，闽台地区民族传统体育文化迎来新的发展机遇。

二、闽台地区典型民族传统体育项目

（一）宋江阵

宋江阵是集南少林、舞蹈、杂技为一体的体育表演项目，主要流传于台湾地区的高雄、金门和厦漳泉一带。

相传，宋江阵最早是仿《水浒传》中梁山一百零八条好汉组成一百零八人阵，由于人数所限，现多以三十六人最为普遍。

宋江阵是一种集体武术演练，主要包括行阵、单练与对练、群体演练、

收阵四个部分。

（二）太祖拳

太祖拳分布于我国的台湾、福建漳州等地及东南亚各国。相传太祖拳系宋太祖赵匡胤所创。

太祖拳套路严谨，动作舒展，招式鲜明，其劲力发挥于撑、拦、斩、卡、撩、崩、塞中，是我国闽台地区民族传统体育的宝贵文化遗产之一。

（三）舞狮

舞狮在我国历史悠久，闽台地区尤为常见，闽台地区的舞狮具有典型的"南狮"风格，但又不尽相同。

闽台舞狮灵动、活泼，每逢节庆日、婚礼、开业，都会以舞狮表演助兴，舞狮深受人民群众的喜爱，即便是在日常生活中也十分常见。舞狮在我国闽台地区的传承和发展情况较好。

（四）骑海马

骑海马是闽台渔民中流传和产生的民族传统体育项目。早期这里的渔民为了生存和生活需要，利用一只脚踏在板子（长约1米、宽40厘米）上，另一只脚用力蹬滩涂淤泥向前滑行捡拾海产品，后来逐渐演变成了一种民族传统体育活动，深受福建畲族人民和台湾高山族人民的欢迎与青睐。

三、闽台地区民族传统体育的发展对策

（一）政府方面

（1）制定有利于闽台民族传统体育文化发展的一系列优惠政策和措施。

（2）加强大陆与闽台地区间体育文化的沟通和交流。

（3）定期举办主题活动，宣传和推广独具特色的闽台民族传统体育运动项目。

（二）学校方面

深入挖掘和应用学校的各类资源，有效开设民族传统体育文化的民族传统体育课程，建构闽台学校民族传统体育文化的知识体系，扩大教育影响，培养文化传人，弥补闽台民族传统体育文化在民间发展的不足。

（三）社会方面

（1）福建与台湾的"山""水"资源丰富，很多闽台民族传统体育活动都与"山""水"密切相关，如龙舟赛、抓鸭子等，还有各种有关"山""水"的祭祀活动，如水神"妈祖"祭典、"送王船"等。因此，闽台民族传统体育文化发展，可以突出"山""水"特色，将民族传统体育与现代登山、定向越野、水上休闲、海滨度假等有机结合起来，吸引游客、扩大宣传。

（2）开展各种民族传统体育赛事，采取可行性措施开展各式各样的民族传统体育赛事活动，激发广大群众参与文化赛事的积极性，如"嘉庚杯""敬贤杯"海峡两岸龙舟邀请赛就是成功的闽台民族传统体育文化传播与发展案例，可以借鉴经验开发其他闽台民族传统体育赛事。

参考文献

［1］张涛．中国少数民族传统体育文化生态学研究［M］．北京：中央民族大学出版社，2008．

［2］李延超．民族体育文化生态困境与发展［M］．北京：人民出版社，2017．

［3］周之华．中华民族体育文化多维研究导论［M］．北京：高等教育出版社，2016．

［4］熊晓正，等．奥林匹克知识读本［M］．北京：人民日报出版社，2007．

［5］刘春燕，谭华．中华民族传统体育的兴盛、危机与复兴［M］．北京：人民出版社，2016．

［6］李繁荣．民族传统体育文化及其传承研究［M］．济南：山东大学出版社，2014．

［7］张选惠．民族传统体育概论［M］．北京：人民体育出版社，2004．

［8］蔡仲林，周之华．武术［M］．北京：高等教育出版社，2015．

［9］曲小峰，罗平，白永恒．民族传统体育研究［M］．北京：中国商务出版社，2007．

［10］刘少英．民族传统体育学［M］．北京：民族出版社，2011．

［11］周之华．中华民族传统体育文化概论［M］．北京：北京体育大学出版社，2015．

［12］饶远，刘竹．中国少数民族体育文化通论［M］．北京：人民出版社，2009．

［13］石爱桥．民族传统体育概论［M］．北京：人民体育出版社，2014．

［14］柳伯力．体育旅游概论［M］．北京：人民体育出版社，2013．

［15］刘轶．我国学校民族传统体育发展路径研究：以文化软实力为视角

［M］．武汉：湖北人民出版社，2013.

［16］汤立许．我国民族传统体育项目分层评价体系及发展战略研究［D］．上海：上海体育学院，2011.

［17］高露露．全民健身视角下健身气功的发展策略研究［D］．济南：山东师范大学，2014.

［18］史伟．广西民族传统体育文化与旅游产业融合发展问题与对策分析［J］．中国市场，2017（11）：69-70.

［19］罗婉红．我国民族传统体育产业化进程的思考［J］．搏击（武术科学），2011（7）：87-89.

［20］马增强，等．中华民族传统体育的话语世界及其现代影响［J］．西安体育学院学报，2007（6）：1-5.

［21］刘文海．文化认同视域下武术文化传承与对策研究［J］．民族传统体育，2015（34）：203-204.

［22］卢涛．文化生态学视域下中华民族传统体育的文化成因［J］．当代体育科技，2012，2（6）：85-86.

［23］王俊鹏．民族传统体育文化认同及其发展的思考［J］．河北体育学院学报，2017，31（5）：82-85.

［24］葛耀君．我国民族传统体育文化认同的本质、路径与建构研究［J］．浙江体育科学，2018，40（2）：18-23.

［25］王晓燕，杨建营．太极拳的现代化分化发展［J］．武汉体育学院学报，2014（4）：49-55.

［26］刘创，付植红，谢先伟，等．论传统武术视野中散打的发展［J］．中国体育科技，2012（4）：84-89.

［27］张鸿韬．武术散打的"多元化"发展［J］．周口师范学院学报，2013（5）：142-145.

［28］张锐．民族传统体育传播网络化发展研究［J］．高教学刊，2016（20）：265-266.

［29］彭力，刘忠华．网络化时代背景下少数民族传统体育发展研究［J］．搏击（体育论坛），2014，6（3）：89-92.

［30］张治远．城市化进程中民族传统体育文化的发展路径研究［J］．新经济，2016（20）：112.

［31］王燕梅，林晓滔，范菲．城市化进程中民族传统体育发展现状及对策研究［J］．开封教育学院学报，2013，33（8）：268-269.

［32］明磊，石爱桥．对中国武术当代发展的"本土化"问题思考［J］．沈阳体育学院学报，2017，36（4）：133-139.

［33］张杰．民族传统体育文化发扬传承有赖于本土化觉醒与教育［J］．体育科技文献通报，2013，21（8）：111-112.

［34］戴超平，许可．中华民族传统体育的跨文化与本土化研究［J］．辽宁体育科技，2011，33（3）：4-7.

［35］殷珺，何卫东，郭洪光．广西民族体育特色之乡的现代传承发展研究［J］．广西社会科学，2017（11）：45-48.

［36］何玮翔．试论民族传统体育的发展方向［J］．福州大学学报（哲学社会科学版），2017（6）：99-101.

［37］周萍．论民族传统体育礼仪文化的当代继承［J］．成都体育学院学报，2009（11）：36-38.

［38］高晓文．中国民族传统体育教育家庭化发展战略分析［J］．学园，2014（26）：34-36.

［39］田祖国．少数民族节日体育发展研究［J］．民族论坛，2009（6）：31-32.

［40］蒋东升，王利春．全国少数民族传统体育运动会发展研究［J］．体育文化导刊，2016（2）：5-10.

［41］万会珍，骆方成．民族传统体育文化遗产的数字化保护与传播［J］．青年记者，2015（14）：91-92.

［42］余文斌．大学生体育素养培养途径探析［J］．江西电力职业技术学院学报，2009，22（3）：95-96.